钨舅舅

UNCLE TUNGSTEN

天才少年的科学启蒙之路

[英]奥利弗·萨克斯 著　宋伟 译

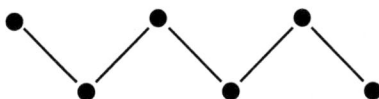

湖南文艺出版社
HUNAN LITERATURE AND ART PUBLISHING HOUSE

博集天卷
CS-BOOKY

献给罗德

目　录
C o n t e n t s

1

钨舅舅

我的童年记忆很多都与金属有关，我从小似乎就被金属的魔力所吸引。金属光亮闪耀，有银白光泽，表面光滑又沉甸甸的，在纷杂的世界中卓尔不群。它们触感清凉，敲击时会鸣响。

我喜欢金子金灿灿的颜色和沉甸甸的质地。母亲有时会摘下手指上的婚戒，让我把玩一会儿，还给我讲金戒指纯洁无瑕，永不褪色。"掂掂它的重量，"她说，"比铅还重。"我知道铅很重。有一年，水管工落下了一根铅管，我掂量过，又沉又软。母亲告诉我说，金的质地也是软的，因此经常要与另外一种金属融合，变得坚硬一些。

铜也是一样——人们把铜与锡融合，就产出了青铜。青铜！——我听到这个词就如闻号角声，似乎听到战场上的勇士手举青铜武器拼杀，青铜长矛撞击青铜盾牌，古希腊神话中的英雄阿喀琉斯[①]的巨大盾牌。母亲说，也可以在铜里面融入锌，就能产出黄铜。我们所有人——母亲和我们兄弟几个——都有自己的修殿节[②]黄铜烛台。（父亲的则是银制的。）

我熟悉铜，我们的厨房里就存着一口闪着玫红色光泽的大铜锅——庭院

---

① 阿喀琉斯（Achilles）是古希腊神话中的英雄，海洋女神忒提斯（Thetis）和凡人英雄佩琉斯（Peleus）之子。参与了特洛伊战争，被称作"希腊第一勇士"，是荷马史诗《伊利亚特》的主要人物之一。

——编者注（本书以下脚注如无特别说明，均为编者注）

② 修殿节（Hanukkah），亦称"光明节"。犹太教节令。每年在犹太教历基色娄月（公历11月至12月间）25日开始庆祝，连续8天，纪念马加比起义胜利后恢复对耶路撒冷圣殿的奉献。该节日最主要的仪式是点燃烛台的9支蜡烛，烛台的最高1支是供点燃其他8支之用，第1天点燃1支，以后每天增加1支，直到第8天结束。

里的楂梓和沙果成熟时，母亲会用这口锅来熬果酱，每年就用这一次。

我熟悉锌，院子里的小鸟饮水盆就是锌做的，色泽暗沉，微微泛着蓝色。还有锡，野餐时吃的三明治就是用厚重的锡纸包裹着。锡或锌弯折时会发出特殊的"叫声"，母亲曾为我演示过。她说："这是晶体结构形变引起的。"她忘了我当时才 5 岁，根本听不懂——但是，她的话令我着迷，总也听不够。

庭院里有一台巨大的铸铁草坪滚压机——父亲说有 500 磅[1] 重。我们这些小孩根本推不动，但是父亲很强壮，能把它抱起来。滚压机总是带点锈迹，令我有些困扰。我怕铁锈掉了之后会留下一些凹洞和斑点，终有一天，整个滚轴都会锈蚀散架，只留下一堆红色的铁锈和碎片。在我的心目中，金属就得像金一样稳定——经得起时间的磨损和摧残。

有时，我会央求母亲拿出订婚戒指，给我看看上面镶嵌的钻石。钻石光芒四射，我从未见过如此闪耀的东西。母亲会给我展示用钻石划玻璃，很容易就能在玻璃上留下划痕。她还会让我把钻石贴到嘴唇上，那感觉是冰凉的，怪异又新奇。金属的触感是凉凉的，而钻石的触感则是冰冷的。她说，那是因为钻石导热性极强——胜过所有金属——所以碰到人的嘴唇就会吸走身体的热量。那种感觉，我永生难忘。还有一次，她为我展示，手拿钻石去接触一块冰，钻石会将人手的热量传导到冰块上，这时冰块就像黄油一样被直接穿透了。母亲告诉我，钻石是碳的一种特殊形态，我们在冬天烧的煤也是由碳组成。这令我困惑不已——黑漆漆、易碎又不透明的煤炭怎么会与她戒指上那块坚硬透明的宝石是一样的东西呢？

我喜欢光，尤其是安息日[2] 星期五夜里的烛光。母亲点亮蜡烛时，嘴里

---

[1] 1 磅约合 0.454 公斤。
[2] 安息日（Sabbath），犹太教每星期一次的圣日，教徒在该日停止工作、礼拜上帝。犹太教根据《圣经·创世记》关于上帝在 6 日内创造天地万物，第 7 日（星期五日落至星期六日落）休息的记载，定该日为安息日。

会低声念着祷告词。大人叮嘱我说，蜡烛是神圣的，烛火是圣洁的，点燃之后，便再也不能触碰，不能随意摆弄。我沉迷于烛火小小的锥形焰心——为什么会是蓝色的？我们家会用煤炭生火，我经常盯着火堆，看着火从微弱的红光渐渐变成橙色，又变黄，然后我便用风箱鼓风，直到烧出白热的火焰。我好奇地想，如果火烧得足够热，会不会变成蓝色，成为蓝热的火焰？

太阳和星星是否也如此燃烧？为什么它们永不熄灭？它们是用什么做成的？后来，我得知地心是由巨大的铁球组成，这才安心——铁球听起来就很结实，靠得住。有人告诉我，我们本身与太阳和星星都是由同样的元素组成，我身上的某些原子或许是来自某颗遥远的星星。听到这里，我欣喜不已，但又心生忧虑，怕我身上的原子是借来的，随时都可能飞散，就像我在浴室里看到的爽身粉一样。

我有十万个为什么，总是缠着父母问个不停。颜色是从哪里来的？为什么母亲用挂在炉灶上方的白金环就能点燃煤气炉？把糖加到茶里，搅拌之后怎么不见了？糖去哪里了？水煮沸之后为什么会冒泡？（我喜欢在炉边看烧水，看着烧热的水波动，然后沸腾冒泡。）

母亲还为我展示了其他的奇迹。她有一条琥珀项链，黄色的琥珀珠子颗颗圆滑，她摩擦琥珀之后，碎纸屑便跟着飞了起来，粘到了上面。她有时还会把摩擦生出静电的琥珀贴到我的耳边，我就能听到细微的噼啪声，感觉被火花电到。

我的两个哥哥，马库斯和戴维，分别大我 9 岁和 10 岁。两人钟爱磁铁，总喜欢给我演示，他们在一张纸上洒满铁粉，拿磁铁在纸下面拖动。磁铁两极作用之下出现的奇妙图案令我乐此不疲。"这就是磁力线。"马库斯给我解释——可我还是懵懵懂懂。

迈克尔哥哥给了我一台晶体管收音机，我喜欢在床上摆弄，拨弄着线圈，直到调出一个声音响亮清晰的电台才罢手。还有夜光时钟——我们家到处都是，因为亚伯舅舅是开发夜光漆的先行者。夜里，我会拿着夜光时钟和晶体管收音机钻进被子里，进入我的私密地堡，它们泛着诡异的绿光，照亮了被褥搭起的洞穴。

所有这一切——琥珀、磁铁、晶体管收音机和一直发着光的钟表盘——让我感受到无形的光线和力量，让我意识到，我们熟悉的色彩斑斓、千姿百态的世界之下，还隐藏着一个黑暗世界，那里充满了神秘的法则和现象。

每次我们的保险丝烧断了，父亲就会爬到厨房墙上，查看高挂在那里的瓷制保险丝盒，找到烧断的保险丝。这时的保险丝已经熔成一团，他便用一根奇怪的、柔软的新保险丝换上。很难想象金属竟然也会熔化——制作保险丝的材料真的与制作草坪滚压机和锡罐的材料一样吗？

父亲告诉我，保险丝是用一种特殊的合金制成的，混合了锡、铅和其他金属。这些金属的熔点都比较低，而它们组成的合金熔点还要更低。我很好奇，怎么会这样？这种新金属熔点如此低，到底有什么秘密？

说到这里，那么电又是什么呢？它怎么流动？是像热量一样的流体，也能被传导？为什么金属能导电，但是陶瓷却不能？这些也需要有人给我解释一下。

我的问题总是没完没了，无所不包，不过大多都与我所痴迷的金属有关。金属为什么有光泽？为什么是光滑的？为什么是冰凉的？为什么是坚硬的？为什么那么重？为什么能弯曲却不断裂？为什么会有响声？为什么锌和铜，或是锡和铜，两种质地柔软的金属融合就能产出坚硬的金属？金为什么金光闪闪，为什么永远不会生锈？母亲大多时候都很耐心，尽力给我解释，但终究还是有被我问烦的时候，这时她就会说："我只能给你讲这么多了——还想了解更多的话，就去问戴夫舅舅吧。"

从我刚记事时起，我们就叫他钨舅舅，因为他用细钨丝造灯泡。他开了一家厂，名叫钨光，老厂区在法灵登，我经常去那里找他，看他穿着有硬翻领的衣服，卷起袖子干活。重重的黑色钨粉被压实、锤炼，在炽热的火焰中烧结，然后被拉得越来越细，做成了灯丝。舅舅双手的纹路里都浸染了这种黑色的粉末，怎么洗都洗不掉（或许脱层皮能除掉，但恐怕也不保险）。我想他和钨打了30年的交道，这种重金属已经渗入了他的心肺骨血，融入了他身体的每一个组织。在我心里，这是一项奇迹，而不是一种诅咒——他的身体受这种非凡的元素鼓舞强化，获得了超乎常人的力量和耐力。

每次我去工厂，他都会亲自或者安排手下的工头带我看机器。工头是个矮个子，肌肉发达，前臂跟大力水手的一样粗壮，做钨丝工作的益处由此可见。我总是乐此不疲，那些精密的机器干净光滑，泛着油光，还有那熔炉，松散的黑色粉末在这里压成密实坚硬的金属条，闪着灰色的光泽。

参观工厂时，或有时在家里，戴夫舅舅会通过小实验给我传授一些关于金属的知识。我知道汞这种奇怪的液态金属密度很大，就连铅都能浮在它上面。舅舅曾给我演示，将一枚铅弹浮在一碗水银上。随后，他又从口袋里掏出一块灰色的金属条，令我惊讶的是，这块金属条立刻沉到了碗底。他说，这就是他的金属——钨。

舅舅喜欢自己炼出来的钨，喜欢它密度大、熔点高，而且化学性质稳定。他喜欢摆弄钨——钨丝、钨粉，尤其是敦实的钨条和钨锭。他把这种金属拿在手里摩挲着、把玩着，在我看来，极尽温柔。"你摸摸看，奥利弗。"他有时会边塞给我一根钨条，边说，"烧结钨的手感在这个世上是独一无二的。"他轻轻敲了敲那一小块钨条，钨条发出了低沉的叮当响声。戴夫舅舅说："钨的音色也是独一无二的。"我不知道他的话是真是假，但从未怀疑过。

母亲在18个孩子里排行16，而我又是她4个孩子中最小的孩子，我出生时，外公已经年近百岁，我从未见过他。1837年，他出生在俄国的一个小村庄，他原名叫莫迪凯·弗雷德金。他年轻时，不愿加入哥萨克骑兵队，便借用了一个死人的护照，化名兰道，逃离了俄国。他以马库斯·兰道的身份逃到巴黎，后来又去了法兰克福，在那里结了婚（他的妻子当时也是16岁）。两年之后的1855年，他们有了第一个孩子，举家搬到英国。

据说，我的外公是个物质生活和精神世界并重的人。他开过鞋匠店，做过犹太礼定屠师[1]，还开过杂货铺；与此同时，他还是一位希伯来语学者、一位神秘主义者、一位业余数学家，还是一位发明家。他兴趣广泛：1888 年至 1891 年间，他在自家地下室印刷了一份名叫《犹太旗帜报》的报纸；他对新兴的航空科技很感兴趣，还与莱特兄弟[2]有通信往来，20 世纪 00 年代初，莱特兄弟来伦敦时还顺道拜访过他（我有几位舅舅还记得这件事）。姨妈和舅舅告诉我，外公酷爱做复杂的算术题，躺在浴缸里沐浴时也会做心算。但他最痴迷的还是发明各种灯具——矿用安全灯、马车车灯和路灯——很多还在 19 世纪 70 年代申请到了专利。

外公自学成才，博闻强识，对孩子的教育特别重视，尤其是科学教育，对 9 个女儿和 9 个儿子也都一视同仁。经他言传身教，他的儿子中有 7 位追随了他的脚步，选择了数学和自然科学。而他的女儿大多选择了生物学、医学、教育和社会学等人文科学。其中两位成为学校创始人，还有两位成为老师。我的母亲最初在自然科学和人文科学之间有些犹豫。她还是个小姑娘时，对化学特别着迷（那时，她的哥哥米克刚成为一名化学家），但后来成了一名解剖学家兼外科医生。她从未抛弃对自然科学的热爱和感情，也未丧失探究事物本质、条分缕析的欲望。因此，我孩童时期虽然有千奇百问，却极少遭遇不耐烦或独断的回答，我得到的答案都是用心的总结，我尽管经常听不太明白，但依然如痴如醉。我从小便受了鼓舞，要寻根问底。

我的舅舅和姨妈众多，还有几位叔伯和姑母，因此堂表兄弟姐妹有近百个；整个大家族基本都生活在伦敦附近（有几位家人远在美国、欧洲和南

---

① 礼定屠师（shochet，音译索海特），犹太教中受过专门的屠宰动物训练并获得符合犹太屠宰法"司赫特"许可证的人。

② 莱特兄弟（Wright Brothers），美国发明家。哥哥是威尔伯·莱特（Wilbur Wright，1867—1912），弟弟是奥维尔·莱特（Orville Wright，1871—1948）。1903 年 12 月 17 日，莱特兄弟首次试飞了完全受控、依靠自身动力、机身比空气重、持续滞空不落地的飞机，也就是世界上第一架飞机"飞行者一号"。

非），经常组织家庭聚会。从我记事起就一直很喜欢这种大家庭的氛围，而刨根问底、追寻"科学"已经成为我们家族的一种特质，正如我们是犹太人或英国人一样自然。我是兄弟姐妹中最小的几个之一——在南非有几位表哥、表姐，比我年长45岁——兄弟姐妹中已经有几位成为科学家或数学家；有些只比我大几岁的，也表现出对科学的热爱。有一位是青年物理教师，三位在大学读化学专业，还有一位早慧的15岁少年展现出了很强的数学天赋。我不禁想，或许我们身上都有一点那位老人的影子。

2

37 号

我于"二战"前在伦敦西北部长大，我们家是一座爱德华时代风格的大房子，布局混乱。房子坐落在马普斯伯里路 37 号，恰好在马普斯伯里路和埃克塞特路交叉口，面向两条路，比四邻的房子都要大一些。房子是方形的，差不多是个立方体，只有一条凸出来的前门廊，门廊顶部是 V 形的，就像教堂的入口一样。房子四面还有弓形凸窗，窗户之间是凹进去的，因此房顶的形状非常复杂，在我看来就像一块巨大的水晶。房子用红砖筑成，砖块的红特别柔和。等我学了一些地质学知识之后，我猜测这些砖是由泥盆纪的红色砂岩制成。房子周围的道路——埃克塞特、廷茅斯、达特茅斯、道利什——都用了德文郡的地名，而泥盆纪也是因德文郡而得名，这恰好印证了我的猜测。①

　　房子有两道前门，两道门之间有一处小门厅，进门之后是一个大厅，有一条走廊通向后面的厨房；大厅和走廊的地面镶嵌了彩色石头。走进大厅，右手边是旋转楼梯，敦实的楼梯栏杆光滑锃亮，都是我的哥哥们从上面滑下来磨出来的。

　　房子里有几间屋子有特别的魔力或神圣的色彩，尤其是我父母的诊疗室（他们俩都是医生），里面摆满了各种药瓶、称粉用的天平、试管和烧杯架、

---

　　① 泥盆纪在英语中叫 Devonian，名称来自英国德文郡，因该地的泥盆纪地层被最早研究。泥盆纪是地质年代名称，古生代的第四纪，约开始于 4.05 亿年前，结束于 3.5 亿年前，持续约 5000 万年。

——译者注

酒精灯和检查台。那间屋子里有一个大柜子，里面装着各种灵丹妙药，就像个迷你版的老式药房。屋子里还有一台显微镜和给病人做尿检用的试剂，比如明蓝色的斐林试剂①，如果尿液里含糖，试剂就会变成黄色。

病人正是在这个特别的房间里问诊，而年幼的我却不得进入（除非房门没锁）。我有时能看到一束紫光从门底的缝隙里透出来，还伴随着一种古怪的海腥味，后来我才知道那是臭氧的味道——这都是使用老式紫外线灯的结果。我当时还是个孩子，搞不太懂医生到底是"做"什么的，偶尔瞥见肾形盘里的导尿管和探条、牵开器和窥镜、橡胶手套、羊肠线和医用钳子，感觉既害怕又着迷。有一个偶然的机会，诊疗室的门没关，我看见一位病人双腿架在镫子上（我后来才知道那是"截石位②"）。母亲总会把产科医疗包和麻醉包备好，以备急诊随取随用。每次听他们说"她已经开三指了"，我就知道医疗包要派上用场了。他们说这句话时有些含糊不清，还带着些神秘色彩（是某种密码吗？），激发了我的无限想象。

家里另外一个神圣的屋子是书房，至少在晚上，这里是父亲的专属空间。书房里的书架墙上有一片区域摆满了他的希伯来语书，不过书架上还摆着各种主题的书，有母亲的书（她喜欢小说和传记），有哥哥们的书，还有祖辈传下来的书。有一个书架上摆的全是剧本——父母都痴迷于易卜生③，他们在医学院易卜生协会相遇，直到如今，每个星期四还会去剧院看剧。

书房不光是阅读的地方。等到周末，书桌上的书都会收到一旁，腾出地

---

① 斐林试剂（Fehling's solution）是一种可以鉴别还原性物质的试剂，一般由氢氧化钠与硫酸铜溶液配成，由德国化学家赫尔曼·冯·斐林（Hermann von Fehling）在1849年发明的。斐林试剂常用于鉴定可溶性的还原性糖的存在，可与还原性糖反应生成砖红色沉淀。

② 截石位（lithotomy position），一种常用的检查和手术体位。病人仰卧于检查手术台，屈髋屈膝，双腿分开放于两边支架上，上臂部齐台边，两手放于两侧。多用于妇产科和泌尿科的检查，亦用于某些肛门、直肠、尿道手术和妇产科手术。

③ 亨利克·易卜生（Henrik Ibsen，1828—1906），挪威戏剧家，欧洲近代戏剧的创始人。最著名的作品有诗剧《培尔·金特》（1874—1875），社会悲剧《玩偶之家》（1879）、《群鬼》（1881）、《人民公敌》（1882）等。

方来玩各种游戏。我的三个哥哥会打牌或下国际象棋，拼得不可开交，我则和博迪姨妈玩一种简单的鲁多骰子游戏。博迪姨妈是母亲的姐姐，和我们生活在一起——在我小时候，她相比我的几位哥哥，是更好的玩伴。我对大富翁游戏日渐痴迷，还没学会怎么玩，每一种地产的价格和颜色便深深刻入我的脑海。时至今日，老肯特路和怀特查佩尔在我眼中依然是便宜的，而淡紫色的地产和旁边淡蓝色的天使路和尤斯顿路也没有好到哪里去。相反，伦敦西区在我眼里就是富有、高价的颜色：猩红色的舰队街、黄色的皮卡迪利路、绿色的邦德街，还有宾利车一样深蓝色的公园巷和梅费尔区。有时，我们会一起打乒乓球或是做些木工，大书桌就用来做台子。但是轻松愉快的周末过去之后，游戏用具就会收到书架下面的大抽屉里，书房就恢复了平日的安宁，又成为父亲晚上阅读的处所。

书架另一侧还有一个抽屉，那是一个假抽屉，不知道为什么打不开，经常在我的某个梦里出现。我与其他孩子一样，喜欢硬币，喜欢它们的亮闪闪与沉甸甸，也喜欢它们的形态各异、大小不一。不管是亮晶晶的 1/4 便士法新铜币[①]、半便士和 1 便士的硬币，各种各样的银币（尤其是小巧的 3 便士银币——经常会包在圣诞节的牛油布丁里面），还是父亲表链上重重的金币，我都喜欢。我在儿童版百科全书里读过很多钱币知识，有古西班牙金币达布隆、俄国卢布、中间有孔的钱币，还有西班牙银圆，我一直以为这种银圆是完美的八边形。在我的梦里，那个假抽屉为我打开，里面是闪闪发光的宝藏，铜币、银币和金币混在一起，这些硬币来自上百个不同的国家和年代，令我高兴的是，里面还有八边形的西班牙银圆。

我特别喜欢爬到楼梯下面的三角形储物柜里，那里存放着逾越节[②]专用

---

① 1961 年以前的英国铜币，等于 1/4 便士。

② 逾越节（Passover），犹太教重要节日之一。从犹太教历尼散月（公历 3 月至 4 月间）14 日开始，21 日结束。在《出埃及记》第 12 章中，神要以色列人从亚笔月（即尼散月）14 日黄昏开始，家家户户宰杀一只羊羔做祭牲，并用火烤了之后，和苦菜、无酵饼一起吃，用来纪念神拯救以色列人出埃及前吩咐他们所做的事。

的盘子和刀叉。储物柜比楼梯洞要浅一些，敲打柜子的背墙会发出空洞的声音；我猜里面肯定还有暗格，可能是一条密道。我躲在储物柜里，感觉很舒适，这是我的藏身密室，家里只有我块头够小，能钻进去。

在我眼中，家里最漂亮且最神秘的就是前门上形状多样、色彩各异的彩色玻璃。我透过绯红色的玻璃，看到一片红色的世界（但是对面房子的红色屋顶变得惨白，蓝天上的云朵则差不多成了黑色）。透过绿色和紫罗兰色的玻璃看，世界又变成了另一番风景。最有趣的是透过黄绿色的玻璃看，依着我站的位置和阳光照射方向的不同，有时世界看上去是黄色的，有时又变成了绿色。

阁楼是家里的禁区。我们家的阁楼特别大，覆盖了整个房顶，还延伸到水晶状的屋檐。我跟着家人上过一次阁楼，之后就经常梦到这个地方。有一次，马库斯自己爬上了阁楼，从天窗摔了下来，摔破了大腿（不过有一次，他绘声绘色地给我讲，那处伤疤是野猪撞的，与希腊史诗英雄奥德修斯①大腿上的伤疤一样），之后这里变成了禁地。

我们平时都在厨房旁边的早餐室里吃饭，摆放着长桌的大饭厅只有在安息日正餐、节日和特殊场合才会使用。起居室和客厅的区别也类似——起居室里有沙发和舒服的旧椅子，供日常使用；客厅用于大型家庭聚会，里面摆着高雅的中式椅子，但坐着不舒服，还有刷了漆的柜子。星期六下午，住在附近的亲戚们都会走路来我家聚会，我们会在客厅里摆上一套特别的银制茶具，奉上小巧的软皮烟熏三文鱼三明治和鳕鱼鱼子酱——此等美味在平时可吃不上。客厅里的吊灯最初是烧煤气的，19世纪20年代的某个时候改成了电灯（但是房内各处依然保留着古怪的煤气口和配套管件，遇到特殊情况，

---

① 奥德修斯（Odysseus），又译俄底修斯，是古希腊神话中的英雄，对应罗马神话中的尤利西斯。荷马史诗《奥德赛》中的主人公。在荷马笔下，他是伊萨卡国王，以智慧、口才、机敏、勇气和耐性著称，为西方文学经常描述的人物之一。史诗中叙述了他如何用木马计最终攻克特洛伊，还记叙了他从特洛伊返回伊萨卡近9年的历险生活。

也能改回煤气照明）。客厅里还放着一架巨大的钢琴，上面摆满了家庭相片，但我还是更喜欢起居室里那台立式钢琴柔和的音色。

我们家有很多乐器和书，却没有装饰画、雕塑或任何艺术品。我父母经常去剧院和音乐厅，但在我的记忆中，他们从未去过画廊。我们犹太教会堂的彩色玻璃窗上有《圣经》故事的图案，礼拜仪式枯燥无味之时，我总会盯着那些画面看。犹太教有禁止雕刻偶像的戒律，因此这些图案是否恰当也自然引发了争议。我想，我们家里没有任何艺术品，可能也有这方面的原因。但是，我很快便发现，我父母对家里的装饰和陈设根本毫不在意。后来，我了解到，他们在1930年买下这座房子时，把支票簿交给父亲的姐姐莉娜，全权委托她负责一切，还说："你爱怎么弄就怎么弄，爱买什么就买什么。"

莉娜的选择比较保守，只有客厅里的中国风装饰比较特别。我的父母对她的选择既未赞许，也未反对，他们的心思并不在此，全凭她安排。我的朋友乔纳森·米勒在战后第一次来访，他说，感觉房子像是租来的，体现不出任何个人的品味和心思。我和父母一样，对家里的装饰也不太在意，但乔纳森的评价还是令我有些生气和困扰。对我而言，"37号"处处神秘，充满惊喜——这曾是我生活的舞台，在我的生命中烙下了神话般的色彩。

家里每个房间都有煤炉，就连浴室里也有一个贴着鱼图案瓷砖的瓷制煤炉。起居室里的火炉两侧摆着巨大的铜制煤斗，还配有风箱和炉具，其中有一根略微弯曲的钢制拨火棍。我的大哥马库斯非常强壮，他在拨火棍烧得几乎发白时把它掰弯了。家里来了一两位姨妈时，我们都会聚到起居室，她们会撩起裙子，背靠着火炉站着。她们都和我母亲一样，烟瘾很大，在火炉旁暖和了身子之后，她们就会坐到沙发上，抽起烟，烟头顺手就扔向火炉。她们扔得都不太准，烟头撞到火炉四周的砖墙上，黏到上面，看着很恶心，直到最后被火烧掉。

对于战前的童年，我只有零碎的一点记忆，但我记得有多位姨妈和舅舅的舌头如黑炭一般，把我吓坏了。我忧心忡忡，不知道自己长大后，舌头是不是也会变黑。琳恩姨妈猜到我的担忧，于是对我说，她的舌头其实不是黑色的，而是因为吃炭饼干染黑的，他们吃这种饼干是为了缓解肚子胀气。我这才如释重负。

多拉姨妈在我很小的时候就过世了，我对她的记忆只有橘黄色——我记不得那是她的肤色、发色，还是衣服的颜色，抑或她在炉火照耀中的面容，我的记忆中只留下昔日温暖的感觉和钟爱的橘黄色。

我是家里最小的孩子，因此卧室也是小小的一间，与父母的卧室相连。我记得屋顶挂着奇怪的石膏样固体。我出生之前，这间卧室是迈克尔住的，他不喜欢黏糊糊的东西，便把一勺勺的胶状西米甩到天花板上，黏到上面，干了之后，就留下一团石膏样的东西。

有几间屋子没人住，也没有专门的用途，便被用来储存各种物品——书、游戏用具、玩具、杂志、防水材料和体育器材。有一间小屋子里只放了一台胜家牌踏板缝纫机（母亲在 1922 年结婚时买的）和一台设计复杂（在我看来很精美）的针织机。母亲用这台机器给我们做袜子。我喜欢看她转动手柄，看着闪光的钢制棒针整齐划一地运动，发出咔嗒声，看着铅锤羊毛线筒稳稳地垂下。有一次，母亲做袜子时被我分了神，羊毛线筒越来越长，最后都触了地。母亲不知道怎么处理那个近一米长的羊毛线筒，索性给我当暖手筒用了。

有了这些富余的房间，父母就能安排博迪姨妈之类的亲戚在家里住，有时还会让他们住上很长时间。这些屋子里最大的一间，预留给了令人生畏的安妮姨妈，她在耶路撒冷生活，偶尔会来拜访（她去世 30 年之后，我们还管这间屋子叫"安妮姨妈的房间"）。琳恩姨妈从德拉米尔来访时，也会有单独的房间。她就在那个房间里安顿下来，把自己的书和茶具安置好——那间屋子里有个轻便燃气炉，她会自己在屋里煮茶。她邀我进屋时，我感觉就像进入了一个不同的世界，这里有趣味、有品味，优雅，有爱。

乔舅舅曾在马来半岛当过医生，他在"二战"中成为日军战俘时，他的大儿子和女儿就和我们住在一起。战争年代，父母时而会收留一些欧洲来的难民。因此，房子虽大，却从不空荡；里面总是住着几十号人，不光有父母、三个哥哥和我，有来访的亲朋，有我们的保姆、护工和厨师等用人，还有来来往往的病人。

3

背井离乡

1939 年 9 月初，"二战"爆发。伦敦可能会遭受猛烈的轰炸，因此，政府极力督促家长将孩子疏散到乡下安全的地方。比我年长 5 岁的迈克尔，当时正在我们家附近的一所走读学校读书。战争即将爆发，那所学校随之关闭，一位助理校长决定在一个名叫布雷菲尔德的小村庄里重组学校。多年之后我才意识到，我的父母当时很担忧，不知道一个 6 岁的小男孩与家人分离，去中部地区的临时寄宿学校生活，结果会怎样。但是，他们似乎别无选择，而且想到至少迈克尔和我能做伴，也稍微放心了一些。

　　这么做或许也行得通——其他数千个疏散的孩子结果都不错。可是这所重组的学校与原本的学校有着云泥之别。食物短缺，要定额配给，家里寄来的食品包裹都被舍监掠走。我们平时靠巨大的芜菁根和喂牛的甜菜填饱肚子。还有一种蒸布丁，味道难闻至极，令人反胃，如今已经过去 60 多年，想到那个味道，我还会一阵干呕。学校本身已经糟透了，更可怕的是，我们大多数孩子都觉得是自己做了某事而受到惩罚，被家人抛弃到这个可怕的地方自生自灭。

　　那个校长似乎在权力中迷失了自我。迈克尔说，他在伦敦做老师时，人很不错，甚至有些讨人喜欢，但是来到布雷菲尔德，他手握权力，就变成了恶魔。他恶毒，虐待成性，几乎天天对我们拳脚相加，而且乐在其中。"倔强"要受到严厉的惩罚。有时我会想自己是不是他的"最爱"，受着最严厉的惩罚，但其实不只是我，我们很多孩子都惨遭毒打，一连几天屁股都不敢着地。有一次，8 岁的我屁股又挨了他一顿毒打，藤条都打折了，他咆哮道：

"该死的萨克斯！看看你把我气成了什么样！"然后，他把藤条的费用算到了我头上。与此同时，男孩里残忍的霸凌现象也很普遍。年长的孩子穷尽心思找出年幼孩子的弱点，折磨他们，害得他们生不如死。

不过在恐怖之中，也偶有惊喜。因为难得，又与平日的生活形成鲜明对比，这种喜悦尤为强烈。我在那里生活的第一个冬天——1939年至1940年的冬天——特别冷，头顶飘雪，教堂屋檐上悬下长长的冰锥，晶莹剔透。我看着雪景和形态奇妙的冰雪，会神游拉普兰①，梦游仙境。能够离开学校，到周围的田野里玩耍，总是令我欣喜，洁白无瑕的新雪使我暂时忘掉了学校里的封闭、痛苦和味道。有一次，我故意躲开其他孩子和老师，"迷失"在飘飞的雪花中，心醉神迷。但是后来我发现自己真的迷路了，喜悦也变成了恐惧。所幸，最后有人找到了我，拥抱了我，等我回到学校之后，还给了我一杯热巧克力。

也正是在那个冬天，我发现教区首席牧师的住宅门窗玻璃上布满了白霜，白霜的针状晶体结构令我着迷，我对着白霜哈一口气，就能融化出一个窥探世界的小孔。有一位名叫芭芭拉·莱恩斯的老师，发现我沉迷于此，便拿出手持放大镜，让我看雪晶的结构。她告诉我，没有完全相同的两片雪晶。基本的六边形能有如此多的变化，真是令我大开眼界。

田野里有一棵树，我特别喜欢；树影映在天空下，以一种莫名的方式影响着我。回忆往昔，我的脑海中还会浮现出那棵树，还有穿过田野通往那棵树的蜿蜒小路。想到至少校园之外还有自然之地，我备感宽慰。

有宽敞庭院的牧师宅邸，也是临时学校的所在，相邻的旧教堂，还有这座村庄，本身都很迷人，甚至有田园牧歌的感觉。村民对我们这些背井离乡、郁郁寡欢的伦敦男孩都很友善。我正是在这个村庄，跟着一个高大健硕的年轻女人学会了骑马；有时看我愁容不展，她就会抱抱我。迈克尔给我读

———————————

① 拉普兰（Lapland），芬兰最北部的行政区，有四分之三处在北极圈内，独特的极地风光和土著民族风情使它成为旅游胜地。

过《格列佛游记》①，我有时会把她看成格列佛的巨人护士葛兰朵克丽琪。我
还会去一位老妇人那里上钢琴课，她会煮茶给我喝。村里有一家商店，我会
去那里买大块硬糖，偶尔会买上一条咸牛肉。甚至在学校里也有一些欢乐时
光：用软木做飞机模型，与一位同龄的红发小伙伴一起搭一间树屋。但是在
布雷菲尔德，我还是感觉暗无天日，没有希望，没有依靠，永远困于此地；
我怀疑在那里生活过的很多孩子都有严重的心理阴影。

在布雷菲尔德生活的 4 年里，我的父母也来学校看过我们，但来得很少，
我都没有什么印象。1940 年 12 月，迈克尔和我离家将近一年，终于返回伦敦
过圣诞假期。我当时的情感非常复杂，有如释重负，有愤怒，有喜悦，也有
恐惧。家的感觉也变得陌生又不同：我们的管家和厨师都离开了，家里还来了
一对陌生的佛兰德夫妇，他们是最后一批撤离敦刻尔克的人。我们家也没什么
人住，父母便主动邀请他们住到家里，等他们找到住处再搬走。只有我们的腊
肠犬格蕾塔依然如故，她欢快地打着滚，摇着尾巴，欢叫着迎接我回家。

家里的布局也发生了变化：窗户都挂上了厚重的遮光窗帘；内层正
门——有彩色玻璃那扇门，我总喜欢透过那彩色玻璃向外看——在几星期前
的一次空袭中被炸烂了；庭院已经面目全非，里面种上了洋姜，以备战时所
需；以前的花园棚屋如今被家庭防空洞取代，那是一座丑陋的四方建筑，有
厚厚的钢筋混凝土屋顶。

尽管不列颠之战已经结束，但是闪电战仍在高潮阶段。几乎每晚都有空
袭，夜空在高射炮和探照灯的照射下犹如白昼。如今伦敦的夜空一片漆黑，
当时却笼罩在探照灯的光柱下，我记得一架德国飞机被探照灯照到的景象。

---

①《格列佛游记》是英国作家乔纳森·斯威夫特（Jonathan Swift）创作的一部长篇游记
体讽刺小说，首次出版于 1726 年。作品从格列佛船长的视角出发，叙述了他周游四国的经
历。格列佛在利立浦特、布罗卜丁奈格、飞岛国、慧骃国的奇遇，反映了 18 世纪上半叶英
国的社会百态。

——译者注

对一个 7 岁的孩子而言，那种景象可怕又令人兴奋——我心里却想，最重要的是我离开了学校，回到了家，又有了保护。

有一天晚上，一枚千斤重的炸弹落到邻居的院子里，所幸没有爆炸。当晚，好像整条街的人都偷偷溜走了（我们全家躲到一位表亲的平房里），很多人睡衣都没来得及换下，离开时也都蹑手蹑脚，生怕稍有震动会引爆炸弹。城里灯火管制，街上一片漆黑，我们用手电筒照亮，用红色皱纹纸稍微遮蔽一下手电的光。我们都不知道第二天早上自家的房子是否还在。

还有一次，一枚铝热剂燃烧弹落到我家房后，一时间火光大盛，热浪喷涌。父亲有一台手摇灭火泵，我的几位哥哥提来几桶水递给他，但是水似乎奈何不了那地狱烈火，甚至助长了火势。水喷到白热的金属上时，发出可怕的嘶嘶声和噼啪声，与此同时，炸弹的外壳也在熔化，熔融的金属四处喷溅。第二天早上，草坪就像爆发后的火山一样，成了一片焦土，到处坑坑洼洼的。不过也有一点令我开心的事情，草坪上散落着漂亮的闪光弹片，等到假期之后返回学校，我就能拿来炫耀。

闪电战期间短暂的居家生活里，我莫名其妙地做了一件事，一直羞愧至今。我很喜欢家里的小狗格蕾塔（1945 年，她被一辆超速的摩托车撞死时，我还痛哭了一场），但是那个冬天，我刚到家没多久，就把她关进了外面院子里的冰冷煤仓中。她在那里可怜地呜咽、吠叫，没人听得见。过了一段时间，家人发现她不见了，于是问我最后一次见到她是什么时候，知不知道她在哪里。我们兄弟几个都被问到了。我想到了她的样子——饥寒交迫，困在煤仓里，可能已经奄奄一息——却什么都没有说。直到晚上，我才承认了自己的所作所为，格蕾塔被接出煤仓，接进屋里，都快冻僵了。父亲怒不可遏，痛打了我一顿，罚我在墙角站了一晚上。不过，没人问我为什么会一反常态，如此胡闹，对深爱的小狗如此残忍；即使有人问我，我恐怕也说不明白。但是，这显然是一种信号，是某种具有象征意义的行为，为了让父母注意到布雷菲尔德就是我的煤仓，让他们意识到我在那里的苦难和无助。尽管伦敦每天都有炸弹轰炸，但我还是害怕返回布雷菲尔德，渴望在家里和家人待在一起，与他们相伴，不要分离，即使遭到轰炸也无所谓。

战争开始之前的几年，我产生了一些宗教意识，当然还只是些幼稚的想法。母亲点燃安息日的蜡烛时，我就真切地感到安息日的到来，它被期待着，像一件柔软的斗篷降临在大地上。我想象着宇宙各处都发生着同样的事情，安息日降临在遥远的星系和银河中，将主的平安赐予所有人。

祷告已经成为生命的一部分。首先是《施玛篇》①的"以色列啊，你要听……"，然后是每晚我都要做的睡前祷告。母亲会等我刷完牙，穿上睡衣，然后就来到楼上坐到我的床前，听我用希伯来语祷告："Baruch atoh Adonai……耶和华啊，宇宙之王，你是应当称颂的，求你赐我以睡意，眼皮垂垂……"英文祷告词很美，而希伯来语更美。（我听说希伯来语是上帝的语言，当然，他懂得所有语言，甚至人们难以言传时，他还能读懂人的感觉。）"耶和华啊，我们的主，我列祖的神，愿承你的旨意，允许我安宁地睡去，赐我再次起身……"祷告到这时，我已经睡意渐浓，再也念不下去了。母亲会俯身给我一个吻，我随即便沉沉睡去。

在布雷菲尔德没有睡前一吻，我也不再做睡前祷告，因为祷告与母亲的吻是不能分割的，如今再做祷告，只会让我记起母亲不在身旁，徒增烦恼。同样的祷告词，曾经温暖和宽慰了我，传达了上帝的怜悯和力量，如今就像弥天大谎，成了一堆空话。

我觉得是父母突然之间抛弃了我，这时，我对他们的信任，对他们的爱，发生了剧烈的动摇，对上帝的信仰也随之崩塌。我不停地问自己，有什

---

①《施玛篇》(shema)是犹太教徒申述笃信上帝的祷词。

么证据能证明上帝的存在？在布雷菲尔德时，我决心做一个实验，一劳永逸地解决这个问题：我在菜园里并排种了两排水萝卜，祈求上帝随意祝福或诅咒其中一排，让我能看到两者清晰的差异。两排水萝卜长势完全一样，我由此得证没有上帝存在。但是此刻，我更加渴望能找到一些信仰。

我们留在学校的孩子继续挨打、挨饿、忍受折磨，都濒临崩溃，只能假装折磨我们的人不是人，不是真实的存在。有时候，我在挨打的时候，会把他看成一摊活动的骷髅（我在家时看过 X 光片，骨头包裹在单薄的肉体内）。还有一些时候，我根本没把他看成人，而是看作一堆临时组合在一起的原子。我会自言自语说"他只是原子而已"——我也越来越渴望一个"只有原子"的世界。校长的暴行似乎扭曲了人性，害我以为暴力是人生的本质。

在这种环境下，我又能做什么呢？只能寻一个私密处，一处避难所，我在那里能够独处，不受人打扰，寻找一丝的安稳和温暖。我的处境或许与弗里曼·戴森 ① 在自传文章《教或逃避》中描述的类似：

> 我身体瘦弱，运动能力不强，像我这样的男孩并不多……我们遭受着恶毒校长和校霸的双重压迫……我们找到了一处避难所，沉迷于拉丁文的校长和爱好足球的同学都难以触及。我们的避难所就是科学……我们发现……科学是暴力和仇恨之中的一片自由和友谊之地。

而我最初的避难所是数字。父亲擅长心算，我继承了父亲的天赋，6 岁便算数很快，而且发自内心地喜爱算数。我喜欢数字，因为数字实实在在，是恒定的，在纷杂的世界中岿然不动。数字以及数字之间的关系是必然的、

---

① 弗里曼·戴森（Freeman Dyson, 1923—2020），美籍英裔数学物理学家，在数论、量子电动力学、核武器政策和外星智能等方面都有突出贡献，著名的戴森球和戴森树构想都由他提出。

——译者注

确定的和不容置疑的。（多年之后，我读到《1984》^①时，最令我恐惧的，也是象征着温斯顿彻底崩溃和屈服的情节，就是他在折磨之下被迫否认2加2等于4。更可怕的是，最后他的内心也产生了困惑，不知道这种算法是否正确，最终数字也抛弃了他。）

我特别喜欢质数，它们除不尽，无法分解，是独立完整的个体。（我对自己并没有这样的自信，因为我觉得自己正逐渐被分解、疏离，越来越分裂。）质数是其他所有数字的基础，因此，我觉得它们肯定具有某种特别的意义。质数为什么会出现？它们的分布有什么模式和逻辑吗？质数有极限吗，是不是无穷无尽的？我用了很多时间计算，寻找质数，记在心里。有了这件事，我能一连数小时沉浸在个人世界里，不需要他人陪伴。

我做了一张 10×10 的表，填上了前 100 个数字，涂黑了里面的质数，但是看不出质数的分布有什么规律或逻辑。我做了更大的表格，20×20 的，30×30 的，仍然看不出明显的规律。尽管如此，我依然坚信，一定有某种规律存在。

战争期间，只有去柴郡拜访琳恩姨妈才算得上真正的假期。她在德拉米尔森林为"体弱的孩子"建立了一所"犹太新鲜空气学校"，这些孩子都来自曼彻斯特的工薪家庭，很多患有哮喘，有一些患有佝偻病或肺结核，现在回想起来，好像还有一两个患有自闭症。这里的孩子都有自己的一小片花园，几米见方，用石头围了起来。我极度渴望留在德拉米尔，不想回布雷菲尔德，却从来没有说出这个愿望（不过，我也好奇，我那聪慧慈爱的姨妈有没有猜透我的心思）。

琳恩姨妈经常给我展示各种趣味植物和数学知识，让我很开心。她让我看花园里向日葵花盘的螺旋纹样，还要我数一数里面的葵花籽。我数过之后，她就告诉我葵花籽的排列符合一个数列——1、1、2、3、5、8、13、

---

① 《1984》是英国左翼作家乔治·奥威尔（George Orwell）于1949年出版的长篇政治小说。

21……——每个数字都是前面两个数字之和。如果用一个数字除以后面的一个数字（1/2、2/3、3/5、5/8……），得到的结果接近 0.618。她说这就是斐波那契数列，用一位几个世纪之前的意大利数学家的名字命名。她又补充说，0.618 这个比例就是"黄金分割"，是理想的几何比例，建筑师和艺术家经常应用。[①]

姨妈会带我到树林里散步，走很长时间，观察植物。她会让我看落在地上的松果，看松果也有符合黄金分割的螺旋结构。她带我看长在小溪旁边的木贼类植物，让我用手去摸它们坚硬的茎干和上面的节，还让我测量各节的长度，按序记录下来，绘制成表。做好之后，我发现曲线渐平，她便解释说这是"指数曲线"，植物的生长通常都是如此。她告诉我说，这些几何比例在自然界随处可见——世界的规律都蕴含在数字中。

植物、花园与数字之间的这种联系，对我有莫名强烈的吸引力，还具有某种象征意义。我开始想象着数字的王国有自己的地理结构、语言和法律；甚至想象出数字的花园，一个秘密的、美好的魔法花园。这是一座隐秘的花园，霸凌者和校长都无法触及，而不知何故，我在花园里却有宾至如归的感觉，得到了朋友的待遇。我在这个花园里的朋友不只有质数和斐波那契数列的向日葵，还有完全数（比如 6 和 28，这类数字除去本身之外的所有因数之和等于其本身）；还有勾股数（一组三个数，其中一个数字的平方是另外两个数字的平方和，比如 3、4、5 或 5、12、13）；还有亲和数（一对数字，彼此除本身之外的全部因数之和与另一方相等，比如 220 和 284）。姨妈还让我看到了，这座花园中的数字有双重魔力——不仅愉悦身心、亲切友好、不离不弃，还是构建整个宇宙的组成部分。姨妈说，数字正是上帝思考的方式。

_____

① 斐波那契数列（Fibonacci series），又称黄金分割数列，由 13 世纪的意大利数学家列昂纳多·斐波那契（Leonardo Fibonacci）以兔子繁殖为例子而引入，故又称为"兔子数列"，指的是这样一个数列：0、1、1、2、3、5、8、13、21、34……在斐波那契数列中，从第 3 项开始，每一项都等于前两项之和。

——译者注

　　家里的所有物件中，最令我思念的是母亲的钟，那是一座漂亮的落地钟，金色的钟面不仅显示时间和日期，还显示月相和行星相位。我很小的时候，以为这座落地钟是一种天文仪器，直接从宇宙里传回信息。母亲每周都会打开落地钟的盖子，给钟上弦。这时，我就会盯着沉重的平衡锤再次升起，在母亲允许时，摸一摸每刻钟都会报时的长长金属钟锤。

　　在布雷菲尔德的四年里，我苦苦思念着钟声，有时夜里睡觉还会梦到，想象着自己在家中，醒来时却发现自己躺在一张狭窄不平的床上，还经常尿了床。我们这些生活在布雷菲尔德的孩子很多都出现了退化现象，尿床或弄脏了床铺时就要挨一顿毒打。

　　1943 年春天，布雷菲尔德的临时学校关闭了。几乎所有孩子都向家长抱怨过学校的条件，大多数都被带走了。我从来都没有抱怨过，迈克尔也没有，但是在 1941 年，13 岁的他转去了克利夫顿学院①。最后学校里差不多只剩下我一个孩子。我一直也没搞清到底发生了什么，校长以及他那可憎的妻子和孩子都不见了。假期结束后，我就接到通知说不用返回布雷菲尔德了，要转去一所新学校。

　　在我眼中，圣劳伦斯学院广阔而庄严，校园里有古建筑，有古树——学校自然是好，我却吓坏了。布雷菲尔德虽然恐怖，但至少是个熟悉的地方——我熟悉那所学校，熟悉那个村子，还有一两位朋友——然而圣劳伦斯的一切都是陌生和未知的。

　　奇怪的是，我对那段经历几乎没有任何记忆，尘封了或是忘却了。最近与一位非常了解布雷菲尔德生活的熟人聊起圣劳伦斯，她很惊讶，说我以前从未提及那段经历。说实话，关于圣劳伦斯的记忆，基本都是临时编造的谎言、笑话、幻想或错觉，我也不知道该怎么描述。

---

　　① 克利夫顿学院（Clifton College）建于1862年，是英国老牌私立寄宿制男女混合学校之一。

星期日早上，我会特别孤独，其他孩子都去了小教堂，只剩下我这个犹太男孩孤零零地留在学校（在布雷菲尔德没有这种情况，那里的孩子大多都是犹太人）。有个星期日早上，暴风雨来袭，雷电交加，有一声雷好似就在耳边炸响，震耳欲聋，当时我都以为学校被雷炸了。其他孩子从小教堂回来之后，我坚称自己被雷劈了，雷电"进入了"我的身体，寄居在我的大脑中。

我杜撰的其他事情与童年有关，更确切地说是幻想的另一种童年。我谎称自己出生在俄国（俄国当时是我们的盟友，而且我的外公也是从俄国来的）。我会编大段的奇幻故事，细节生动丰富，讲述滑平底雪橇的快乐时光，包裹着毛皮大衣的样子，还有夜里嗥叫的狼群追逐雪橇上的我们。我不记得同学听到这些故事时的反应，却牢牢记住了这些故事。

我还说过自己幼年时不知为何被父母抛弃，后来被一只母狼发现，带回去在狼群中养大。《丛林故事》①的故事情节，我都牢记在心，可以将它们装作我的"回忆"娓娓道来。我给围在我身边的 9 岁孩子介绍黑豹巴希拉、教我律法的老熊巴鲁、与我在河里一起游泳的大蛇朋友卡奥，还有千岁的丛林之王哈蒂。

回头看那段时间的我，似乎一直活在白日梦和迷思之中，有时会分不清幻想和现实的界限。我似乎在试图创造一个怪诞却富有魅力的身份。或许在圣劳伦斯，我那种孤独、缺乏关爱和默默无闻的感觉比之在布雷菲尔德的时候更甚，就连校长的虐待也可以被视为某种关心，甚至是爱。我或许在与父母赌气，怨他们对我的痛苦不闻不问或是不关心，不禁用亲切的、有舐犊之情的俄国人或野狼取代了他们。

1943 年学期中，父母来学校看我（或许是听说了我的荒诞想象和谎言），终于意识到我已经快疯了，决定趁情况还没有变得更糟，把我带回伦敦。

---

① 英国作家约瑟夫·鲁德亚德·吉卜林（Joseph Rudyard Kipling，1865—1936）的代表作。

4

"理想的金属"

1943 年夏天，离家 4 年之后，我返回了伦敦。此时，我已 10 岁，有些沉默寡言、焦虑不安，但对金属、植物和数字却充满了热情。尽管到处都是炸弹威胁，尽管口粮要配给，尽管有灯火管制，尽管印书的纸张特别薄，但生活正逐渐恢复正常。德军在斯大林格勒被击退，盟军在西西里岛登陆；战事可能还要持续几年，但我们已经胜利在望。

对我来说，一根来自北非的香蕉就是胜利的征兆，那根香蕉几经转手，送给我的父亲，这可是前所未有的事情。战争开始之后，我们都再也没见过香蕉，于是父亲郑重地把那根香蕉分成七等份：他和母亲各一份，博迪姨妈一份，几位哥哥和我各一份。我把那一小块香蕉放在舌头上，如圣饼一样，慢慢吞咽，细细品味。香蕉口感清甜馥郁，令人心醉神迷，一时间，过往的时光浮现眼前，我对未来也充满期待。这香蕉或许就是一种象征，预示着我已经回家，不用再离开。

不过，变化还是很大的，家已经面目全非，全然不似战前那么安逸稳定。我觉得我们家算是一般的中产阶级家庭，之前有一帮仆人和帮工。父母在我们的成长过程中都非常忙，甚至是"缺席的"，很多仆人便在我们的生活中起到不可或缺的作用。有一位在我们家服务多年的保姆亚伊，从 1923 年马库斯出生时便来到我们家（我一直也没搞清她的名字到底是怎么拼写，等我学会读写之后，猜测应该拼作"Yea"——我读过一些《圣经》，对"lo" "hark" 和 "yea" 之类的词很着迷）。还有我的保姆玛丽昂·杰克逊，我对她很依赖，据说我第一次开口说话就是喊出了她的名字，奶声奶气、一字一顿地喊了出来。亚伊身穿保姆制服，头上包着保姆头巾，神色严厉，令人生畏。但是玛丽昂·杰克逊就不一样，她身穿柔和的白色衣服，衣服就像鸟儿的羽毛一样，我经常偎依在她的怀里，感觉很安心。

玛丽是厨师兼管家，围裙总是浆得笔挺，双手红通通的。她手下还有一个我已记不得名字的帮工女佣，白天来，晚上离开。除了这 4 个女人，还有司机唐和园丁斯温，家里的重活基本都由他们负责。

战后，几乎一切都变了。亚伊和玛丽昂·杰克逊都离开了，因为我们都"长大了"。园丁和司机也离开了，母亲此时已经 50 岁，决定自己开车。玛丽本该回来的，却再也没出现；博迪姨妈接过她的工作，负责起购物和做饭。①

家里的布局也发生了变化。战时一切物资都紧缺，煤炭也一样，因此，家里的大锅炉关闭了，取而代之的是一个燃油炉，功率有限。房子里的很多富余房间也都封闭了。

如今，我已经"长大了"，就得到了一间更大的房间。这个房间以前是马库斯的，不过他和戴维都已经去上大学了。这个房间里有一个煤气炉、一张旧桌子和我自己的几个书架，我一生中第一次有了自己的地方，自己的空间。我会在房间里待上几个小时，读书，沉浸在关于数字、化学和金属的想象世界中。

---

① 只有一个人留了下来：父亲的秘书利维小姐。她从 1930 年就跟随父亲，有些高冷，总是一板一眼的，我们总是叫她利维小姐，根本无法想象直呼她的姓名。她总是很忙，有时会允许我来到她的小办公室，坐到煤气炉旁，看她帮父亲打印信函。（我喜欢她敲击打印机键盘的声音，还有换行时的咔嗒声。）利维小姐住在基尔本的长丘，步行到我们家只需要 5 分钟，每个工作日早上 9 点，她都会准时到达。我认识她那么多年，她从不迟到，不会喜怒无常、心绪不宁，从不生病。战争期间，虽然家里的一切都变了，但是她的日程和她稳重的仪态却始终未变。世事变迁，悲欢离合，她似乎丝毫不受影响。

利维小姐比我的父亲年长几岁，她没有受到年龄的明显影响，一直到 90 岁，还坚持每周工作 50 小时。她从未想过要退休，我的父母也和她一样。

——作者注

最令我高兴的是又能去找钨舅舅了——至少他那里看起来没怎么变（尽管钨的供应有些紧缺，因为制造装甲钨钢板用去了大量的钨）。我猜他看我这个小徒弟归来，也很高兴，因为他会一连几个小时在工厂和实验室里陪我，有问必答。他的办公室里有几个正面是玻璃的陈列柜，其中一个陈列着一系列灯泡：有几只是 19 世纪 80 年代初期爱迪生制造的碳丝灯泡；有一只是 1897 年的锇丝灯泡；还有几只世纪之交的灯泡，灯泡里是细长的钽灯丝，呈之字形。还有一些近年产的钨丝灯泡，形状各异，大小不一。这些灯泡是舅舅的骄傲，也是他的兴趣所在，因为其中一些灯泡是他发明的，甚至还有一只打着"未来灯泡?"的标签。灯泡里没有灯丝，但是旁边的一张卡片上写着"铼"。

我知道铂，但是锇、钽和铼等几种金属我都是第一次听说。戴夫舅舅保存着几种金属的样品，还有一些原矿，都摆在那些灯泡旁边的一个陈列柜里。他给我展示一种样品时，会详细介绍这种金属的特性、发现过程、冶炼方法，以及适合制作灯丝的原因。舅舅谈论着这些制作灯丝的金属——"他的"金属——给我的印象就是，它们高贵、致密、难熔、闪闪发光，特别吸引人，特别重要。

他会拿出一块表面有凹痕的灰色金属块，说一声"沉吧"，然后递给我。"这是铂块。发现时就是这样的天然金属块。大多数金属发现时都是与其他东西混合在一起的矿石。只有少数几种金属和铂一样，比如金、银、铜和其他一两种金属。"他说，其他这些金属已经发现了数千年，但是，铂在两百年前才被"发现"。尽管印加文明在多个世纪之前已经将铂视作珍宝，但世界其他地区的人却不知道它的存在。最初，人们不喜欢这种"重银"，认为它是掺了杂质的金子，便把它扔到河底，以防它"污染"矿工的淘选盘。时间来到 1700 年代末期，这种新发现的金属开始风靡欧洲——它比金的密度更大，更沉，而且和金一样"高贵"，永远不会生锈。铂的光泽和银一样（铂的西班牙名字是 platina，意思就是"小银"）。

铂往往与铱和锇两种金属同时出现，这两种金属更致密、更坚硬，耐火性也更强。说到这里，舅舅拿出两种金属的样品给我看，样品是薄薄的几片，扁豆大小，却重得出奇。这就是"铱锇矿"，世界上最重的两种物质锇和铱的天然合金。我也说不清是什么原因，但是重量和密度这两个词会令我兴奋不已，给我无比的安全感和舒适感。戴夫舅舅说，锇还是铂族金属中熔点最高的，因此，虽然稀缺又昂贵，但它也曾一度替代铂，被做成了灯丝。

铂族金属的最大优点就是既像金一样高贵、易加工，燃点又高很多，因此是制作化学仪器的理想材料。铂制作的坩埚可以耐极高温；制作的烧杯和药匙耐强酸。戴夫舅舅从柜子里取出一只小坩埚，表面非常光滑，还闪闪发光，看起来跟新的一样。"这大概是 1840 年制作的。"他说，"用了一个世纪，几乎没有任何磨损。"

1867 年，我外公的大儿子杰克 14 岁，南非的金伯利附近发现了钻石，淘钻石热由此兴起。19 世纪 70 年代，杰克与查理和天生聋哑、使用手语的亨利兄弟三人去往南非，在钻石矿、铀矿和金矿里做顾问，以此讨生活，赚大钱（随行的还有他们的妹妹罗斯）。1873 年，外公再婚，又生了 13 个孩子。杰克几人的经历与亨利·赖德·哈格德①的《所罗门王的宝藏》以及钻石谷的古老传说相结合，成为家族传奇。西德尼和亚伯追随两个同父异母兄弟的脚步，也去了非洲。再后来，更年轻一些的两兄弟戴夫和米克也加入了他们，因此兰道家族兄弟 9 人中一度有 7 人在非洲做矿产顾问。

我们家里挂着一张 1902 年拍摄的全家福（如今挂在我的家里），照片里有蓄着胡须的威严的外公，还有他的第二任妻子沙亚和他们的 13 个孩子。我的母亲还是个小姑娘，看起来只有六七岁，她的小妹妹多吉——也是 18

① 亨利·赖德·哈格德（Henry Rider Haggard，1856—1925），英国小说家。曾在南非英国殖民政府任职（1875—1879）。以写非洲的冒险故事闻名，作品中的《所罗门王的宝藏》（1885）、《她》（1887）最为著名。

个孩子里最小的一个——像团毛绒球一样趴在地上。仔细打量，你就能看出亚伯和西德尼是拼接到相片里的（摄影师安排其他人站位，为他们留出了位置），因为他们当时受布尔战争波及，滞留南非，可能还有生命危险。①

母亲那两位同父异母的大哥如今已经在南非娶妻生根。他们从未回过英格兰，他们的故事却在家族中流传，渐渐成为家族传奇。战争爆发时，西德尼、亚伯、米克和戴夫这几位年龄稍小的哥哥返回了英格兰，带回了异域故事和采矿生涯的战利品，其中就包括各种矿物。

戴夫舅舅喜欢摆弄柜子里的金属和矿物，还允许我和他一起玩，详细给我讲解它们的神奇之处。我觉得他把整个地球看成了一座巨大的天然实验室，高温和高压不仅引发了地壳运动，还创造了无数的化学奇迹。"看看这些钻石，"他向我展示著名的金伯利钻石样品时会这样说，"它们差不多与地球同龄。数十亿年前，在地球深处，在难以想象的高压作用下，它们就已经形成了。它们穿过了几百英里②深的地幔，又穿过了地壳，才以金伯利岩的形态来到地表。我们可能永远也无法直接看到地球内核的样子，但是，金伯利岩和里面包裹的钻石就是地球内部的样本。人们尝试过人工制造钻石，但是，钻石形成的温度和压力是我们难以企及的。"③

有一次，我拜访戴夫舅舅，他拿出一大块铝棒给我看。我已经见识过致密的铂族金属，如今发现铝如此之轻，竟只比一片木头略重，又深感惊讶。"我给你看点有趣的东西。"他说着取下一小块表面光滑的铝，涂上了一层水

---

① 布尔战争期间，所有身在非洲的亲戚都让人忧心不已，母亲对此肯定印象深刻，40多年后，她还会哼唱起当年的小曲："一、二、三——解放金伯利；四、五、六——解放莱迪史密斯；七、八、九——解放隆方丹。"

——作者注

② 1英里约合 1.6093 千米。

③ 19世纪，很多人都尝试过制造钻石，其中最有名的要数法国化学家亨利·莫瓦桑（Henri Moissan）。他是最早分离出氟气的人，还发明了电炉。莫瓦桑到底有没有造出钻石仍然存疑——他称作钻石的坚硬小颗粒很可能是俗称金刚砂的碳化硅。H.G.威尔斯在他的短篇小说《钻石制造者》中生动地描述了早期人造钻石时期狂热、危险和野心勃勃的氛围。

——作者注

银。突然之间，铝像患了某种可怕的疾病，表面开始崩坏，迅速长出一种好似霉菌的白色物质，先是长到半厘米多高，又长到一厘米多高，直到最后整块铝都被吞噬了。"你见过铁锈——铁接触了空气中的氧气，发生了氧化。"舅舅说，"铝的氧化速度要快 100 万倍。那一大块铝棒依然闪闪发光，因为表面覆盖了一层氧化物，避免了进一步氧化。但是，用水银揉擦铝块，破坏了表层，铝就失去了保护，几秒钟内便与氧气结合。"

我觉得这种反应如魔法一般，很神奇，但又有些害怕——一块闪亮的金属如此迅速地变成一摊氧化物。这让我想起某种令物体崩解的符咒，有时在我的梦里会出现这样的场景。我从此感觉水银是邪恶的，专门毁坏金属。它会这样毁坏所有金属吗？

"不要担心。"舅舅说，"我们这里使用的金属很安全。我把这一小块钨放进水银里，就不会有事。即使在水银里泡上百万年，钨还是会像现在一样闪亮。"在这个危险的世界中，至少钨是稳定的。

"你也看到了，"戴夫舅舅继续说道，"铝的表层被破坏之后，就会迅速与空气中的氧气结合，形成氧化物，也就是白色的氧化铝。这与铁生锈类似，铁锈就是铁的氧化物。有些金属特别喜欢氧气，一旦暴露在空气中，便迅速与氧气结合，生成一种氧化物，变得暗淡。有些金属甚至能从水中吸取氧气，因此必须保存在密封管里或存在油里。"舅舅拿出一个装着油的瓶子，里面保存着几块表面发白的金属。他捞出一块，用小刀切开。我很惊讶，这种金属竟然这么软，我以前从未见过有人这样切开金属的。金属的切面闪耀着银色的光泽。舅舅告诉我这是钙，化学性质极为活跃，在自然界不会以纯金属的形态存在，只能存在于化合物或矿物中，需要通过化学反应提取。他说多佛①的白色峭壁就是白垩，其他的都是石灰石，白垩和石灰石是碳酸钙的不同形态，而碳酸钙也是地壳的主要组成成分。我们说话间，金属钙已经

————————

① 多佛（Dover）是英国东南部海港。

彻底氧化了，明亮的表面变成了暗沉的灰白色。"变成石灰了，"舅舅说，"就是氧化钙。"

舅舅在柜子前介绍着各种藏品，如数家珍，但最后都会说到他的金属。"钨，"他说，"最初谁都没有意识到这种金属是多么完美。它是金属中熔点最高的，比钢铁还坚硬，高温下仍然能够保持强度，真是完美的金属！"

舅舅的办公室里保存着各种各样的钨棒和钨锭。有的用作镇纸，有些则没有任何实际用途，只是给制作者和拥有者带来了快乐。说实话，就算是钢筋，甚至是铅条，与之比较也感觉有些轻，不够致密、牢靠。舅舅会说："这些钨块的密度极高，杀伤力比铅块要强得多，跟武器一样。"

他还补充说，世纪初有人想制作钨炮弹，但发现这种金属太硬，难以打磨。不过有些钟摆是用钨做的。戴夫舅舅说，如果有人想要给地球称重，需要一种密度极大的物体在天平另一侧"平衡"，没有什么比钨做的巨大球体更合适了。他计算过，直径60厘米的钨球就有2吨重。

戴夫舅舅告诉我，白钨矿是一种含钨矿物，以伟大的瑞典化学家卡尔·威尔海姆·舍勒①命名。舍勒最早发现白钨矿中含有一种新元素。这种矿石密度极大，矿工称之为"重石"，瑞典语就叫"tung sten"，后来人们便以此命名这种元素。白钨矿是在美丽的橙色晶体中发现的，这种晶体在紫外线灯的照射下会发出明蓝色的荧光。戴夫舅舅在办公室里用一个特别的柜子保存着白钨矿和其他荧光矿物。在我看来，11月的夜里，灯光昏暗的法灵登路孕育着别样的天地；舅舅打开伍德灯②，陈列柜里的荧光矿物便光芒四射，

---

① 卡尔·威尔海姆·舍勒（Carl Wilhelm Scheele, 1742—1786），瑞典化学家。发现了氯，并独立地发现了氧、氨、氯化氢、氢氟酸、钨酸、砷酸等。所首创的分离乳酸、草酸等有机酸的方法至今仍在应用。并首先发现银化物的感光性。
② 伍德灯（Wood's lamp）又称伍氏灯或者过滤紫外线灯，它是通过含氢化镍之滤片而获得320—400纳米长波紫外线，是皮肤科较为先进的临床诊断设备。

——译者注

橙色的、蓝绿色的、猩红色的和绿色的光交相辉映。

尽管钨的主要来源是白钨矿，最初钨却是从另外一种名叫黑钨矿的矿石中提炼而来。在英文里，钨（tungsten）有时也写作"wolfram"，钨的化学符号 W 也是由这个词而来。这件事令我兴奋不已，因为我的中间名是Wolf。钨矿往往与锡矿伴生，因为钨的存在，分离锡就变得异常困难。舅舅继续说，因此，最初钨被称作"wolfram"，它就像饥饿的狼（wolf）一样，"偷走了"锡。我喜欢"wolfram"这个名字，因为它听起来锐不可当、充满野性，可以使人联想到饥渴、神秘的狼。我也把这个词看成钨舅舅（Uncle Tungsten，Uncle Wolfram）与我奥利弗·沃尔夫·萨克斯（O. Wolf Sacks）之间的纽带。

"大自然赐给你们铜、银和金这些天然金属。"舅舅说，"在南非和乌拉尔，她还赐予了你们铂族金属。"他喜欢从柜子里拿出天然金属——玫瑰色的铜丝和铜片，暗淡的银丝，还有南非矿工淘出来的金沙。他说："想象一下，人类第一次见到金属时的景象——突然反射而来的阳光，在岩石或小溪的底部突然闪起了光！"

但是，大多数金属都是以氧化物或"矿灰"的形式存在。他说，矿灰不可溶解、不可燃、不能熔化，正如 18 世纪的一位化学家所写"没有金属的光彩"。尽管如此，人们后来还是发现，矿灰很接近金属，被木炭加热后就真能变成金属；而纯金属在空气中被加热也会变成矿灰。在这个反应过程中到底发生了什么，人们至今未知。舅舅说，在理论出现之前，便早已有实践知识：人们可以熔化矿物，冶炼金属，并付诸实践，却无法正确理解背后的机理。

舅舅想象着人类第一次冶炼金属的样子，原始人用含有铜的矿石——可能是绿色的孔雀石——围火做饭，突然发现木头烧成木炭之后，绿色的石头好像出了血，渗出红色的液体，那就是熔化的铜。

他继续讲道，如今我们知道用木炭加热氧化物，木炭中的碳就会与氧化物中的氧结合，从而"还原"它们，得到纯金属。如果不能从氧化物中还原出金属，我们能得到的就只有那几种天然金属了。那样就不可能出现青铜时代，就更不消说铁器时代了；也就不会有 18 世纪的有趣发现，人们在那个世纪从矿石中提炼出 18 种新金属，其中就包括钨！

戴夫舅舅给我展示了白钨矿里提炼出的纯氧化钨，与舍勒和钨的发现者德卢亚尔兄弟① 当年制备的一样。我从他手里接过瓶子，瓶里装着黄色的粉末，特别重，像铁一样。他说："我们只需将其与碳混合，放入坩埚中加热，直至红热。"他将黄色的氧化钨与碳混合，然后放进大火炉角落的一个坩埚里。过了几分钟，他用长钳夹出坩埚。冷却之后，我看到坩埚里发生了令人兴奋的变化。碳全都不见了，黄色粉末也大多消失，取而代之的是闪着暗光的灰色金属颗粒，就和德卢亚尔兄弟在 1783 年时的发现一样。

舅舅说："还有另外一种制备钨的方法。那景象更是壮观。"他将氧化钨与很细的铝粉混合在一起，然后加入了一些糖和高氯酸钾，又在上面滴了一点硫酸。糖、高氯酸钾和硫酸立刻燃烧起来，从而点燃了铝和氧化钨，二者燃烧反应剧烈，耀眼的火花四处飞溅。火花熄灭之后，我看到坩埚里剩下一团白热的钨球。"这是最剧烈的化学反应之一。"舅舅说，"人们称之为铝热法；你刚才也见识过了。这种反应可以产生 3000 多摄氏度的高温，

---

① 胡安·何塞·德卢亚尔和福斯托·德卢亚尔兄弟两人都是西班牙巴斯克协会的成员。巴斯克协会致力于艺术和科学的发展，协会每晚都会举行会议，星期一晚上讨论数学问题，星期二晚上做电机和气泵实验，主题不一而足。两兄弟一个学习矿物学，一个学习冶金学。他们遍游欧洲，胡安·何塞还曾于 1782 年拜访过舍勒。他们回到西班牙之后，就研究起黑钨矿，并从中提取了致密的黄色粉末"钨酸"。他们发现这种粉末与舍勒从瑞典的钨矿里提出的钨酸一模一样。舍勒坚信这种粉末中含有一种新元素，却没有继续研究。德卢亚尔兄弟则更进一步，用木炭加热粉末，最终于 1783 年得到了新的纯金属元素，并将其命名为钨（wolframium）。

——作者注

足够熔化钨。你看，我就用了内侧涂着氧化镁的特殊坩埚，才能承受如此高温。这个实验不好控制，一不小心就会爆炸——战争中，人们会利用这个反应的原理制造燃烧弹。如果反应条件控制得当，这就是非常好的一种方法，可以用来制备各种很难获取的金属——铬、钼、钨、钛、锆、钒、铌和钽，都可以。"

我们从坩埚里刮出小钨球，用流水小心洗净，拿放大镜仔细观察，又称了重。舅舅拿出一个 0.5 毫升的小量筒，倒入了 0.4 毫升的水，然后把小钨球轻轻放入量筒，液面升高了 0.05 毫升。我记录下数据，做了计算，算出这个钨球不到 1 克，密度 19 克 / 厘米 ^{3}。舅舅说："很好，德卢亚尔兄弟在 18 世纪 80 年代第一次制备出钨时，计算出的密度也差不多。"

"我这里有几种不同的金属，都是颗粒状的。要不你来实践一下，称一称它们的重量，测量一下体积，计算出它们的密度？"随后的一个小时，我满心欢喜地操作起来。舅舅真是给我准备了很多种金属，有略微生锈的银色金属，密度不到 2 克 / 厘米 ^{3}，还有他收藏的铱锇矿颗粒，密度是那种银色金属的十几倍。我测量一种黄色小颗粒的密度时，发现它的密度也是 19.3 克 / 厘米 ^{3}，与钨的一模一样。"你看，"舅舅说，"金的密度和钨的几乎一样，不过银要轻很多。纯金和镀金的银是很容易分辨的，但是镀金的钨就很难分辨了。"

舍勒是戴夫舅舅最崇拜的人之一。他不仅发现了钨酸和钼酸（新元素钼就是从钼酸中提炼出来的），还发现了氢氟酸、硫化氢、胂、氢氰酸和其他十几种有机酸。戴夫舅舅说，这些都是他独自完成的，他没有助手，没有资金资助，也没有大学教职和薪水，靠着自己在一个瑞典小镇的药剂师工作维持着生计。他发现了氧，靠的不是运气，而是尝试了多种不同的制备方法才发现的；他还发现了氯，并提出了锰、钡和其他十几种元素的制备方法。

戴夫舅舅说舍勒全身心地投入工作中，不求名，不逐利，向所有人分享了自己的知识。舍勒的聪明才智令我赞叹，而他的无私情怀更是使我敬佩不已。他将发现新元素的荣誉拱手让给学生和好友——约翰·甘恩①发现了锰，彼得·耶尔姆②发现了钼，还有德卢亚尔兄弟发现了钨，都有他的功劳。

据说，只要是与化学相关的事情，舍勒都过目不忘。任何物质的外观、触感和味道，在化学反应中的变化方式，他都不会忘记；有关化学现象的事情，不管是书上读过的还是听说的，他也都不会忘记。他对其他事情都不太关心，也不在意，全身心投入钟爱的化学中。舍勒心无旁骛、痴迷地沉醉于化学现象中，注意到每一个细节并牢记在心，这才是他的过人之处。

舍勒在我心中象征着科学的浪漫。在我看来，追寻科学就是真与善，是可以持续一生的爱恋。我从未想过"长大"之后做什么——长大是一件我不敢想象的事情——但现在我知道了：我要成为一名化学家，像舍勒一样的化学家。我要追寻这位18世纪化学家的脚步，探寻自然物质和矿物的世界，对它们加以分析，探究它们的秘密，发现未解之谜和新金属。

---

① 约翰·甘恩（Johan Gahn, 1745—1818），瑞典化学家、矿物学家。
② 彼得·耶尔姆（Peter Jacob Hjelm, 1746—1813），瑞典化学家。

5

千门万户灯火明

钨舅舅是个复杂的人，既有智慧，又很务实，一如他大多数的兄弟姐妹和养育他们的父亲。他喜爱化学，但算不上他弟弟米克那样的"纯粹的"化学家。戴夫舅舅还是一位企业家，是个商人。他开了一家工厂，生产灯泡和真空管，销路不错，日子过得也挺好。他和手下工作的人都以朋友相待，颇有私交。虽然扩大规模、成为大厂对他而言轻而易举，他却无意于此。他还是曾经那个少年，心怀对金属和材料的爱，如痴如醉地研究着它们的属性。他会花上数百个小时，观察工厂的全部生产流程：钨的烧结和成型，线圈和灯丝钼制支撑结构的制作，向灯泡里充氩气的过程，这些都是在法灵登的老厂区完成的；还有玻璃灯泡的吹制，以及用氢氟酸处理灯泡的过程，这些都在法灵登的新厂区完成。他的手下能力很强，机器也运转良好，他根本不需要自己动手做这些事情，但是他乐在其中，有时还会一边观察一边思考技术改良和新的工艺。他的工厂里并不需要设备精良的小型实验室，但是他充满好奇心，又沉迷于实验，还是设立了一个。实验室里的部分研究成果直接就在生产中应用，不过我看其中大多数都纯粹是为了好玩。对白炽灯和各种照明设备的历史，以及背后的基础化学和物理知识，他也不需要了如指掌。但是他喜欢置身于传统中的感觉——既是纯粹的科学和应用科学的传统，也是工艺和工业的传统。

　　舅舅喜欢说，白炽灯的出现，终于实现了爱迪生千家万户灯火明的愿景。如果有人能从外太空看地球，观察地球每24小时完成一次自转，进入黑夜的暗影，他们就能看到数以亿计的白炽灯每晚都会亮起，白热的钨丝散发着光芒，撕裂了那片暗影——他们便会知晓，人类终于征服了黑暗。舅舅说，他想不出有什么发明对社会习惯和人类生活的改变能超过白炽灯。

戴夫舅舅告诉我，从很多方面来看，化学发现的历史与对光明的追求都是密不可分的。1800 年之前，人们只有使用了数千年的蜡烛或简单的油灯。它们的光是微弱的，街道是黑暗且危险的，因此，人们要提着灯笼或趁满月才敢走夜路。安全、简便且高效的家庭和街道照明设施有着巨大的需求。

19 世纪初，煤气灯出现，人们也就此做了很多尝试。不同的喷嘴可以喷出不同形状的煤气火焰：有蝙蝠翅膀、鱼尾、鸡后爪等各种形状。我听着他讲出这些火焰的名字，心下欢喜，对各种形状的漂亮火焰也心驰神往。

但是，靠着碳粒子发光的煤气灯火焰，并没有比烛火亮太多。人们还需要在里面添加一种东西，使火焰更明亮。这种物质就是氧化钙，也就是石灰，被加热时会发出强烈的白绿色光芒。戴夫舅舅说，这种"石灰光"在 19 世纪 20 年代被人发现，之后数十年一直用于舞台照明，因此，虽然现在的白炽灯不再使用石灰，我们还是会用"石灰光"指代聚光灯。加热氧化锆、氧化钍、氧化镁、氧化铝和氧化锌等几种氧化物，也能产生类似的灿烂光芒。（"人们会用 zincia 表示氧化锌吗？"我问道。舅舅微笑着说："不会的，我从来没听人这么叫过。"）

19 世纪 70 年代，人们已经尝试过很多种氧化物，渐渐明确某几种混合物被加热后发出的光芒比任何单一氧化物的都更明亮。奥尔·冯·威尔斯巴赫[1]在德国试验了无数种组合，最终在 1891 年找到了理想配比：氧化钍和二氧化铈以 99∶1 的比例混合。这个比例非常关键，奥尔发现 100∶1 或是 98∶1 的效果都将大打折扣。

---

① 奥尔·冯·威尔斯巴赫（Auer von Welsbach, 1858—1929），奥地利科学家、发明家，于 1885 年从钕镨化合物中分离出钕元素和镨元素，同时于 1907 年发现镥元素，成为三位独立发现该元素的科学家之一。威尔斯巴赫不仅是科学家，还颇具商业头脑。他在研究稀土元素时就发明了现代打火机中使用的燧石，19 世纪末期欧洲街道上的煤气灯罩也是他的发明，金属灯丝也是他的想法。

此时，条形和铅笔形的氧化物都已被使用过，但是奥尔发现，用苎麻罩子之类"形状合适的布料"罩住氧化物，这样与它的混合物的接触面积就会增大，发出的光也就更加明亮。这类罩子引发了煤气灯行业的一次革命，使煤气灯能与滥觞期的电灯一较高下。

亚伯舅舅比戴夫舅舅年长几岁，他对这项发现的记忆非常深刻。他记得，有了这种新的煤气罩，莱曼街上灯光昏暗的房子突然变得明亮起来。他还记得当时出现了一波淘钍热，仅仅几星期的时间，钍的价格就涨到之前的10倍，人们开始苦苦搜寻这种元素的新来源。

美国的爱迪生也是各种稀土发光实验方面的先驱，但是他没有取得奥尔那样的突破，在19世纪70年代末，他转移了精力，着手优化另外一种灯——电灯。19世纪60年代，英格兰的斯温和其他几人开始研究铂灯泡（舅舅的陈列柜里就收藏了一只斯温发明的灯泡）；爱迪生好胜心极强，加入了这场竞争，但是他和斯温一样，遭遇了一个重大的难题：铂的熔点虽然很高，但还是不够高。

爱迪生也曾用过很多种其他熔点更高的金属做实验，想要找出一种可靠的灯丝，但都没有成功。1879年，他突然有了灵感。碳的熔点比任何金属都高，没有人熔化过碳，而且碳虽然可以导电，但是电阻很大，因此更容易加热发光。爱迪生按照早期金属螺旋灯丝的样子，尝试制作了碳螺旋灯丝，但是这些碳螺旋碎了。他的解决方法出奇地简单，却需要天才的头脑才能想出来。他把一段有机纤维（纸、木头、竹子亚麻或棉线）烧成碳骨架，要保持骨架不碎，又能导电。这些灯丝嵌入真空灯泡里，能够提供数百小时的稳定灯光。

爱迪生发明的灯泡为一场真正的革命提供了可能——当然，还需要接入发电机和电线等一整套系统。舅舅带我来到窗前，挥手指向楼下的街道说："世界上第一套中央电力系统就是爱迪生于1882年在这里建设的。大型蒸汽发电机安装在那边的霍本高架桥上，为高架桥和法灵登桥路一线上的3000

盏电灯供给电力。"

随后的 19 世纪 80 年代成为电灯的时代，一整套电站和电网体系建立起来。但是在 1891 年，奥尔优化了煤气罩，效率极高，价格适中，而且可以使用既有煤气线路，给新兴的电灯产业带来了严峻的挑战。舅舅给我讲了他们年轻时经历的电灯和煤气灯之争，两方互有胜负，局面胶着。这片区域的很多房子都装了两种灯，我们家也不例外，因为大家都看不清最终哪一方能够胜出。直到 50 年后，我童年时，伦敦的很多街道，特别是金融城里的街道上仍在使用煤气灯。有时，夜幕降临之时，我们还能看到灯夫拿着长长的竿子，点亮一盏盏路灯。我很喜欢看这道风景。

碳丝灯泡虽然优点很多，但也有些问题。碳丝易碎，使用时强度更低。而且碳灯丝只能在相对较低的温度下照明，发出的是昏暗的黄光，而不是明亮的白光。

有什么方法解决这些问题吗？我们需要一种熔点与碳接近的材料，至少也要达到 3000 摄氏度，而且强度还要比碳丝高很多。满足这些条件的金属只有三种，分别是锇、钽和钨。讲到这里，戴夫舅舅开始眉飞色舞。他很钦佩爱迪生，仰慕他的才能，但是，碳灯丝显然入不了他的法眼。他似乎觉得灯丝就得用金属制作才行，因为只有金属才能有足够的延展性，做成合适的灯丝。他对碳灯丝嗤之以鼻，认为用碳做灯丝有违常理，能维持那么长时间也算是出人意料了。

第一盏锇灯泡是奥尔在 1897 年发明的，戴夫舅舅的陈列柜里也收藏了一只。可惜，锇很稀有，全世界的年产量仅有 6.8 千克，价格高昂。当年，想要把锇拉成丝几乎不可能，因此需要将锇粉与某种黏合剂混合，注入模具中，烧结之后，黏合剂也就烧掉了。这样制成的锇灯丝也非常易碎，上下颠倒一下灯泡，灯丝便断了。

当时，钽已经被发现了百余年，但是一直极难提纯，也很难被使用。到 1905 年，钽的提纯技术已经有了长足发展，钽可以制作成钽丝了。有了钽灯丝，白炽灯泡就能以低成本量产，可与碳丝灯泡形成竞争，这是铌丝灯泡办不到的。但是，要使钽灯丝的电阻足够高，就得将其制成很长的蛛丝细线，缠绕成笼子一样的复杂之字形灯丝，放入灯泡内。尽管钽受热后会略微变软，但是这种灯丝仍然取得了巨大成功，最终对煤气灯的统治地位形成了挑战。舅舅说："钽丝灯泡风行一时。"

直到"一战"爆发，钽丝灯泡仍然风行，但即使在钽丝灯泡最流行的时候，人们还是在研究钨丝灯。第一盏可以点亮的钨丝灯在 1911 年被制造出来，在极高温下能短暂工作，不过钨丝会蒸发，凝华后覆盖了灯泡内壁，灯泡很快就变黑了。美国化学家欧文·朗缪尔[①]对这个难题发起了挑战，他提出向灯泡中充入惰性气体，给灯丝一个正向压力，从而减缓钨丝的蒸发。这就需要一种完全的惰性气体，最佳的候选气体就是 15 年前分离成功的氩气。但在灯泡中注入气体又带来另外一个问题：气体对流会造成大量的热量损失。朗缪尔发现，解决这个问题的方法就是尽可能压实灯丝，灯丝不能像展开的蛛网一样，而是要做成缠绕紧密的线圈。用钨就能做成这样紧密的线圈。1913 年，万事俱备：纤细的钨丝，缠绕成紧密的螺旋线圈，放置到充有氩气的灯泡里。此时，钽丝灯泡明显已经气数将尽，很快就会被更耐用、更便宜且效率更高的钨丝灯泡取代（"一战"之后，氩气才实现商用，更新换代自然也在战后才能实现）。这时，很多生产商开始转而生产钨丝灯泡，戴夫舅舅会同兄弟几人（还有他妻子韦克斯勒家的兄弟几人，他们也是化学家），集中了资源，创立了自己的公司"钨光"。

戴夫舅舅给我讲这段传奇故事时喜形于色，因为其中很多是他的亲身经历。而那些先驱都是他心目中的英雄，因为他们既保持着对科学纯粹的热情，又有务实的生意头脑（他告诉我，朗缪尔是第一位获得诺贝尔奖的实业

[①] 欧文·朗缪尔（Irving Langmuir, 1881—1957），美国物理化学家。曾研究气体放电、钨的电子发射和高温表面化学，极大地延长了钨丝灯泡的寿命。还研制了真空泵、高真空电子管和原子氢喷灯等。因对固体和液体表面分子膜的研究成果获 1932 年诺贝尔化学奖。

化学家)。

　　戴夫舅舅生产的灯泡比德国欧司朗、美国通用电气和市场上其他商家的电灯泡都更大、更重，亮得出奇，而且似乎永远也不会坏。有时，我会期盼着灯泡坏掉，这样就能将它们摔碎（不是很容易），掏出里面的钨灯丝和钼基座，然后兴冲冲地来到楼梯下面的三角形储物柜前，拿出一只用皱巴巴的硬纸筒包裹的新灯泡。别人买电灯泡都是一次买一个，但我们家的灯泡是工厂直供，一次送来一纸箱，有几十个——大多数都是 60 瓦和 100 瓦的灯泡，不过储物柜的灯和夜灯用的是 15 瓦的小灯泡，前门廊上用的是明亮的 300 瓦灯泡，照亮门前的路。钨舅舅生产的灯泡多种多样，型号不一，有小手电筒用的 1.5 伏微型灯泡，也有足球场或搜救现场等使用的巨型灯泡，应有尽有。他也生产有一些特殊形状的灯泡，用在仪表刻度盘、眼底镜或其他医疗设备上。尽管舅舅钟情于钨，但也会生产一些钽丝灯，用在电影放映机和火车上。这种灯丝相比钨丝，照明效果较差，也不那么耐高温，但是防振动效果更好。这种灯泡爆了的时候，我也喜欢摔碎，从里面取出钽丝，加入我不断扩张的金属和化学制品收藏中。

　　我喜欢即兴创作，有了舅舅的灯泡，我一时兴起，准备在楼梯下面昏暗的储物柜里建立一套属于自己的照明系统。那个储物柜里本没有灯光，好似隐匿在最深的神秘角落里，深深地吸引着我，又令我有些害怕。我用了一个柠檬形状的 6 瓦灯泡（车侧灯使用的那种）和一个给电灯笼供电的 9 伏电池，笨拙地在墙上插了一个开关，又从开关里拉出电线，把灯泡和电池连接起来。我对这小小的装置自豪得不行，家里一有客人，就要给他们展示。但是，刺目的灯光照亮了整个储物柜，驱散了黑暗，也驱散了它的神秘感。我想太亮也不好，有些地方的神秘面纱最好不要去揭。

6

辉锑矿之乡

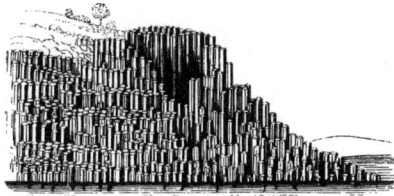

Basaltic columns, coast of Illawarra, New South Wales.

我想，我在新学校里算是个不太合群的人。至少刚回伦敦进入霍尔小学时是如此。我在战前便相识的朋友埃里克·科恩，就发觉我好像变了。我们年龄相仿，小时候都被保姆带到邦德斯贝利公园玩耍。他说，我在战前有闯劲，表现也正常，会与人争吵，为自己出头，说出自己的想法；可如今的我，胆小怯懦，不敢与人争吵，也不与人交流，总是远离人群，与人保持着距离。我在学校里确实处处与人保持距离，因为我还没有意识到学校本可以是个好地方，害怕再次遭受霸凌和欺侮。但我还是加入了幼年童子军，好像是被人说服，也好像是遭人强迫，我已经记不太清了。这样做感觉应该会对我有好处，可以帮助我融入同龄人中，教会我户外生活的"必要"技能，比如生火、露营和追踪——我也不清楚这些技能在伦敦这座城市里该如何施展。也不知道是什么原因，我最终也没有学会这些技能。我没有方向感，没有视觉记忆——玩训练观察力和细节记忆力的"金氏游戏"①时，我表现极差，有些人还以为我有智力缺陷呢。我生的火要么燃不起来，要么就是刚燃起来几分钟就熄灭了；我尝试钻木取火，但从来都没有成功过（有一段时间，我借来哥哥的打火机，掩盖了这件事）；我搭帐篷的样子也总能惹得同伴哄堂大笑。

　　我真心喜欢幼年童子军的地方只有几个，先是大家都穿同样的制服，这样可以降低我的自我意识和与众不同的感觉；然后是齐声向灰色狼王祈祷，就和《丛林故事》里的小狼一样——这种小小的巧合满足了我的浪漫情怀。

---

　　① 金氏游戏（Kim's Game）是用来训练儿童记忆力和观察力的一种游戏，属于童子军技能训练中的中级训练。

可是我在童子军中的生活，处处碰壁，屡屡受挫。

后来问题终于爆发，当时我们接到任务，要做一些丹波面包①，就是童子军创始人贝登堡②旅居非洲时做的那种。我知道丹波面包就是用未发酵的面粉制作而成的硬烤饼，可是当我们去厨房找面粉时，却发现面粉箱恰好空了。我不想问别人还有没有面粉，也不想出去买——我们要充分发挥聪明才智、自给自足——于是又四处搜寻了一番，欣喜地在外面发现了一些水泥，那是筑墙的施工人员留下的。我也不知道自己当时是怎么想的，稀里糊涂地就认定水泥能替代面粉。我用水泥做成糨糊，加了大蒜调味，揉成椭圆的丹波面包形状，放进烤炉里烤好。烤出来的东西硬邦邦的，非常硬，不过丹波面包本来也是这么硬的。第二天，我带着水泥面包参加了童子军会议，交给了童子军团长巴伦先生。他掂了掂面包的分量，既吃惊又有些满意，因为这种分量的面包肯定营养丰富。他把面包塞进嘴里，一口咬了下去，结果传来牙齿崩裂的声音。他立刻把面包吐了出来；有一两个人叽叽喳喳说了两句，然后便是一阵可怕的沉默：整个小队的人都看向我。

"你是怎么做的这个丹波面包，萨克斯？"巴伦先生语气平和却让人不寒而栗，"你在里面放了什么？"

"我放了水泥，先生。"我说，"我找不到面粉。"

周围一片死寂，世界好似静止了一般。他努力克制情绪，忍住没有打我。巴伦先生激动地训斥了我一番。他说我看似是个好孩子，虽然有些腼腆，能力也不太行，总是笨手笨脚，但教养还可以，可是现在做出丹波面包这件事，让人不禁要问几个深层问题：我有没有意识到自己做错了？我是不是故意伤害他人？我想说这只不过是个玩笑，却怎么都说不出话。我到底是蠢还是坏，

---

① 丹波面包（damper）是苏打面包的一种，最早由澳大利亚的放牧人发明，他们因为需要长途跋涉，只能随身携带一些易保存、不易腐败的食物，比如面粉、盐和水，然后用篝火将面团做成面包。

② 贝登堡（Sir Robert Stephenson Smyth Baden-Powell, 1857—1941），英国将军，童子军运动创始人。

或者可能是疯了？不管怎样，我都犯了大错，我弄伤了团长，违背了童子军的理念。我不再适合在童子军里待下去，巴伦先生当即将我驱逐出队。

当年"见诸行动"的心理学定义还没有出现，但这种概念已经得到了广泛讨论。安娜·弗洛伊德①建立的汉普斯特德诊所就在距离我们学校不到1.5千米的地方。战争时期因撤离而遭受心理创伤的孩子很多都有心理问题，有些还出现犯罪行为，各种各样的症状，她在那个诊所里都诊疗过。

威尔斯登公共图书馆是一座形状古怪的三角形建筑，坐落在威尔斯登巷一角，离我们家只有几步路。从外面看，这座图书馆似乎很小，里面却异常开阔，有数十面内凹式书架墙，摆满了书，我一辈子也没见过么多书。图书管理员确认过我懂得如何爱惜图书而且会使用卡片索引之后，便放心地让我在图书馆里畅游，还允许我借阅中央藏书室里的书，有时甚至还让我借出一些善本。我如饥似渴地阅读，却没有什么章法，只是随心所欲地翻阅浏览，囫囵吞枣。尽管我的兴趣主要在科学方面，但我有时也会读一些冒险或侦探故事。此时，我所在的霍尔小学尚以古典文学为主设计课程，没有设置科学课，因此吸引不了我的兴趣。这也没有关系，因为我的知识还是靠自己在图书馆里学到的。戴夫舅舅不在身边的空闲时间，我要么就在图书馆，要么就在南肯辛顿博物馆观赏奇观，这些在我的青少年时期起到至关重要的作用。

特别是在博物馆里，我可以随心所欲，闲庭信步，走过一个个陈列柜，观看一件件展品，不用拘泥于任何课程安排，不用上课，也不用参加考试或与人竞争。上学感觉有些被动，是被迫的，而博物馆就如现实世界，你身在其中可以主动探索。博物馆、动物园和基尤皇家植物园使我有了独自闯荡

---

① 安娜·弗洛伊德（Anna Freud, 1895—1982），英国心理学家。出生于奥地利。著名心理学家弗洛伊德之女。1938 年随父移居英国伦敦，把由其父创立的精神分析理论应用于对儿童的治疗，是儿童游戏疗法最早的临床工作者之一。1947 年建立伦敦汉普斯特德儿童诊疗所。1952—1982 年任所长。有《儿童精神分析疗法》《儿童期的正常和异常精神表现》等专著。

世界去探索的想法，做一个矿石搜寻者、植物收藏者、动物学家或古生物学家。（50 年过去了，每当来到一个新的城市或国家，我还是会找到当地的自然历史博物馆和植物园，去看看。）

走进地质博物馆，就像进入了神庙，要穿过一道恢宏的大理石门，石门两侧是用德比郡蓝萤石制作的巨大花瓶。一层全是装满矿物和宝石的展览柜。地质博物馆里有实景火山模型，冒着泡的污泥坑，熔岩正在冷却，矿物进行着氧化还原反应，起起落落，混合在一起，变质结晶。人们从中不仅能看到地球的岩石、矿物等的活动，还能了解它们形成的化学和物理过程。

博物馆顶层存有一簇特别大的辉锑矿石，矿石是硫化锑晶体，如长矛一般簇成一团，通体乌黑。我曾在戴夫舅舅的实验室里见过不起眼的黑色粉末状硫化锑，而眼前这块晶体硫化锑超过 1.5 米高。我膜拜这些晶体，将其视作某种图腾或神物。图例上说，这块精美的晶体是世界上最大的，产自日本四国的市之川矿。我心想，等我长大，能出去旅游时，一定要去四国岛看看，敬拜一下神明。我后来了解到，辉锑矿在很多地方都有出产，但我一开始便将它与日本联系在一起，之后日本在我心中就成了辉锑矿之乡。同样的，澳大利亚在我心中不光是袋鼠和鸭嘴兽之乡，也是蛋白石之乡。

博物馆里还存有大量的方铅矿石，看样子得有一吨多重。每块方铅矿石十几厘米见方，有灰色光泽，矿石上嵌有更小的立方体矿石。我拿放大镜看过，小矿石上面似乎还嵌着更小的矿石。我跟戴夫舅舅提起这个发现，他说方铅矿是立方体上生立方体，用百万倍的放大镜看，还是能看到上面嵌着更小的立方体。舅舅说，方铅矿石的形状是其内部原子分布的外现，呈现出一种固定的三维形态或晶格[1]。因为从本质上讲，原子是靠电荷联系在一起的，某个晶格中的原子分布其实就是原子间引力和斥力达到平衡时的状态。晶体是由无数同样的晶格组成——其实就是一个无限自我复制的巨大晶格——这件事在我

---

[1] 晶格（lattice），又称晶架，泛指晶体的空间格子这一几何图形。

看来特别神奇。晶体好似巨大的显微镜，透过外表便能看到它们内部的原子分布。我脑中浮现出硫原子和铅原子组成方铅矿的样子——通电时会微微振动，但平时会在固定的位置，互相连在一起，组成一个无限的立方体晶格。

我曾想象自己是一个小地质学家（特别是听过几位舅舅讲述他们探矿时期的故事之后），带着凿子、锤子和收集袋去寻宝，偶然发现了一种世人闻所未闻的矿物。我确实也在自家庭院里勘探过一番，最后只发现了几块大理石和燧石。我渴望能出门来一次地质勘探之旅，亲眼见识一下各种岩石和丰富的矿物世界。读过书之后，这种渴望便愈加强烈。我不光读伟大博物学家和探险家的笔记，遇到一些通俗的书也会去看，比如丹纳 ① 的小书《地质故事》，书中配有漂亮的插图。还有我最喜欢的一本 19 世纪的书《金属手册》，书的副标题是"煤矿、铅矿、铜矿和锡矿的个人之旅"。我也想自己去看一些矿山，不仅要看英格兰的铜矿、铅矿和锡矿，还要看吸引舅舅赶赴非洲的金矿和钻石矿。可惜旅程未能成形，但是博物馆浓缩了无数收藏家和探险家的个人经历，收藏了他们的宝藏，总结了他们的回忆和思想，为我创造了一个引人入胜的微缩世界。

我如饥似渴地读过每一件展品的说明。而学习矿物学的诸多乐事中，古雅的用词便是其一。戴夫舅舅告诉我，"Vug"一词是古英格兰西南部康沃尔地区的锡矿工用语，源自康沃尔方言"vooga"或"fouga"，意思是地穴；再往前，这个词可以追溯到拉丁语的"fovea"，也就是"坑"的意思。我不禁想，这个奇奇怪怪的趣词里蕴含了古代矿业的历史，佐证了罗马人第一次对英格兰的殖民统治是为康沃尔的锡矿而来。锡矿石的英文"cassiterite"本身就源自"Cassiterides"，那便是罗马人所谓的"锡岛"。

矿物名字的发音、内涵及其与人名和地名的关联，都令我异常着迷。古

---

① 丹纳（James Dwight Dana, 1813—1895），美国地质学家、矿物学家，对槽台理论有重要贡献。

老一些的名字有古韵，似与魔法方士有关，就像刚玉和方铅矿，雌黄和雄黄。（雌黄和雄黄是砷的两种硫化物，二者经常共生一处，让我想起歌剧里的一对情侣，好似瓦格纳戏剧里的特里斯坦和伊索尔德。）黄铁矿是像黄铜一样的金属立方体，又名愚人的黄金，还有玉髓、红宝石、蓝宝石和尖晶石。锆石（zircon）的名字听起来很有东方韵味；甘汞（calomel）则有希腊风情，名字虽说像蜂蜜一样甘甜（"mel"），实际却是有毒的。氯化铵（sal ammoniac，俗称卤砂）听起来好似来自中世纪。此外，还有红色的辰砂，铅的两种氧化物铅黄和铅丹。

还有一些矿物是以人名命名的。最常见的红色水合氧化铁名叫针铁矿（goethite，音译为"歌德矿"）。起这个名字是为了纪念歌德①（Goethe），还是因为歌德发现了这种矿物呢？我读的书里说他对矿物学和化学很有热情。很多矿物都是以化学家命名的：单斜碳钠钙石（gay-lussite，音译为"盖－吕萨克②石"）、白钨矿（scheelite，音译为"席勒③矿"）、硒铜矿（berzelianite，音译为"贝采里乌斯④矿"）、绿镍矿（bunsenite，音译

---

① 约翰·沃尔夫冈·冯·歌德（Johann Wolfgang von Goethe, 1749—1832），伟大的德国作家，代表作包括《少年维特之烦恼》和《浮士德》等。在文学创作之余，歌德还对地质学和植物学有所研究。

——译者注

② 约瑟夫·路易·盖－吕萨克（Joseph Louis Gay-Lussac, 1778—1850），法国化学家、物理学家。首先发现硼元素（1808）。同年发表"气体反应定律"即"盖－吕萨克定律"：反应气体与生成气体的体积均相互成简单的整数比。

——译者注

③ 席勒（Friedrich Schiller, 1759—1805），德国剧作家、诗人。与歌德并称为德国文学双子星，是德国文学狂飙突进运动和古典文学的代表人物之一。其代表作品有《强盗》《阴谋与爱情》《华伦斯坦》《威廉·退尔》等。

——译者注

④ 贝采里乌斯（Berzelius, 1779—1848），瑞典化学家，现代化学发展的关键人物之一，发现了铈、硒、硅和钍等四种化学元素，成功测量了几乎所有已知化学元素的原子量，提出了同分异构物、聚合物、同素异形体和催化等重要化学概念，提出了近似现代元素符号的系统，还在化学教育、学术机构管理、矿物学和分析化学等领域有重要贡献。

——译者注

为"本生①矿")、铀钙石(liebigite，音译为"李比希②矿")、硒铊铜银矿（crookesite，音译为"克鲁克斯③矿"），还有美丽又光彩夺目的淡红银矿（proustite，音译为"普鲁斯特④矿"）。铌钇矿（samarskite，音译为"萨马尔斯基矿"）根据一位矿业工程师萨马尔斯基上校命名。另外一些矿物的名字容易让人联想到时政：钨铅矿（stolzite，音译为"斯托尔茨矿"）和磷钙锌矿（scholzite，音译为"肖尔兹矿"）。我觉得这两个名字都很有普鲁士风格，战争又刚刚结束，很容易让人产生反德情绪。我把斯托尔茨和肖尔兹想象成纳粹军官，他们戴着单片眼镜，手持内藏刀剑的手杖，声色俱厉。

　　另有些名字的发音能在我的脑海中唤醒某种画面，因而吸引了我。我喜欢直接描述矿物晶形、颜色、形状和光学特征等一般特性的经典命名方式，就像水铝石（diaspore）、锐钛矿（anatase）、细晶石（microlite）和复稀金矿（polycrase）。冰晶石（cryolite）是我非常喜欢的一个名字，产自格陵兰岛，折光率非常低，因此几乎是透明的，好似幽灵，又像是冰，没入水中就隐了形。⑤

　　很多矿物的名字源自民间传说或神话，人们有时还能从中窥见历史的一

---

① 罗伯特·威廉·本生（Robert Wilhelm Bunsen，1811—1899），德国化学家，铯元素和铷元素的发现者，本生灯以他命名。他研究了热体的电磁波谱，开发了多种气体分析方法，是光化学的先驱，并开拓了有机砷化学领域。

　　　　　　　　　　　　　　　　　　　　　　　　　　　　　　　——译者注

② 李比希（Justus von Liebig，1803—1873），德国化学家，他最重要的贡献在于农业和生物化学领域，创立了有机化学。他任大学教授期间发明了现代实验室导向的教学方法，因此被誉为历史上最伟大的化学教育家之一。他发现了氮对于植物营养的重要性，因此也被称为"肥料工业之父"。

　　　　　　　　　　　　　　　　　　　　　　　　　　　　　　　——译者注

③ 威廉·克鲁克斯（William Crookes，1832—1919），英国著名物理学家、化学家。

　　　　　　　　　　　　　　　　　　　　　　　　　　　　　　　——译者注

④ 约瑟夫-路易·普鲁斯特（Joseph-Louis Proust，1754—1826），法国分析化学家。他的主要贡献是确立了定比定律。

⑤ 冰晶石是格陵兰岛伊维赫图特（Ivigtut）伟晶岩矿床中的主要矿物，被人类连续开采一个多世纪。从丹麦跨海而来的矿工有时会用透明的冰晶石做船锚，但始终不太习惯这种矿石入水即消失不见的特点。

　　　　　　　　　　　　　　　　　　　　　　　　　　　　　　　——作者注

隅。钴的英文名称"cobalt"源自德文的"kobold"，意为"妖怪"或"幽灵"；镍的英文"nickel"意为魔鬼；这是撒克逊矿工起的名字，因为钴矿和镍矿有毒，还会污染其他金属，采矿也难有所得。钽（tantalum）会让人联想到囚禁于地狱的坦塔罗斯（Tantalus），他受罚在冥府中站在深及下巴的水池中，想喝水却不得；我在书中读过，钽得名是因为它的氧化物不能"吸水"，只能溶解于酸。铌（niobium）的名字来自坦塔罗斯的女儿尼俄柏（Niobe），因为这两种元素总是同时出现。[我读过的那些19世纪60年代的书里还介绍过另外一种元素pelopium，名字源自珀罗普斯（Pelops），他是坦塔罗斯的儿子，负责烹饪并供奉神明。但是人们后来证明这种元素不存在。]

还有一些元素的名字与天文学有关，18世纪发现的铀（uranium）就属于这一类，名字源自天王星（Uranus）；几年之后，钯（palladium）和铈（cerium），分别以不久之前发现的小行星智神星（Pallas）和谷神星（Ceres）命名。碲（tellurium）的名字源自希腊的大地女神忒路斯（Tellus），后来与之类似但原子量较小的元素被发现时，很自然地便据月之女神塞勒涅（Selene）而得名硒（selenium）。①

---

① 目前享有名字的既有元素有一百多个，但至少有两倍于此的物质最终未能得到元素之名；这些元素有的是人们想象出来的，有的因其特殊的化学或光谱特征一度被认作新元素，但后来被证实是既有元素或是几种元素的混合物。这些元素的名字大多有些异国情调，被证实非新元素之后，也随之遭人废弃，如佛罗伦萨（florentium）、摩尔达维亚（moldavium）、挪威（norwegium）、赫尔维西亚（helvetium）、奥地利（austrium）、俄罗斯（russium）、伊利诺伊（illinium）、弗吉尼亚（virginium）、阿拉巴马（alabamina），还有波西米亚（bohemium）这样精妙的名字。

这些虚构的元素名字令我莫名感动，尤其是其中与星宿相关的几个。我觉得名字最美的莫过于"毕宿五"（aldebaranium）、"仙后卡西奥佩娅"（cassiopeium）[奥尔发现的镱（ytterbium）和镥（lutecium）是实际存在的]和来命名一种神秘稀土的"天鹅座"（enebium）。还有"宇宙素"（cosmium）和"零元素"（neutronium）之类的名字，更不消提"执政官"（archonium）、"星体元素"（asterium）、"以太素"（aetherium）和所谓一切元素基础的"阳元素"（anodium）。

有时，新元素会有好几个名字。1800年，安德烈斯·德·里欧（Andrés del Río）在墨西哥发现的钒（vanadium），因含钒盐类色彩缤纷而将其命名为"全色素"（panchromium）。但其他化学家对他的发现有所怀疑，他最终也放弃了这项发现。30年后，一位瑞典化学家

　　我喜欢读和元素相关的书，也喜欢读发现元素的故事。我不仅好化学，也好化学背后的奇闻逸事。玛丽·埃尔韦拉·韦克司[①]在战前出版的趣书《元素的发现》就充分满足了我的这种喜好。她在书中形象生动地讲述了很多化学家的生平，描写了他们多种多样，甚至有些变幻无常的性格。书中引述了早期化学家信函中的语录，描绘了他们艰辛探索之路上的喜怒哀乐，他们有时会迷失方向，走进死胡同，但最终还是实现了追求的目标。

　　孩童时期，我所了解的历史和地理，以及令我动容的历史和地理，更多源自化学而非战争和世界时事。我追随着早期化学家的足迹，对战时各大势力的争斗反而不太在意（或许这也帮我屏蔽了周围可怕的现实）。我想去极北之地的"天涯海角"，那里是钇元素的发现地。我想去瑞典小村于特比，至少有4种元素由这个小村得名，分别是镱、铽、铒和钇。我想去格陵兰岛，在我的想象中，那里有连绵的冰晶石山脉，透明的冰晶石，几乎隐秘不见，如幽灵般。我想去苏格兰的斯特朗申，去看看锶的故乡。在我眼中，整个英国就是由各种铅矿组成：氟氯铅矿（matlockite）名字源自德比郡的马特洛克（Matlock）；硫碳酸铅矿（leadhillite）名字源自拉纳克郡（Lanarkshire）的利德希尔斯（Leadhills）；黄铅钒矿（lanarkite）自然也是由拉纳克郡得名；还有美丽的硫酸铅矿（anglesite）最早是在威尔士的安格尔西岛（Anglesey）发现的。美国的南达科他州也有个铅镇，我总喜欢把这个镇子想象成铅造的。由产地而得名的这些元素和矿物，好似世界地图上的明灯，为我发着光。

（接上页）再次发现这种元素，而以斯堪的纳维亚美之女神凡娜迪丝（Vanadis）为其命名。另外还有一些废弃的元素名字也可能意指某些真实存在的元素，比如有人猜测存在于锆石矿中的"黄锆素"（jargonium）很有可能就是现实中的铪元素（hafnium）。

　　　　　　　　　　　　　　　　　　　　　　　　　　　　——作者注

　　①玛丽·埃尔韦拉·韦克司（Mary Elvira Weeks, 1892—1975），美国化学家、科学史学家，是第一位获得化学博士学位的女性，也是塔萨斯大学第一位女性教员。她的著作《元素的发现》被认为是"最早系统性讲述科学家如何破解物质之谜的书"，已经成为化学经典著作。

　　　　　　　　　　　　　　　　　　　　　　　　　　　　——译者注

参观过博物馆里的各种矿石，我热情高涨起来，花了几便士，在附近一家商店里买了一袋"混合矿物"，里头装着小块的黄铁矿石、方铅矿石、萤石、赤铜矿石、赤铁矿石、石膏、菱铁矿石、孔雀石以及各种形状的石英。戴夫舅舅还会在里面给我添一些稀有的矿石，比如他那块白钨矿石上掉下来的小碎片。我收藏的大多都是碎矿石，块头往往很小，真正的收藏家见到恐怕要嗤之以鼻，但有了这些矿石，我就感觉自己掌握了一份大自然的标本。

我观察了地质博物馆里的矿物，又研究了矿物的化学式，从而了解了矿物的成分。有些矿物的成分很简单，恒久不变，辰砂这种汞的硫化物就是一例，不管是产自哪里的辰砂，其中汞和硫的比例都是一样的。然而，其他很多矿物并非如此，戴夫舅舅最爱的白钨矿就属于此列。理想的白钨矿应该是纯的钨酸钙，但有些样本还含有钼酸钙。而理想的钼钨钙矿应该是纯的钼酸钙，但有些样本也含有少量的钨酸钙。事实上，某种矿石中钨酸盐和钼酸盐的比例，从99∶1到1∶99都有可能。因为钨和钼的原子和离子大小相当，所以在矿物晶格中，二者的离子可以互换。更重要的是，钨和钼属于同一个化学元素种族，二者的化学和物理性质非常相近。因此，钨和钼与其他元素形成的化合物也比较相似，在类似的条件下往往会在溶液中自然结晶成酸性盐。

钨和钼两种元素是天生一对的化学兄弟。铌和钽之间的这种兄弟关系甚至更亲密，二者常在同一块矿石中出现。另外还有锆和铪两种元素，简直就是孪生兄弟，不仅会出现在同一块矿石中，化学结构还极为相似，人们用了一个世纪才将二者区分开来——大自然都难以区分它们。

我在地质博物馆漫游，认识到地壳里蕴藏着数千种矿物，构成矿物的元素也种类丰富。氧和硅特别常见，即使抛开全世界的沙子不算，硅酸盐矿物也比其他任何类型的矿物更多。白垩、长石、花岗岩和白云石等是地球上最常见的岩石，从这个角度看，地壳有九成多是由镁、铝、钙、钠和钾构成的。铁也很常见，整个澳洲就像火星一样，一片铁红。我可以从这些元素构成的矿石中取一些碎片，纳入个人收藏中。

舅舅说，18 世纪是金属大发现的时代，除了钨之外，人们还分离出十几种其他金属。对于 18 世纪的化学家而言，最大的挑战就是将这些新金属从矿石中分离出来。人们研究无数不同的矿物，对其加以分析，打碎之后观察它们的内部构成，真正的化学便由此建立起来。真正的化学分析——观察矿物会与什么物质发生反应，被加热或溶解之后又会出现什么现象——当然需要在实验室里完成，但有些基本的观察随时随地都可以完成。我们可以用手掂量一块矿石的重量，估计一下密度，把矿石放在瓷盘里，观察它的光泽和纹路颜色。矿石的硬度千差万别，很容易就能估计个大概——要是滑石和石膏，用指甲就能划出痕；方解石要用硬币才行；萤石和磷灰石得用钢刀；正长石就要用上钢锉了。石英能划破玻璃，刚玉能给钻石之外的一切矿物留下刮痕。

有一种经典方法可以确定一块矿石样本的相对密度：取一块矿石碎片，分别在空气中和水中称重，由此就能算出矿石与水的密度比例。另外还有一种更简便的方法，就是观察不同矿石在不同比重的液体中显现出的浮力——采用此法，一定要用"重的"液体，因为除了冰之外，所有矿物的密度都比水大。此法虽然简单，却给了我特别的乐趣。我挑选了一些重质液体：首先是溴仿，密度几乎是水的 3 倍；然后是二碘甲烷，密度更大；还有两种铊盐的饱和溶液克列里奇液。这种液体虽然看起来就像普通的水，密度却远大于 4 克 / 厘米 ^{3}，很多矿物甚至金属都能在这种液体表面浮起来。我喜欢把那一小瓶克列里奇液带去学校，让其他人拿住，看着他们吃惊的样子。那一小瓶液体的重量得有他们预计的 5 倍重。

我在学校里属于比较内向的孩子（有一次学校成绩单上给我的评语是"羞怯"），布雷菲尔德的经历使我的性格变得更加懦弱。但是，只要我手握天赐瑰宝——可以是一块炮弹碎片；可以是一块铋矿石，一层层的棱镜结构宛如微缩的阿兹特克村庄；可以是我那一小瓶重量令人咋舌、能压弯胳膊的克列里奇液；也可以是在手掌中便能融化的镓（我后来得到一个模具，做了一个镓汤匙，这个汤匙搅拌茶水，会渐渐融化消失）——立刻就不再羞怯，会主动去接近他人，所有的恐惧都抛到一边。

7

化学游戏

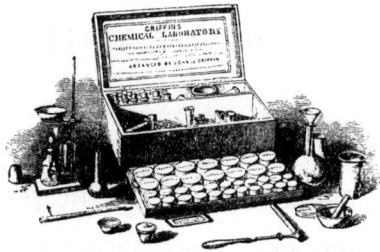

战争之前，父母和几位哥哥就教过我一些厨房化学：将一根粉笔放进大酒杯里，往上面倒醋，就能听到嘶嘶声，看到浓烟腾起，好似隐形的瀑布倾泻在烛焰之上，顷刻间熄灭了烛火。也可以取一颗醋腌过的紫甘蓝，倒上家用氨水中和，就会发生奇妙的变化：紫甘蓝里流出的汁液五颜六色，有红色，有各种深浅不一的紫色，还有蓝绿色和蓝色，最后还会变出绿色。

　　战争结束之后，戴维哥哥知道我对矿物和色彩有兴趣，便将自己在学校化学课上学会的结晶法教给我。他教我制作过饱和溶液：把硫酸铝或硫酸铜之类的盐类溶解在滚烫的热水中，然后等待液体冷却。要启动结晶过程，需要在溶液中悬一条线或一小块金属。我第一次尝试是在硫酸铜溶液中悬了一根毛线。几个小时后，明蓝色的美丽结晶便爬满了毛线。后来，我又发现，如果用明矾溶液和一块好的晶种来操作，毛线各面的结晶会均匀分布，最终成为一个大大的、完美的八面体明矾结晶。

　　后来，我就占据了案台，打造了"化学花园"，在硅酸钠（就是水玻璃）溶液里，种下铁、铜、铬、锰等各色的金属盐晶种。这样操作之后，水玻璃中生成的不是结晶，而是像植物一样扭曲的东西，它们膨胀、萌芽、蓬勃生长，在我眼前不停地变换形状。[1] 戴维告诉我，这种现象是渗透作用的结果，

---

　　[1] 托马斯·曼（Thomas Mann）曾在《浮士德博士》一书中对硅土花园有过生动的描写：
　　我永远也忘不了那种景象。容器中……装了3/4的液体，微微浑浊，液体就是稀释过的水玻璃。从混浊的容器底部冒出各种颜色的东西，形成一派怪异的景致：蓝色、绿色和

水玻璃中凝胶状的硅就像"半透膜"，膜外的水能透过半透膜，被膜内的浓缩矿物溶液吸收。他说，这个过程虽然在地壳中也有发生，但对生物体而言才是至关重要的。这让我想起曾在博物馆中见过的那块结核状、肾脏一样的巨型赤铁矿石——标签上介绍说这是"肾铁矿"（不过，马库斯曾告诉我，那些都是恐龙肾脏的化石）。

我很喜欢这些实验，还会思考实验过程中发生的反应。但直到我见识了戴夫舅舅的实验室以及他对各种实验的热忱，我的化学热情才得到激发，我也渴望去合成，去分离，去分解，去观看物质的变化，去熟悉新物质替代旧物质的过程。这时，我期盼着有一个自己的实验室，不是戴夫舅舅的工作台，也不是家庭厨房，而是一个可以独自做化学实验、不受打扰的地方。我想先研究一下辉钴矿和红砷镍矿，再研究一下锰和钼以及铀和铬的化合物或矿石，这些美妙的元素都是在 18 世纪被人发现的。我想把它们磨成粉，用酸处理，用火烤，做还原反应，总之想尽一切办法亲手提炼出金属。我看过工厂的化学用品销售目录，知道已经提纯过的此类金属都可以买到，但我想亲手制作肯定更有趣、更刺激。自己动手，我就可以走进化学，像那些先驱一样，自己去发现——我可以重走一遍化学史之路。

于是，我在家里搭起一个自己的小实验室。我们家有个废弃的洗衣房，里面有自来水、洗涤池、排水设施，还有各种柜子和架子，我便占用了下来。而且这个房间连着花园，万一有东西着火了、烧过头了或是冒出有毒的气体，我就能端着东西冲到花园，丢在草坪上。草坪很快就面目全非了，不过父母觉得这点损失不算什么，还是我的安全更重要——也可能是为了他们自己的安全。但是，他们看到时不时就有小火球蹿到天上，发现我做实验总

（接上页）棕色的植物混作一团，让人想到藻类、蘑菇、水螅虫，又让人联想到苔藓、贻贝、果荚、小树或树枝。我从未见过此等奇景，诡诞之中令人黯然神伤。勒维库恩神父问我们怎么看那种东西时，我们怯生生地回答说可能是植物。他说："不是，它们只是像植物而已。但是，不要小瞧它们，因为它们在努力生长，竭尽了全力，值得我们尊重。"

——作者注

是乱作一团，弄得一片狼藉，不禁有点担忧，于是便督促我做好实验计划，并做好应对失火和爆炸的准备。

戴夫舅舅在实验仪器选择上给了我很多建议，包括试管、烧瓶、量筒、漏斗、移液管、本生灯、坩埚、表面皿、白金环、干燥器、吹管、蒸馏瓶、一套药匙和天平。他还教我如何使用一些基本试剂，比如酸碱试剂，有些是他从自己的实验室里拿给我的。他还顺带给了我一批各种尺寸、塞着瓶塞的瓶子。这些瓶子形状各异，颜色不一（有的是深绿色或棕色的，用来装易感光的化学药品），盖着严丝合缝的磨砂玻璃瓶塞。

我差不多每个月要去远在芬奇利的化学用品店一趟，采购实验室器材。那家店设在一个大棚屋里，与周围的建筑都离得挺远（我想，人们应该是害怕这家店随时都有可能爆炸或散发有毒的气体）。我得先攒下几个星期的零花钱——有时某位赞许我对化学热情的叔伯舅舅也会塞给我半克朗 ① 硬币——然后换乘几趟火车和巴士去往那家店。

我喜欢在"格里芬和塔特洛克"店里四处看看，就像逛书店一样。便宜的化学用品存放在有瓶塞的大玻璃瓶里；比较稀有、比较贵的储存在小一些的瓶子里，放在柜台后面。用来溶蚀玻璃的氢氟酸属于危险品，不能放在玻璃瓶里，要装进特制的咖啡色杜仲胶小瓶中售卖。摆满瓶瓶罐罐的架子下层是装着各种酸性液体（有硫酸、硝酸和王水）的细颈大玻璃瓶、装着水银的球形小瓷瓶（将近 3.4 千克的水银只需要拳头大的瓶子就能装下），还有普通金属板和金属锭。店员看我这么个小块头的男孩，捏着零用钱，热切地在瓶瓶罐罐中间一待就是好几个小时，很快就跟我熟络了起来。虽然他们会时不时提醒我"那样东西可得小心点！"，最后总会让我买下心仪的东西。

---

① 英国旧币制单位，相当于 1/8 英镑。

我的化学初体验便是令人惊叹的奇景——泡沫、光与热、刺鼻的气味和砰砰的响声。我有一本指导手册是 19 世纪 50 年代出版的《化学游戏》，书是我从二手书店里淘来的，作者是 J. J. 格里芬。格里芬的写作风格朴实无华，而且风趣幽默；化学于他明显是一件快乐的事，于是他也想让读者体会其中的乐趣。我估计这本书的目标受众应该就是像我一样的小男孩，因为书中有一些"化学节日"之类的章节，教我们制作"飞翔的葡萄干布丁"（盖子一打开，布丁就会离开餐盘，飘向屋顶）、"火焰喷泉"（需要用磷——"操作者必须小心，否则可能会烧伤自己"），还有"灿烂烟火"（这里也有一处提醒，要"立刻松开手"）等。我觉得书中提到的一个特别配方（钨酸钠）很有趣，利用这个配方可以使裙子和窗帘变得不易燃——难道维多利亚时代经常失火？——我也学着配方做了一条防火围巾。

书的开头是"基础实验"，实验对象是植物染料，加酸或碱之后，观察它们的颜色变化。格里芬说，最常见的植物染料是从苔藓类植物中提取的石蕊。我从父亲的药房里拿了些石蕊试纸，倒上各种酸之后，试纸会变红，倒上碱性氨会变蓝。

格里芬还介绍了漂白实验。他在书上建议使用氯水，但我却用了母亲的漂白剂，把石蕊试纸、紫甘蓝菜汁和父亲的红色手帕都漂白了。格里芬还说可以拿一朵红玫瑰，置于燃烧的硫黄上方，燃烧产生的二氧化硫就会把红玫瑰漂白。再放进水里，玫瑰又会奇迹般地恢复原色。

随后，格里芬介绍的是"隐显墨水"，需加热或经特殊处理之后才能显现的墨水。我也跟随着格里芬的介绍做了几种，有加入硫化氢就会变黑的铅盐，有光照后变黑的银盐，还有干燥或加热后显色的钴盐。这些游戏不仅有趣，还蕴含了化学原理。

除了《化学游戏》之外，我们家还有其他几本关于化学的旧书，有些是我的父母读医学院时留下来的，有些比较新，是我的两位哥哥马库斯和戴维的。其中有一本是瓦伦丁所著的《应用化学》。这本书全是干货，属于实用手册一类，语言平铺直叙，枯燥且无灵气，但在我看来却无比新奇。打开污迹斑斑的褪色封面（它在实验室里度过了很长时间），映入眼帘的是一行"祝生日快乐！——米克，1921年1月13日"。这是母亲的哥哥米克在她18岁生日时送的礼物，米克当年25岁，已经是一名化学研究人员了。米克舅舅是戴夫舅舅的弟弟，曾和兄弟几人去了南非，回国后在一处锡矿上工作。听说他沉迷于锡，就像戴夫舅舅沉迷于钨一样，因此家族中的人们有时会称呼他"锡舅舅"。我从未见过米克舅舅，他在我出生那年患癌症去世，年仅45岁。家人觉得肯定是南非铀矿的高辐射害了他。母亲与米克舅舅关系亲密，对他的旧事和容貌一直难忘。这是母亲的化学书，而且是我素未谋面的化学家舅舅送给她的，因此对我而言格外珍贵。

维多利亚时代，化学研究蔚然成风，很多家庭都有自己的实验室，就像栽培蕨类和使用立体镜一般。格里芬的《化学游戏》第一版在1830年前后发行，非常畅销，该书不断修订、再版；我手里的是1860年发行的第10版。[①]

与格里芬这本书同期的还有一本A. J.伯奈斯的《家庭生活中的科学》，也是绿底烫金封面，可以搭配阅读。伯奈斯这本书以维多利亚时代家庭日常用品为主要对象，像煤、煤气、蜡烛、肥皂、玻璃、瓷器、陶器、消毒水等。一个世纪过去了，这些东西大多还在家庭中使用。

此外，还有J. F. W.约翰斯顿在1859年所著的《日常生活中的化学》，虽然也旨在开人眼界（"人们的日常生活处处是惊奇，有化学的，也有心理的。我们大多数人都熟视无睹或缺乏敏锐的眼光……"），但风格和内容却大相径庭。书中有一些非常精彩的章节，比如"我们喜欢的气味""我们厌恶的味道""我们欣赏的颜色""我们珍视的身体""我们养的植物"，还有至少

[①] 格里芬不仅是一位教育家——除了《化学游戏》之外，他还写过《化学基本理论》和《晶体学》之类更专业的书——还是一位制造商，制造化学仪器，他生产的化学仪器卖遍了整个欧洲。他开的公司后来发展成"格里芬和塔特洛克"，在我小时候，这家店已经有了百年历史，仍然是市场上主要的仪器供应商之一。

——作者注

8 个章节介绍"我们沉迷的麻醉剂"。这本书不仅在化学之路上给我引导，还让我见识了各种奇异的人类行为和文化。

我还花 6 便士买过一本更早年出版的旧书，书破破烂烂的，没有封皮，还缺了几页。这本书就是《化学口袋书》，由詹姆斯·帕金森[①]1803 年写就。帕金森生于霍斯顿，我后来学生物时又与他产生交集，才知道他是古生物学的创始人。再后来，我上了医学院，又学习了他的著作《关于震颤麻痹的研究》，书中介绍的正是后来广为人知的帕金森病。但是当时我只有 11 岁，只把他看作一本有趣的口袋化学书的作者。我从他的书中深深地体会到化学自 19 世纪以来的迅猛发展；帕金森在书中介绍了成书前几年发现的 10 种新金属：铀、碲、铬、钶（铌）、钽、铈、钯、铑、锇和铱。

我读过格里芬的书，才搞清楚"酸"和"碱"的意义，才知道二者反应产生"盐"。戴夫舅舅精确称量了一定量的盐酸和苛性钠，在烧杯中混合，以此进一步向我展示酸碱性质的对立性。混合液体变得非常烫，冷却之后，舅舅说："来试试喝下去。"喝下去——他疯了吗？不过，我还是喝了，液体里只有一点盐的味道。他解释说："酸碱混在一起就会发生中和反应，产出盐。"

我问，这种神奇的反应可以逆转吗？盐水再变回酸和碱？舅舅说："不能，需要的能量太多。你也看到了酸碱反应散发了大量的热，要使反应逆转也需要等量的热能。而盐又非常稳定，钠和氯结合极其紧密，一般的化学手段无法将其拆散，除非用电流。"

他后来为我展示了这种更剧烈的反应。他将一块钠放入一满瓶液氯中，

① 詹姆斯·帕金森（James Parkinson, 1755—1824），英国医生，在其1817年的出版物《关于震颤麻痹的研究》中，他第一个明确区分"静止性震颤"和"运动震颤"，描述症状为"震颤性麻痹"，此病后来以他的名字命名。在超过 60 岁的人群中大约有1%的人会患此病，帕金森病是最常见的神经系统疾病之一。

很奇怪，钠瞬间在黄绿色的液氯中剧烈燃烧起来。燃烧结束之后，剩下的只有普通的盐。我见识了酸碱反应生成盐的剧烈过程，见识了能量的力量和元素之力，不禁对盐心生敬慕。

这一次，戴夫舅舅又告诉我，反应物的量要精准：钠和氯的重量比必须是 23：35.5。我听到这两个数字，有些激动，因为在课本的列表中见过，早就熟悉了；这正是它们的原子量。那些数字，我都是死记硬背的，就像背乘法表时一样没有用心。但听到舅舅说，这同样的数字与两种元素的化学反应有关，一个问题不禁在我的心底萌生。

我的收藏品中除了矿物样本，还有钱币。我有一个红木小匣子专门储存钱币，小匣子有像玩具剧场一样的门，打开门，里面有很多排薄托盘，有红丝绒覆盖的圆托放钱币——有的圆托直径只有 0.6 厘米多一点，用来放英国古银币格罗特①、3便士的银币和复活节给穷人的濯足节银币②；有的直径超过 5 厘米，用来放我心爱的王冠银币，还有块头更大的、18 世纪末流通的 2 便士巨型钱币。

我还集邮，最喜欢孤岛图案的邮票，票面上印着当地风景和植被，给人身临其境之感。我钟爱印有各种矿物的邮票，还有一些特殊的邮票，比如三角形的、无齿的、水印印反的、字母印缺的，或是背面印有广告的。我最喜欢的邮票中有一张是塞尔维亚和克罗地亚在 1914 年联合发行的，据说从某个特定的角度看这张邮票，就能看出被刺杀的斐迪南大公的头像。

但是，我最心爱的收藏是一套独一无二的巴士车票。在那个年代的伦敦，坐巴士车就能得到一张长方形的彩色硬纸车票，上面印有字母和数字。我拿到印有 O16 和 S32（不仅是我的名字缩写，也代表氧和硫，后面的数字

① 格罗特（groat），英国 4 便士银币，17 世纪停止流通。
② 复活节之前的星期四被称作濯足节（Maundy Thursday），英国历代国王都有参加濯足礼，为穷人洗脚并发给穷人 "Maundy Money"，就是人们所说的濯足节银币。

又恰好是它们的原子量）的车票之后，就决心收集一套"化学元素"巴士车票，看看 92 个元素能收集多少个。我非常幸运，车票收集非常快，很快就收全了（拿到代表钨的 W184 这张车票时，我特别开心，因为这张车票还正好补全了我的中间名首字母）。当然，也有几张车票很难获得，比如原子量 35.5 的氯就很恼人，因为 35.5 不是整数。我也没有气馁，终于拿到了一张 Cl355，又在中间点了一个小数点。单字母的元素相对容易获得，除了最早获取的 O16，我很快就收集到 H1、B11、C12、N14 和 F19。后来，我了解到原子序数比原子量更重要，便又开始搜集匹配原子序数的车票。最后，我收集全了从 H1 到 U92 的所有元素。在我心中，每种元素都与一个数字紧密相连，每一个数字都代表着一种元素。我喜欢随身携带那套化学元素巴士车票；我把小小的一张方形车票放在口袋里，感觉就像拥有了整个宇宙。

8

臭味和爆炸

我的实验室里会传出各种声音、闪光和味道，已是医学院学生的戴维和马库斯也被吸引来，同我一起做起了实验，这时 9 岁和 10 岁的年龄差都已经算不得什么了。有一次，我在做氢和氧的实验，发生了剧烈的爆炸，喷起一道无形的火焰，把马库斯的眉毛烧得精光。但是，马库斯并不在意，还是常常和戴维给我一些新实验的建议。

　　我们把高氯酸钾和糖混合后，放在后房门台阶上，用锤子猛击，混合物随之爆炸。三碘化氮就比较难处理了。在碘液中加入浓缩氨水，过滤后，滤纸上就能留下三碘化氮，再用乙醚干燥即可。三碘化氮是敏感性极强的爆炸物，只要棍子——一根长棍（甚至一根羽毛）——碰一下，就会剧烈爆炸。

　　我们还一起用重铬酸铵做了一个"火山"。点燃这个金字塔状的橙色晶体之后，火光熊熊，烧成红热状，火花四溅，山体膨胀，就像微型火山爆发一样。火焰熄灭之后，原来齐整的结晶金字塔不见了，取而代之的是一大堆松软的深绿色三氧化二铬。

　　戴维提出一个实验建议，在糖里倒上油状的浓硫酸，糖立刻变成黑色，发热、冒烟并膨胀，形成一条可怕的碳柱，甚至超过烧杯的上沿。我正盯着反应过程看，戴维提醒我说："小心，你要是粘上硫酸，也会变成碳柱的。"然后，他给我讲了一起与泼硫酸相关的恐怖事件。这件事有可能是他编的，据他说发生在伦敦东区，他见到病人来到医院，整张脸都被烧掉了。（我不知道该不该信他，因为小时候，他还对我说过，犹太教会堂上的牧师——他们祷告时，头上裹着大披巾，因为这一刻，他们笼罩在耀眼的上帝圣光之中——为我们祷告祈福时，我们如果直视他们，眼睛就会熔化在眼眶里，像煎蛋一样从双颊滚落。）[1]

　　我花了很多时间在实验里观察化学品的颜色，边玩边研究。有些颜色于我有着特别的神秘力量，尤其是特别纯粹的深蓝色。小时候，我就喜欢父亲药房里的斐林试剂那种强烈的明蓝色，就像我喜爱烛火蓝色的焰心一样。我发现用钴化合物、铜氨化合物和普鲁士蓝等复杂的铁化合物，就能制造出深蓝的产物。

　　但对我而言，最神秘、最美丽的蓝色莫过于碱金属溶于液态氨中（戴夫舅舅给我展示过）出现的那种。最初，金属可以被溶解这件事令我惊讶不已，不过，碱金属确实可以溶解在液态氨中（有些溶解性还极强，比如铯，可以完全溶解于自身重量三分之一的氨中）。溶液浓度继续增大之后，性质会突然发生变化，蓝色溶液之上会漂浮一层古铜色的液体，此时的溶液与水银等液态金属一样，具有了导电性。碱土金属的效果也类似，而且溶液里加入的不管是钠、钾、钡、还是钙，液态氨都呈现同样的深蓝色，这说明它们含有某种同样的物质，具备某种同样的结构，或具有某些共同点。那颜色就像我在地质博物馆看到的蓝铜矿石，有如天空一般的蓝色。

　　很多过渡元素会给其化合物注入特别的色彩：大多数钴盐和锰盐都是粉红色；大多数铜盐是深蓝色或蓝绿色；大多数铁盐是浅绿色，而镍盐则是深绿色。同样的，宝石中只要含有微量的过渡元素，就会呈现特别的颜色。从化学构成上来讲，蓝宝石就是刚玉，是一种无色的氧化铝，但它可以吸收光谱中的任何颜色——用一点铬替换一些铝，就会变成宝石红；加一点钛，就会变成深蓝色；若是加入二价铁，就会变成绿色；三价铁则呈黄色。加上一

———————————

[1] 几年之后，我阅读约翰·赫西（John Hersey）的《广岛》（*Hiroshima*），读到这样一段令我震惊的话：

他穿过灌木丛，看到大约 20 个男人，死状惨不忍睹：他们烧得面目全非，眼眶空洞，眼睛已经熔化，从双颊滚落。（肯定是炸弹爆炸时，把他们炸翻了身……）

——作者注

点钒，刚玉就会像紫翠玉一样，色彩在红色和绿色之间变幻莫测——在白炽灯光下呈红色，在日光下则呈绿色。有些元素，只消在原子上略做变化，就会产生特定的颜色。任何化学家都没有如此精巧的手段，动一动原子和离子，就能将刚玉"雕琢"成各种颜色。

这类可以"着色"的元素不多，我了解的主要有钛、钒、铬、锰、铁、钴、镍和铜。我发现这些元素的原子量都相近——其中有什么特别的原因，或只是纯粹的巧合，当时我并不清楚。我知道，大多数元素都只有一种价态，但是这些元素却有多种价态。比如钠，与氯的结合只有一种方式，一个钠原子只能和一个氯原子结合。但是，铁和氯的结合就有两种方式：一个铁原子可以和两个氯原子结合，形成氯化亚铁（$FeCl_2$），或者与三个氯原子结合，形成氯化铁（$FeCl_3$）。这两种氯化物有很多不同之处，其中就包括颜色。

钒有四种化合价或氧化态，且这四种化合价或氧化态很容易互相转化，因此是做实验的理想元素。还原钒最简单的办法就是在装满（五价的）钒酸铵溶液的试管中，加入小块的锌汞合金。汞合金立刻就发生了反应，溶液从黄色变成宝蓝色（四价钒的颜色）。此时可以取出汞合金，也可以任其继续反应，直至溶液变成绿色，也就是三价钒的颜色。如果再等一会儿，绿色就会消失，取而代之的是美丽的淡紫色，也就是二价钒的颜色。反向做这个实验更美，如果在淡紫色的溶液上铺一层深紫色的高锰酸钾，效果尤佳；溶液在几个小时之后就会氧化，分成几层，最底层是淡紫色的二价钒，上面是绿色的三价钒，然后是宝蓝色的四价钒，再上面是黄色的五价钒（最上面一层则是深棕色的高锰酸盐，因为与二氧化锰混合，才变成了现在的棕色）。

这些与颜色相关的实验使我确信，很多元素的原子特性与其化合物或矿物的颜色密切相关（可能关系令人难以捉摸）。不管是什么样的化合物，都会呈现出同样的颜色。比如，不管是碳酸锰、硝酸盐、硫酸盐，还是别的，都会呈现出二价锰离子的粉红色（相比之下，七价锰则都是深紫色的）。由此，我依稀感觉——我当然无法用精准的公式来表达——这些金属离子的化学色与不同氧化态下原子的状态有关。特别是过渡元素，为什么会有标志性的颜色？难道这些物质及其原子经过特定的"调谐"[①]？

很多化学实验似乎都与热相关，有时需要加热，有时则会散热。化学反应的发生往往需要加热，反应启动之后就可以自然进行了，有时还会特别剧烈。如果把铁屑和硫混合起来，什么都不会发生，用磁铁就可以把铁屑吸出来。但是，如果加热，混合物就会突然发光燃烧，形成一种新的产物硫化铁。这好像是一种基本的反应，甚至有些原始。我猜熔化的铁与硫接触反应，在地球内部正大规模发生。

我记得两岁刚记事时，见过水晶宫失火。哥哥带我爬上汉普特斯西斯公园[②]的最高点议会山，燃烧的宫殿照亮了周围的夜空，狂野而壮美。另外，每年 11 月 5 日，盖伊·福克斯之夜[③]，我们都会在公园里放烟花，烟火中满是铁屑，有的闪着红红绿绿的光，还有鞭炮巨响，吓得我哭起来，差点像家

---

① 我后来读书发现，这种"调谐"的概念最早由 18 世纪瑞士数学家欧拉（Euler）提出。他认为物体的颜色是其表面的"小粒子"（原子）经过调谐，对不同频率的光产生响应。因此，红色物体就是其"粒子"调谐后与红色的光线发生振动、共鸣：

我们所见的不透明物体，未能反射光的根源并不在光源，而在于物体表面"小粒子"（原子）的振动。这些小粒子就像绷紧的弦，有固定的频率，即使没有人拨弹，也会与空气中类似的振动产生共鸣。绷紧的弦会与自身发出的声音共振，同理，物体表面的粒子也会与入射的光线协调振动，然后朝各个方向辐射出自己的波。

大卫·帕克（David Park）在《眼中的火：光的本质和意义之历史探究》中提到欧拉的理论：

我认为，这是相信原子存在的人首次提出原子具有振动的内部结构。牛顿和波义耳认知中的原子是一堆坚硬的小球，而欧拉眼中的原子就像乐器。他的远见卓识在多年之后才得到证实，然而那时，没人记得这种理论是由谁最早提出的。

——作者注

② 伦敦西北部的一个大公园，山脚下是伦敦的一个富人区。

③ 盖伊·福克斯之夜（Guy Fawkes Night），是每年 11 月 5 日在英国举行的庆祝活动。按照传统习俗，当天人们会搭起篝火，燃放烟花。该节日可追溯至 1605 年 11 月 5 日，盖伊·福克斯和他的天主教教友在议会大厦的一个地下室内存放大量炸药，计划在 11 月 15 日议会会议当天引爆炸药炸死詹姆斯一世和其他议员，但被议会的护卫队抓获，于次年 2 月 10 日在伦敦塔处死。为纪念该事件，詹姆斯一世决定将 11 月 5 日定为篝火之夜。

里的狗一样爬到最近的隐蔽处躲起来。不知是因为这些经历，还是因为对火有着原始的爱，火焰、燃烧、爆炸和色彩总是对我有着特别的吸引力，有时又会令我内心恐惧。

我喜欢把碘和锌或是碘和锑混在一起，不需要加热就可以看到混合物自己变热，冒出一团紫色的碘蒸气。如果用铝替代锌或锑，反应会更加剧烈。如果加两三滴水，混合物就会起火，剧烈燃烧起来，棕色的碘化物粉末四处喷溅。

镁和铝一样，也是一种矛盾的金属，令我着迷：大块的镁强度大，也稳定，可以用在飞机和桥梁上，可一旦镁开始氧化、燃烧，就活跃得可怕。把镁放入冷水中，什么事都没有，可要是放入热水中，就会冒出氢气。如果点燃一段镁条，即使放到水下，它依然可以剧烈燃烧，甚至在平时可以熄灭火焰的二氧化碳中也不灭。这使我想起战时的燃烧弹，用二氧化碳和水都无法熄灭，甚至用沙子都不行。说真的，如果把镁和沙子（二氧化硅）混在一起加热——有什么比沙子惰性更强呢？——镁依然会剧烈燃烧，吸走沙子中的氧，置换出硅或生成硅与硅化镁的混合物。（尽管沙子无法熄灭燃烧的镁，但仍然用于扑灭燃烧弹引发的一般火灾。战时的伦敦，到处都是沙桶，各家各户都有准备。）如果把硅化物倒入稀释的盐酸中，就会发生反应，产生易自燃的气体硅烷——硅烷气泡会从溶液中向上冒出，形成烟圈，到达溶液表面时，会发出爆裂声。

做燃烧实验时，我们会使用一种柄很长的燃烧匙，将少量的可燃物放入燃烧匙里，然后小心翼翼地置入空气罐、氧气罐、氯气罐或别的什么罐子中。硫加入氧气时，燃烧都会更加剧烈，火焰也更亮。将熔化后的硫置入氧气中，就会燃烧起来，出现明蓝色的火焰，同时排出有刺激性气味、令人窒息的二氧化硫。我从厨房偷偷拿出的钢丝绒很出乎意料，有极强的易燃性，在氧气中也会剧烈燃烧，火花四射，就像盖伊·福克斯之夜的焰火一般，还会产生棕褐色的氧化铁粉末。

做这些化学实验，就是玩火，此处的玩火既指真正的玩火，也指冒险。巨大的能量和汹涌的力量被释放出来，我控制着一切，感觉兴奋又危险。特别是铝或镁剧烈的放热反应；它们可以被用于还原金属矿，甚至从沙子中置换出硅元素，但是，一不小心或是一点计算错误，就无异于手持炸弹。

化学研究和探索充满危险，也因此更加浪漫。摆弄这些危险的化学物质时，我心怀着某种孩童般的喜悦，而我又从书中读到先辈化学家遭逢的各种意外，心下震惊不已。很少有博物学家被野兽吃掉，或是被有毒的植物或昆虫蜇死；很少有物理学家因为凝视天空而失明或是从斜面上跌下来而摔断了腿；但是，有很多化学家因为实验意外造成的爆炸或释放的毒素，失去了眼睛、四肢，甚至生命。早期研究磷的化学家大多都有严重的烧伤。本生在研究卡可基氰时遭遇爆炸，失去了右眼，还险些丧命。后世如穆瓦桑①等化学家，试图用高温、高压"炸弹"将石墨变成钻石，差点把自己和助手送上西天。我特别崇拜的英雄汉弗莱·戴维②也遭遇过很多危险，吸入笑气差点窒息，二氧化氮中毒，还因吸入氟氢酸而肺部严重烧伤。戴维也是第一个利用三氯化氮制造"烈性"炸药的人，不知有多少人因这种东西失去了手指和眼睛。他发现了多种使氮和氯结合的新方法，有一次拜访朋友时做实验，还引发剧烈爆炸。戴维丧失了部分视力，过了四个月才完全恢复。（书中没有交代他朋友房子的受损程度。）

《元素的发现》一书专门设有一章，用于纪念"为氟殉道的烈士"。虽然

---

① 费迪南·弗雷德里克·亨利·穆瓦桑（Ferdinand Frederick Henri Moissan, 1852—1907），法国化学家，在不良的实验室条件下，成功地离析出元素氟（1886年），并研究了它的性质。1892年发明电炉，利用它制得金属碳化物、碳化硅和人造金刚石，奠定了高温化学和电热化学的工业基础。凭借这成就，获1906年诺贝尔化学奖。

② 汉弗莱·戴维（Humphry Davy, 1778—1829），英国化学家、电化学创始人之一。1799年发现氧化亚氮（笑气）具有麻醉作用。1807年起先后发现并制得了钾、钠、钡、镁、钙、锶、硼等元素。证明了盐酸中不含氧，酸的主要成分是氢而不是氮。1815年发明了矿工用的安全灯。

早在 18 世纪 70 年代，人们已经从氢氟酸中分离出了氯元素，但比氯活跃得多的近似元素氟，却没有那么容易分离。我在书中读到，所有早期的实验者"都饱受氢氟酸中毒之苦"，至少有两位在研究过程中丧生。经过化学家将近一个世纪艰苦卓绝的努力，氟才于 1886 年被分离出来。

这段历史令我心醉神迷，立马不管不顾地就要自己制备一些氟。氢氟酸很容易就能得到：钨舅舅做灯泡时要用大量的氢氟酸，我在霍斯顿的工厂里见过很多装着氢氟酸的大玻璃瓶。我对父母说起那些科学家为氟殉道的故事时，他们便禁止我在家里做与氟相关的实验。我最终妥协，在我的实验室里存了一小杜仲胶瓶的氢氟酸，不过，我心底也有些怕，根本连瓶盖都没开过。

我后知后觉，回想起格里芬在书里（还有我的其他书）漫不经心地建议使用剧毒的化学物质，感到异常惊讶。我从街边的药店就能轻易买到氰化钾——通常用在杀虫瓶里——可是，一不小心，这东西就能要了我的命。回想起来，几年的时间里，我经手过好几种可以毒死或炸死整条街的人的化学药品，幸亏我比较小心——也许是比较幸运吧。①

实验室里的氨气、二氧化硫和硫化氢之类的东西气味难闻，辛辣刺鼻；相较之下，外面的庭院暗香扑鼻，厨房里的食物香气四溢，更令人心旷神怡。咖啡的香味从何而来？丁香、苹果和玫瑰的主要成分是什么？洋葱、大

---

① 如今，这些化学品当然是买不到了，就连学校或博物馆的实验室也越来越倾向于使用危险性较低的试剂——乐趣自然也少了一些。

莱纳斯·鲍林在自传中讲述了自己在当地药房购买氰化钾（用在杀虫瓶里）的经历：

想想真的跟如今很不一样。一个对化学感兴趣的年轻人得到一套化学器材，但是缺氰化钾，甚至连硫酸铜等有趣的化学品都没有，因为有趣的化学品都被视作危险物质。因此，这位初露头角的小小化学家用这套化学器材做不了任何有趣的实验。回想当年，我 11 岁时，我们家的朋友齐格勒先生随手就给了我 1/3 盎司的氰化钾，可真是不得了。

前不久，我拜访了芬奇利，半个世纪前格里芬和塔特洛克家的大楼就坐落于此。如今，物是人非，售卖各种化学品和简单仪器的化学用品店都已消失，数代人难以想象的快乐也随之而去。

——作者注

蒜和萝卜的辛辣味道呢？橡胶的特殊味道又是怎么来的呢？我特别喜欢热橡胶的气味，闻起来有一点人类的味道（后来我才知道，橡胶和人类的身体中都含有芬芳的异戊二烯）。为什么奶油和牛奶在热天容易变质，变质就发酸？松节油好闻的松树味道是怎么来的？除了这些"自然"的气味，父亲手术用的酒精和丙酮，母亲产科医疗包里的氯仿和乙醚，都有各自特别的味道。伤口消毒用的碘仿味道清香柔和，而厕所消毒常用的石炭酸则气味刺鼻（标签上有骷髅头和交叉骨的标记）。

植物的叶子、花瓣、根和树皮，任何部分的气味似乎都可以蒸馏出来。我尝试过用蒸汽蒸馏法提炼一些香水，从庭院里采了玫瑰花瓣、木兰花和一些青草，放在水里煮。精油会随蒸汽蒸发，冷却之后，留在蒸馏液的最上层（棕褐色的洋葱或大蒜的精油密度比较大，会沉到蒸馏液底部）。另外，我们也可以用乳脂或鸡脂等脂肪提炼润发油；也可以用丙酮或乙醚等溶剂。总体说来，我做的蒸馏提炼实验并不成功，但还是做出了一些薰衣草香水，也用丙酮提炼出了丁香油和肉桂油。有一次去汉普特斯西斯公园，我收集了成袋的松针，制成清新怡人的绿色精油，这是我最成功的一次尝试。那精油的味道总会让我想到感冒时雾化使用的复方安息香脂。

我喜欢果蔬的味道，入口之前会先闻一闻，尽情品味一番。我们家庭院里有一棵梨树，母亲会摘下果子，榨出浓稠的梨汁，梨的香气也似乎更加浓郁了。我在书中读到过，梨的香味可以人工合成（就像"梨形糖果"中一样）。只需要乙基、甲基或戊基等任何一种酒精，加醋酸蒸馏，就能得到相应的酯类。我很惊讶，用乙酸乙酯这么简单的东西就能制作出优雅馥郁的梨香，微小的化学变化就能变出其他水果的味道——把乙基换成异戊基，就能得到熟透的苹果味；另外还有一些微小的改变，可以使酯类产生香蕉、杏、菠萝或葡萄的香味。这是我初次体验化学合成的魔力。

除了怡人的水果味道，利用简单的原料或植物萃取物还可以制造出各种恶心的味道。植物学知识丰富的琳恩姨妈有时会跟我合作，她给我介绍了一种俗称臭藜的藜属植物。如果用碱性介质蒸馏——我用的是苏打水——就会得到一种恶臭且有挥发性的物质，散发着臭鱼烂虾的味道。这种挥发性物质是三甲胺，结构非常简单，很出人意料——我本以为能散发出臭鱼烂虾味道的物质应该有比较复杂的结构。琳恩姨妈告诉我，美国有一种植物叫臭菘，含有一种闻起来像尸体或腐肉的化合物。我问她能不能帮我弄一些，她说不能。或许幸好如此吧。

这些恶臭的气味刺激我要搞一些恶作剧。每个星期五，我们都会买一些新鲜的鲤鱼或梭子鱼，母亲把鱼肉绞碎做成鱼丸，在安息日享用。有一次，我在鱼肉里放了一点三甲胺，母亲闻到了味道，皱着眉头，把那堆鱼全都扔掉了。

我对气味充满兴趣，自然也对人类如何辨别和分类气味充满好奇。我们的鼻子如何在一瞬间就分辨出酯类和醛类，又是怎样立刻将某种物质分类成萜烯的。尽管人类的嗅觉比狗的差得远——我们家的狗格蕾塔，在房子另一头开上一罐她最爱的食物，她也能闻到——但是，人体内还是有某种类似化学分析仪的东西在工作，复杂程度与眼睛和耳朵无异。气味不像音符或光谱，似乎没有简单的顺序可言；然而，鼻子着实了不起，可以在一定程度上按照化学分子的基本结构对气味进行分类。所有的卤素，虽有不同，但都具备卤素特有的气味。溴仿与氯仿的味道非常相似（并非完全相同），又与四氯化碳（市面上出售的干洗清洁剂）有着类似的味道。大多数的酯类都有水果味，简单的醇类都有类似的"酒"味，而醛类和酮类也都有各自独特的气味。

（错误和意外当然也在所难免。戴夫舅舅就给我讲过光气的故事。光气是第一次世界大战期间使用的致命毒气弹，主要成分是碳酰氯。这种毒气没有卤素类那种能令人警觉到危险的味道，反而有新割牧草甜美淳朴的味道，让人回想起儿时的干草地。很多受光气攻击的士兵，丧命之前都会沉浸在这种回忆中。）

难闻的、恶臭的味道似乎都来自含硫化合物（大蒜和洋葱的气味都来自有机硫化物，二者在化学中和在植物学中一样，都密切相关）。硫化物中达到恶臭之顶点的就要数硫醇了。我看书上说，臭鼬的臭味就来自丁硫醇。纯度很低的丁硫醇清爽怡人，浓度一高就令人作呕，难以忍受。（几年后，我读到阿道司·赫胥黎[1]的小说《滑稽的圆舞》时，欣喜地发现书中有个不太讨喜的角色名字就叫硫醇。）

想到那些恶臭的硫化合物，还有难闻的硒化合物和碲化合物，我决定将三种元素划为一类，统称为"臭素"（stinkogens）。

我在戴夫舅舅的实验室里闻过少量硫化氢的味道——闻起来就像臭鸡蛋，也像屁，还有人告诉我说那是火山的味道。有一种简易的硫化氢制备方法，就是把稀释的盐酸倒在硫化亚铁上。（很大的一块硫化亚铁，是我自己把铁和硫放在一起加热融合而成的。）我把盐酸倒在硫化亚铁上时，硫化亚铁会冒泡，迅速冒出大量恶臭的、令人窒息的硫化氢。我夺门而出，冲向院子，踉踉跄跄的，想到这种气体毒性很强，感觉难受至极。与此同时，那可怕的硫化物（我制备了很多）仍不断地冒出毒气，很快便弥漫了整座房子。父母在我做实验这件事上容忍度很高，但这次他们坚持在实验室里安装了通风橱，而且在我做类似实验时，我父母对试剂用量的控制也更严了。

屋里的毒气已经散去，事件渐渐平息，通风橱也装好了，我决定制备其他一些气体，把简单的氢化合物和硫以外的元素结合。我知道硒和碲与硫极为类似，同属一个化学元素种族，于是采用了同样的基本方法：使硒或碲与铁合成化合物，再用酸处理硒化亚铁或碲化亚铁。硫化氢已经很臭了，可硒化氢还要臭上百倍，臭得可怕，呛得我眼泪都流了出来，让我想起腐烂的萝卜和甘蓝菜（我当时特别讨厌甘蓝菜，水煮的或煮得太烂的都不行，因为在布雷菲尔德主要的食物就是甘蓝菜）。

---

[1] 阿道司·伦纳德·赫胥黎（Aldous Leonard Huxley, 1894—1963），英国作家。祖父是生物学家、进化论支持者托马斯·亨利·赫胥黎。他于1932年创作的《美丽新世界》让他名留青史。

我认为，硒化氢的味道应该是世界上最难闻的。碲化氢也差不多，一样是地狱恶臭。我觉得，与时俱进的地狱中，不仅应该有炽烈的硫黄河，还要有沸腾的硒湖和碲湖。

9

出诊

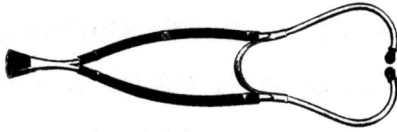

父亲是喜怒不形于色的人，也不太与人亲近，至少在家中是如此做派。不过，我还是有一些与他亲近的时刻，那都是宝贵的回忆。我很小的时候，看他在书房里读书。他全神贯注，好似整个世界只有那一片灯光，之外的一切抛到九霄云外。书房里有大量希伯来语和犹太教相关的藏书，感觉它的主人应该是位语法学家和学者。父亲的希伯来语说得也很流利，不过他大多数时候读的都是《圣经》或《塔木德》①。他读书时专心致志，情感都写在脸上，时而莞尔一笑，时而露出苦相，时而困惑，时而欢喜。我受了父亲的影响，很早便开始读书，因此在战前，就时不时来到父亲的书房，在他身旁读起自己的书，两人默默无言，却深情相伴。

　　没有出诊任务的夜里，父亲吃过晚饭会放松下来，点一根鱼雷形状的雪茄。他会轻抚雪茄，然后举到鼻前闻一闻芳香清新的烟叶味道。若烟叶气味纯正，他就会用雪茄剪在雪茄顶端剪一个 V 字形的小口，然后小心翼翼地用一根长火柴点燃雪茄，还一边转动着雪茄，使其均匀燃烧。他吸一口雪茄，雪茄头便闪起了红光；他再吐出一口烟雾，满意地赞叹一声。他一边读书，一边吞云吐雾，空气中缭绕着蓝白色的芬芳烟云，笼罩着我们。我喜欢父亲抽的哈瓦那雪茄的味道，也爱看烟灰圆柱变得越来越长，好奇着烟灰何时会落到他的书上。

---

　　①《塔木德》(*Talmud*) 也称《犹太教法典》，是犹太人继《旧约圣经》之后最重要的一部典籍，又称犹太智慧羊皮卷，或 5000 年犹太文明的智慧基因库，是揭开犹太人超凡智慧之谜的一把金钥匙。

　　与父亲一起游泳时，是我们最亲近的时刻，这时我们才像真正的父子。我的爷爷就擅长游泳，因此，父亲从小就对游泳充满热情，年轻时曾连续3年赢下怀特岛24公里游泳赛冠军。我们很小的时候，他就带我们到汉普特斯西斯公园的海格特池塘戏水。

　　父亲的划水动作缓慢而有节奏，力量十足，并不太适合小男孩学。但是，我看到在陆地上身躯庞大、笨重的父亲，到了水里像是变了身，优雅如海豚一般；而内向、怯懦又笨拙的我，到了水里也发生了同样奇妙的变化，发现了全新的自我。夏日海滨的一段记忆至今仍历历在目，那是我5岁生日过后的一个月，我冲进父母的卧室，拉住父亲鲸鱼般庞大的身躯，喊道："快起来，爸爸！我们去游泳吧。"他慢慢地翻过身来，睁开一只眼睛，说："你干什么，大清早6点钟就喊醒43岁的老父亲？"如今父亲已经百年，我也年逾花甲，回想起陈年往事，不禁又悲又喜。

　　我们后来会一起游泳，有时在亨顿的露天泳池，有时去埃奇韦尔路的威尔士哈普小湖（我一直也没弄清那个小湖是天然的还是人工的），父亲以前还在这里停了一艘船。战后，我已经12岁，可以跟得上父亲划水的节奏，能与他并肩游泳了。

　　有的星期天早上，我会随父亲一起出诊。父亲最喜欢出诊了，因为他觉得出诊不仅是行医，也是社交和行善，他可以就此走进一个家庭，了解这个家庭的成员和环境，把握整体情况以及病因。对父亲而言，行医从来都不是诊断疾病那么简单，还需要观察、了解病人的生活、个性特点、情感和反应。

　　父亲出诊前会先打印一张清单，列出十几位病人和他们的地址。我会坐在车子的副驾驶位上，父亲则一边开车，一边用通俗易懂的语言给我讲每个病人的病情。来到病人家，我会跟着父亲一起下车，通常都会经他允许帮他拿着医用包。有时我会跟他一起走进病人的房间，静静地坐在一旁，看他问诊、给病人做检查——他的问题简短，检查也很迅速，但都能切中要点，探知病源。我很喜欢看他做胸部叩诊，看他用粗壮的手指灵巧用力地敲击着，感受、体会着皮肤之下的器官状况。后来我也成为医学生，才意识到父亲叩诊的本领之强，他单靠胸部触诊、叩诊和听诊所了解的病情就能超过大多数医生看 X 光片的效果。

还有一些时候，如果病人病情严重或患有传染病，我就会与病人的家属一起在他们的厨房或餐厅坐下。父亲在楼上给病人看过病之后，就会下楼，认真地洗好手，然后来到厨房。父亲喜欢吃，每个病人家冰箱里的东西他都了如指掌——病人家属似乎乐得请这位好大夫吃些东西。对父亲而言，给病人看病、与病人家属会面、享受自我、吃东西，这些都与行医密不可分。

1946 年，炮弹洗礼过的伦敦城仍满目疮痍，重建工作刚刚启动，星期日开车走在废弃的城市中，人会不自觉地神情肃穆。东区的情况更严重，大概有五分之一的建筑被夷为平地。但是，那里依然有一个坚强的犹太社区，有世界上独一无二的餐馆和熟食店。父亲当年在怀特查佩尔路的伦敦医院获得行医资格，因为会讲意第绪语，他年轻时曾在意第绪语犹太社区行医 10 年。他对早年这段行医经历一直怀有特殊的感情。我们有时会去他在新路的旧诊室看看——我的哥哥们都是在这里出生的，如今我的侄子内维尔也在这里行医。

米德尔塞克斯街和商业街之间，是商贩叫卖货品的女人巷，我们就在这条繁华的巷子里闲逛着。我的父母早在 1930 年就离开了伦敦东区，但是父亲还能叫出不少商贩的名字。他们闲聊起来，父亲说起了年轻时常用的意第绪语。我的老父亲（我怎么会说他"老"呢？他当年 50 岁，我现在的年纪可比他那时大了 15 岁呢）充满了孩子气，焕发了青春，展露出平时少见的年轻活泼的一面。

我们来到这条巷子，总会去一家名叫马克斯的店。这家店里有 6 便士一个的土豆饼，还有全伦敦最好的熏三文鱼和鲱鱼。这家店的三文鱼鲜嫩无比、入口即化，是天上才有的美味。

父亲的胃口一向很好，不管是病人家的果馅饼和鲱鱼，还是马克斯店里的土豆饼，在他看来都是正餐前的开胃菜。附近街区有十几家超棒的犹太餐馆，每家都有自己的招牌菜。是去阿尔德盖特街上的布鲁姆，还是去奥斯温呢？在奥斯温，坐在楼上，可以享受地下室烤面包的绝妙香气。还是去斯特朗乌特呢？他们家的招牌菜是一种特别的饺子，父亲极度上瘾。不过，我们最后通常会选择西尔伯斯坦，这家楼下可以吃肉，楼上还有奶制品店，可以享受美味的奶白汤和鲜鱼。父亲酷爱吃鲤鱼，还会津津有味地大声吮吸鱼头。

爸爸出诊时，开车沉稳，不慌不忙——他有一辆慢吞吞的沃尔斯利老爷车，恰好当年汽油有配额，开那辆车也比较合适——但在"二战"前，他可大不相同。当年他开的是美国车克莱斯勒，马力十足，加速性能在20世纪30年代极为出挑。他还有一辆摩托车，是斯科特飞鼠，二冲程，600CC，水冷式发动机，排气管会发出爆裂的声浪。这辆摩托车有30马力，父亲将它比喻成飞马。空闲的星期六早上，他就会骑着摩托车去兜风，远离城市的喧嚣，纵情于公路之上，迎风疾行，暂时把行医和忧心之事抛到脑后。有时，我会梦到自己骑上这辆车飞驰，于是决心长大后也要买一辆。

托马斯·爱德华·劳伦斯①的作品《铸币厂》于1955年出版时，我为父亲读了其中的一段"上路"。劳伦斯这一段写的与摩托车有关，而此时我也有了自己的摩托车，是诺顿牌的：

> 一辆狂野的摩托车，一旦注入了心血，比世上任何的坐骑都要好，因为它将我们能力合理地推至极限，使我们感受到无尽的刺激……

---

① 托马斯·爱德华·劳伦斯（Thomas Edward Lawrence，1888—1935），也称阿拉伯的劳伦斯，因在1916年至1918年的阿拉伯大起义中担任英国联络官而出名。他成为公众偶像的部分原因是美国旅行家兼记者洛维尔·托马斯（Lowell Thomas）关于那场起义的轰动一时的报告文学，还有劳伦斯的自传体记录《智慧七柱》。许多阿拉伯人将他看成民间英雄。

父亲回想起过去骑摩托车的年代，微笑着点头表示赞同。

父亲原本想做神经学学术研究，曾师从伦敦医院著名的神经科专家亨利·海德爵士做实习医生（与我朋友乔纳森·米勒的父亲一道）。此时海德正如日中天，却患上了帕金森病。父亲说，他有时会不由自主地在神经科陈旧的病房走廊里跑起来或跟跄快走，要让他的病人抓住他才能停下来。我想象不出当时的情景，不过父亲善于模仿，便在埃克塞特路上模仿起海德来，他快走起来，步子越来越快，还让我抓住他。父亲认为，海德自己遭遇病痛，因此对病人的病痛更加敏感。我觉得父亲惟妙惟肖的模仿——他可以模仿哮喘、痉挛和麻痹等各种病症——源自他丰富的想象力，与海德的亲身体验异曲同工。

父亲自己开办诊所时，没有囿于早年接受的神经医学训练，认定普通全科医疗更现实，更"接地气"。结果却超出了他的预想。1918年9月，他在伦敦东区的诊所刚营业，就赶上了大流感。父亲在伦敦做实习医生时见过伤兵，但远比不上这次大流感恐怖：病人突然就咳嗽起来，喘不过气，因肺积水窒息，脸色铁青，在大街上就倒地不起，死去了。据说，即使是身强体壮的年轻男女，被传染流感之后，也可能在3小时之内就丧了命。1918年年底那恐怖的3个月里，流感夺走的性命比"一战"中遇难的人还多。父亲和当时所有的医生一样，都有些不堪重负，有时要连续工作48小时。

于是，父亲请来了阿莉达姐姐——阿莉达姑妈丧夫，3年前独自带着两个孩子从南非返回伦敦——到诊所给他当助手。大概同期，父亲又聘了一位年轻医生伊扎克·埃班来帮忙。伊扎克出生在立陶宛的小村约尼什基斯，那里正是我们萨克斯家族的老家。阿莉达和伊扎克还是小时候的玩伴，但在1895年，伊扎克家搬去了苏格兰，几年之后，萨克斯家也搬到伦敦。两人20年后重逢，在躁动紧张的大流感中并肩工作，陷入爱河，并于1920年结婚。

我们当时还小，与阿莉达姑妈的接触很少，不过我觉得她是所有姑妈和姨妈中最机敏的——她有急智，有灵光乍现的想法和灵感，我觉得这是"萨克斯家族头脑"的特点，与母亲兰道家族有条有理、条分缕析的思维方式不同。父亲的大姐莉娜姑妈总是陪伴在我们身边。她比爸爸大15岁，身材娇小，穿上高跟鞋不到1.5米，却有着钢铁般的意志和坚定的信念。她染了洋娃娃一样的金色头发，身上散发着大蒜、汗水和广藿香的混合味道。我们家的陈设都是莉娜姑妈一手包办。我们在马普斯伯里路37号住的时候，她还常给我们做一些特别的食物，像鱼饼（马库斯和戴维就叫她鱼饼，有时也会叫她鱼脸）和香脆的奶酪蛋糕。逾越节时，她会做无酵饼，特别密实，像颗星球一样沉到汤底。她不拘小节，在家里餐桌前会弯腰用桌布擤鼻涕。虽然如此，有她陪伴依然是一件乐事。她总是金句不断，风情万种，但也善于聆听，能够把握周围每个人的性格和动机。她面对轻率之人时自信无比，而且她记忆力过人，听过的事情都牢记在心。[1]

她虽然冷酷无情、不择手段，却是为了一个崇高的目标，她要为耶路撒冷的希伯来大学募捐。她似乎有每一个英国人的档案，一旦确定消息和来源可靠，就会拿起电话。"喂，是G.勋爵吗？我是莉娜·哈尔珀。"电话对面的G.勋爵一愣，倒吸了一口凉气，已知来者不善。姑妈继续和蔼地说："您应该认识我的。有点小事，我也就不细说了，就是3月23日博格诺那件事……我当然不会跟别人说，这是我们之间的小秘密。您能捐多少呢？我先记下5

---

[1] 多年后，我读到凯恩斯在《和平的经济后果》一书中对劳埃德·乔治（Lloyd George）的精彩描述，不禁想起莉娜姑妈。凯恩斯称这位英国首相"有着巫师一般的能力，顷刻间便能不差分毫地摸透周围的每个人"。

他好似具备常人没有的第六感或第七感，观察着周围的人，判断他们的性格和动机，还有潜意识冲动，感知他们的想法，甚至能料定每个人接下来说什么。他就像有心灵感应一般，知道哪些言论和倾诉能最好地迎合听者的虚荣心，直击对方的弱点和私利。看着（他）如此的表现，就能知道那个可怜的总统（威尔逊）在那次晚宴中注定被人玩弄于股掌之上。

——作者注

万英镑如何？这笔钱对希伯来大学的意义可是不可估量的啊。"莉娜姑妈就靠这类敲诈手段，为希伯来大学募集了几百万英镑，很可能是他们最高效的募捐者。

莉娜姑妈是家中的长女，1899 年，萨克斯一家从立陶宛迁往英格兰时，便如"小母亲"一般照看年幼的弟弟妹妹。丈夫早逝，她便开始照顾我的父亲，还与我的母亲暗暗争夺父亲的陪伴和关爱。我一直都能感觉到她们之间紧张和难以言传的竞争关系，也意识到温柔、被动、优柔寡断的父亲在两人之间摇摆不定。

家族中很多人觉得莉娜姑妈是个女魔头，她却对我偏爱有加，我也觉得她是可亲之人。她是我生命中特别重要的人，或许对全家人都特别重要。"二战"打响时，我们正在伯恩茅斯度暑假。父母是医生，必须立刻赶回伦敦，把我们 4 个孩子留给奶妈照看。几星期之后，父母回来看我们，我们顿感如释重负。我还记得听到他们车子的喇叭声，就立刻冲到庭园的小径上，扑进母亲怀里，用力太猛，差点撞倒了母亲。我哭着说："我想你，我好想你啊。"母亲抱住我，紧紧地抱了好一会儿，我心中的失落感、恐惧感顿时烟消云散。

父母向我们保证很快会再来看我们。他们说，下个周末会想办法再来，但是伦敦那边的事情太多——母亲忙着处理急诊外科手术，父亲则组织当地的全科医生救助空袭中的伤员。这个周末他们没能来看我们。一个星期又一个星期过去了，我的心都伤透了。等他们再次来看我们，距第一次已过去 6 星期，我不似第一次那般冲向母亲，也没有和她拥抱，对她就像对陌生人一样冷漠。我想，母亲有些震惊，也有些困惑，却不知该如何跨越两人之间的鸿沟。

此时，父母缺失的影响渐渐显现，莉娜姑妈便接管了这个家，做饭，照顾我们的生活，就像我们的母亲一样，填补了生母不在的空缺。

这段插曲持续的时间并不长，很快马库斯和戴维就去医学院读书了，迈克尔和我也整理行装，去了布雷菲尔德。但是，我一直忘不掉那段时间莉娜姑妈对我的呵护，战后就去伦敦探望她。她住在埃尔金大街，房子天花板很高，装饰华丽。她会给我准备奶酪蛋糕，有时还会准备鱼饼和一小杯甜葡萄酒，然后给我讲起故国旧事。他们举家迁离故乡时，父亲才三四岁，对故乡没什么印象；莉娜姑妈当时已经十八九岁了，对约尼什基斯的记忆深刻鲜活。这个犹太小村离维尔纽斯①不远，是他们兄弟姐妹几人的出生地，也是她的父母，我的祖父母年轻时生活的地方。她之所以对我疼爱有加，可能是因为我是家里最小的，也可能是因为我与她的父亲一样，名字都是奥利弗·沃尔夫。我能感觉到她的孤单，也能感觉到她喜欢我这个年轻的外甥来看她。

父亲还有一个名叫本尼的哥哥。本尼被驱逐出了教会，19岁就远走葡萄牙，娶了个非犹太人的异教徒。这在家人眼中是十恶不赦的大罪，因而，之后他的名字再也没有在家中被提及。但我知道家族中有些隐秘的事情；有时父母窃窃私语被我撞见，便立刻噤声，空气中弥漫着尴尬。还有一次，我看到莉娜姑妈的雕花橱柜上摆了一张本尼的照片（她说照片上是另外一个人，但我听出了她语气中的犹豫）。

父亲本来就身材魁梧，战后又开始发福，于是决定定期去威尔士的一家减肥中心。他去了很多次，体重似乎没有丝毫减轻，但每次回家都很开心、很精神，肤色也晒成了健康的古铜色，不像在伦敦时那般苍白。多年后，父亲已经故去，我在他的证件中发现了一摞机票，才明白了真相——那些年，他根本就没有去减肥中心，而是秘密前往葡萄牙见本尼了。

---

① 立陶宛首都。

10

化学语言

戴夫舅舅眼中的科学，不仅关乎智力、技术，也关乎人文，我受他影响，自然也以同样的眼光看待科学。我建起实验室，开始自己做化学实验时，就想更全面地学习一下化学史，了解一下化学家都做什么，想什么，以及过去几个世纪里的化学圈的氛围。我一直对家族的过往和谱系饶有兴趣——诸位舅舅去南非采矿的故事和外公的传说；还有母亲一系有据可查的第一位先祖拉扎尔·魏斯科普夫，他生活在 17 世纪德国的吕贝克，据说是一位喜好炼金术的拉比。或许，我正是因此才对历史有了更多的兴趣，也倾向于从家族谱系的角度去看待历史。也因此，我读过生平故事的那些科学家、早期的化学家，在某种意义上也成为我名义上的先祖，我在想象中，与他们有着千丝万缕的联系。我要理解这些早期化学家的想法，想象自己置身于他们的世界。

　　我看书上说，化学在罗伯特·波义耳①的成就的基础上，于 17 世纪中期发展成一门真正的科学。波义耳比牛顿年长 20 岁，生在炼金术大行其道的年代，在做科学研究的同时，他仍然相信炼金术，也会做一些尝试。他坚信金子能凭空炼出来，也确实炼出一些金子（同样是炼金师的牛顿劝他不要声张）。波义耳对自然的各种奥妙充满好奇（爱因斯坦谓之"神圣的好奇心"），

----

　　① 罗伯特·波义耳（Robert Boyle, 1627—1691），英国化学家、物理学家。1659 年用实验阐明气压升降的原理，提出著名的气体定律（后称"波义耳－马略特定律"）。在化学方面将当时习用的定性试验归纳为一个系统，首次引入化学分析的名称，并进行分析化学的研究。所著的《怀疑派化学家》批判了唯心主义"元素"观，将元素定义为不能分解的物质，使化学走上科学研究之路。

他体会并宣扬神的荣光，由此也会去研究各种各样的现象。

波义耳研究了各种晶体及其结构，是最早发现晶体解理面的人。他对颜色也有研究，还写了一本书，对牛顿也产生了影响。他设计了第一款化学指示剂：用紫罗兰汁液浸泡过的纸，遇到酸性液体变红，遇到碱性液体则变绿。第一本关于电学的英文书也是他写的。他把铁钉放在硫酸中，无意间制备了氢气。他发现虽然大多数液体凝固之后会收缩，水凝固却会膨胀。他将醋倒在珊瑚粉末上，生成一种气体（后来才知道是二氧化碳），把苍蝇困在这种"人造气体"中，苍蝇就会死去。他研究过血液的性质，对输血的可能性也很感兴趣。他做了与嗅觉和味觉相关的实验。他是最早描述半透膜①的人，也是首位记录因脑部感染而引发后天性色盲病例的人。

他的研究及成果都用简洁明晰的语言描述出来，与炼金师晦涩难懂的语言截然不同。任何人都能看懂他写的东西，可以重复他的实验；他代表了科学的开放性，有别于炼金术的封闭和神秘。

虽然他兴趣广泛，但似乎对化学尤为钟爱（少年时，他就将自己的化学实验室命名为"极乐世界"）。他最大的愿望就是了解物质的本质，而他最出名的著作《怀疑派化学家》也旨在驳斥神秘的四元素说，并将浩如烟海的炼金术和药学经验主义知识与他所处时代的启蒙理性结合起来。

古人以土、气、火、水为四大基本元素。这种分类方法比较符合我5岁时的认知（不过，金属在我心中是特殊的第五类元素），但是，炼金师的三原质学说就不那么好理解了。他们认为"硫黄""水银"和"盐"并非普通意义上的硫黄、水银和盐，而是具有"哲学意义"的：水银赋予物质光泽和硬度，硫黄赋予物质颜色和可燃性，而盐则赋予物质坚固性和耐火性。

波义耳希望用理性的经验主义理论取代古老神秘的元素学说和三原质学

---

① 半透膜（semipermeable membrane），指只容许某种混合物（溶液、混合气体）中的一些物质透过，而不容许另一些物质透过的薄膜。

说，并第一次给出元素的现代定义：

> 我所谓的元素……是指某种原始且简单，或极尽纯净的主体；不由任何其他主体构成，且各主体也没有互相包含关系，它是所有完美混合主体的组成成分，并消失在混合主体之中。

然而，波义耳并没有给出此类"元素"的实例，也没有解释何为"纯净的"，因此他对元素的定义太过抽象，用处不大。

我觉得波义耳的《怀疑派化学家》晦涩难懂，不过，他在1660年出版的《新实验》读起来倒饶有趣味。他在书中生动翔实地记述了使用"气动发动机"所做的40多种实验。（他的助手罗伯特·胡克发明的一种空气泵可以抽掉密闭容器中的大部分空气。）① 波义耳通过这些实验证明了空气也是一种物质实体，有自己的物理和化学属性，可以压缩、稀释，甚至可以称重，由此打破了空气是虚无缥缈、无所不在的介质这种古老的认识。

———————————

① 罗伯特·胡克（Robert Hooke, 1635—1703），英国科学家、博物学家、发明家。他是个机械天才，数学能力也很强，在科学和设计方面也有惊人的成就。他留下了大量详尽的日志，不仅生动描述了自己永不停歇的心理活动，还记录了17世纪的科学氛围。胡克在《显微画集》一书中图文并茂地介绍了他发明的复式显微镜，还留下了前所未见的昆虫等生物的复杂结构素描图（其中包括一幅《格列佛游记》中大人国的虱子，附着在粗如驳船撑篙的人类头发上的图画）。他通过苍蝇翅膀振动的音调判断其频率。他是最早将化石解释成灭绝动物遗骸的人。他利用图片介绍了自己设计的风速计、温度计、湿度计和气压计。有时，他表现出的智力胆识甚至比波义耳更高，比如他认为燃烧"与空气中固有的或混合在空气中的某种物质有关"。他还发现"空气中的这种物质会在人肺里消失"。他认为空气中存在一定量的某种物质，这种物质在燃烧和呼吸过程中被消耗，该理论相比波义耳的粒子理论，明显更接近于化学活性气体的概念。

胡克有很多想法差不多已被世人彻底遗忘，因此有一位学者在1803年评论说："科学史上最难以理解的恐怕就是胡克博士的这一理论被彻底埋没。他的理论解释极为清晰，本应很容易得到世人的关注。"他被人忽略，有一点原因在于牛顿对他的敌意。牛顿对胡克的恨意极深，胡克在世时，他拒绝接受英国皇家学会主席的职务，而且不遗余力地诋毁胡克的声誉。更深层次的原因或许正如冈瑟·斯腾特所说，在于当时的科学"尚不成熟"，胡克的很多理论（特别是与燃烧相关的理论）太激进，在他所处的年代不能为人所接受，甚至没人能够理解。

———作者注

波义耳把点燃的蜡烛或灼烧的煤炭放入密闭容器中，抽干容器中的空气。他发现，随着容器中的空气越来越稀薄，蜡烛会熄灭，煤炭会停止燃烧。不过，再次向容器中导入空气，煤炭又会燃烧起来，由此证明空气是燃烧的必要条件。他还用昆虫、小鸟或老鼠等各种小动物做实验，降低容器中的空气浓度，小动物会很痛苦，甚至死亡；但再次向容器中导入空气，它们的状况就可能好转。燃烧和呼吸的这点相似之处，令他很惊讶。

波义耳还研究过人在真空中能否听到钟声（不能），磁铁在真空中是否还有磁力（有），昆虫在真空中能否飞翔（这一点他不好判断，因为气压降低之后，昆虫就会昏死过去），以及气压对萤火虫发光的影响（低气压下，发光比较暗淡）。

我很喜欢看这些实验记录，也会自己尝试——我们家的吸尘器可以替代波义耳的气泵。我喜欢这本书诙谐的语言特点，与《怀疑派化学家》中哲学式的对话风格迥异。（其实，波义耳并非没有注意到这一点："即使是滑稽的实验也值得留意，不能轻视；即使是孩子的游戏有时或许也蕴含哲思。"）

我很喜欢波义耳的个性，他充满好奇心，喜欢奇闻逸事，偶尔还会用一些双关语。他曾写道，他喜欢研究"光明之物胜过图利之事"①。尽管我们生活的时代相差三个世纪，但我还是可以想象出他的模样，他应该是我喜欢的类型。

安托万－洛朗·拉瓦锡②晚波义耳将近一个世纪出生，被认为是真正的化学奠基人、现代化学之父。在他之前，已经有大量的化学知识累积，化学技术也已相当复杂，这些知识和技术有些是炼金师传下来的（正是他们最早尝试了蒸馏和结晶等诸多化学方法，并制造出相应的化学仪器），有些则是

---

① 原文是"luciferous rather than lucriferous"，谐音双关。

② 安托万－洛朗·拉瓦锡（Antoine-Laurent de Lavoisier, 1743—1794），法国理论化学家，科学化学的奠基人。1777 年提出氧化学说，正式确立了质量守恒原理。1789 年出版《化学的元素》一书，对元素进行分类，分为气、酸、金、土四大类，列出 33 种元素表，给出一套化合物的命名法。这是标志化学作为一门科学已经形成的重要理论著作。从科学思想发展看，拉瓦锡最大的贡献是用"氧化说"推翻了长期统治化学界的"燃素说"。

药剂师传下来的，当然贡献最大的还是早期的冶金家和矿工。

尽管人们已经研究过很多化学反应，衡量这些反应的系统性方法却没有形成。水的组成成分无人知晓，人们对其他大多数物质的组成也都茫然无知。人们依据矿物和盐的晶体形状等物理性质，而非依据其组成成分对其分类。元素和化合物也没有清晰的概念。

此外，人们尚未建立解释化学现象的整体理论框架，只有"燃素说"一类的神秘理论存在，用来解释所有的化学变化。燃素就是火的根源。据时人推测，金属之所以具有可燃性，就是因为内含燃素。金属燃烧时，燃素就得到释放。相反，用木炭熔炼矿土时，木炭就献出了自己的燃素，再造了金属。因此，金属可以被看作是矿土、矿灰和燃素组成的一种"化合物"。不管是熔炼和煅烧，还是酸碱反应和形成盐类的反应，所有的化学反应都可以归结为燃素的增减。

诚然，燃素无形，无法装入瓶中，也无法展示或称重，可同样是 18 世纪令人心驰神往、无比神秘的电，不也具有同样的特性吗？燃素有诗意，有神话色彩，使火同时具备了物质和精神的双重属性，可以直击人的内心。尽管从根源上讲，燃素说是形而上的，但同时也是第一种明确的化学理论（相对于波义耳在 17 世纪 60 年代提出的微粒说）；燃素说尝试从某种化学成分的存在、失去或转移的角度，解释化学性质和化学反应。

在 18 世纪 70 年代这个形而上学和诗意并存的时代，拉瓦锡逐渐成熟起来，他脚踏实地，擅长分析和逻辑，在启蒙运动中成长，仰慕百科全书派学者。拉瓦锡 25 岁时，在地质学上已经有了开创性的研究，展现出极高的化学才能和辩论技巧（他写过一篇城市夜间最佳照明方式的文章，曾获奖，还研究过熟石膏的凝结和黏合），当选法兰西科学院院士。[1] 但是真正让他穷尽

---

[1] 道格拉斯·麦基（Douglas McKie）在他所著的拉瓦锡传记中详尽记录了拉瓦锡的科学活动，不仅展现了他的伟大成就，还生动地描绘出那个时代的图景。麦基写道：
　　拉瓦锡参与起草的研究报告包括巴黎市政供水、关押制度、催眠术、苹果汁掺假、公

智慧、雄心勃起的还是燃素说。他认为燃素虚无缥缈，而且很快发现，通过精密的定量燃烧实验就能驳倒该学说。物质燃烧时，真的会像人们期望的那样，因为失去燃素而变轻吗？按日常经验来看，事情似乎确实如此——蜡烛燃烧之后会变短，有机物会烧焦萎缩，硫和木炭会彻底消失，但是，金属燃烧却又有所不同。

1772 年，拉瓦锡阅读了居顿·德莫沃[①]的实验报告。德莫沃极尽小心地完成了精确无比的实验，证明了金属在空气中燃烧之后，重量会增加[②]。这不是与物质燃烧会失去燃素的理论相悖吗？德莫沃的解释是，燃素具有"负重量"，含有燃素的金属会变轻。拉瓦锡认为他的解释很荒谬。不过，德莫沃的实验结果无懈可击，极大地激励了拉瓦锡。这项实验结果就如牛顿的苹果一样，代表着一个事实、一种现象，需要一种新的理论来解释。

（接上页）共屠宰场选址、最新发明的"蒙哥尔费航天器"（热气球）、漂白、密度表、密度秤、颜色学、灯具、陨石、无烟炉箅、挂毯制造、盾徽雕刻、造纸、化石、残障人士轮椅、水动波纹管、牙垢、硫黄泉、甘蓝菜栽培、油菜籽的选育及榨油、烟草刨子、煤矿作业面、柔肤皂、硝酸钾的分解、淀粉的制造……船上的淡水储存、固定气体、据报道在泉水中出现的油……丝羊毛除油脂、通过蒸馏法制造硝酸乙酯、乙醚、反射炉、一种新的墨水和只需加水便可以持续使用的墨水瓶……预测矿泉水的碱含量、巴黎一处军火库、比利牛斯山矿物学、小麦和面粉、化粪池及其产生的气体、据称在植物灰烬中出现的金子、砷酸、分离金和银、泻盐的基本成分、丝绕实验、锡溶液在染色工艺中的应用、火山、腐化、可以用来灭火的液体、合金、铁锈、（在警察的要求之下）提议在公开焰火表演中使用"易燃气体"、煤层、除去氯化氢中的燃素、灯芯、科西嘉岛的自然史、巴黎井水中的恶臭、据称溶于硝酸的金子、苏打的吸湿性、比利牛斯山的铁和盐、含银的铅矿、一种新的枪管、平板玻璃的制造、燃料、泥炭到木炭的转化、玉米磨坊的建造、制糖、闪电的离奇影响、沤麻、法国的矿产分布、给烹饪器皿镀上金属层、水的构成、铸币、气压计、昆虫的呼吸系统、蔬菜的营养成分、化合物中的成分比例、植物研究，以及其他很多主题，即使用最简单的语言描述，也难以穷举。

——作者注

① 居顿·德莫沃（Guyton de Morveau, 1737—1816），法国化学家。

② 百年之前，波义耳也做过燃烧金属的实验，也发现金属燃烧形成矿灰后会变重。但是，他认为这种重量的增加是一种物理变化，而不是化学变化：他认为是金属吸收了"火中的粒子"。同样，他也没有从化学的角度看空气，而是将空气看作一种特别的弹性流体，可以用来清除肺部的杂质。波义耳之后的一个世纪里，人们的研究未能统一，部分原因在于，当时使用的巨大"取火镜"功率太大，部分金属的氧化物随之蒸发或升华，重量没有增加，反而减少了。更多的时候，根本就不会有人称重，因为这个时代的分析化学大多都是定性研究。

——作者注

对于眼前的工作，他是这样写的："在我看来，似乎注定要带来一场物理和化学革命。我感觉之前所做的一切都是指引……是一项伟大事业的独立环节。"他觉得还需要一个人，或许就是他自己，将所有的环节连起来，"做大量的实验……达成一个连续的整体"，构建一种理论。

拉瓦锡在实验笔记上写下了这份宏愿，就着手做起了系统实验，重复了前人的很多研究，不过他这次用了密闭装置，而且精确地称量了反应前后物质的重量。波义耳，甚至是拉瓦锡同时代最严谨的化学家都忽略了这个步骤。他在密闭的曲颈瓶中加热铅和锡，直到铅和锡化成灰；他通过称量，发现反应的过程中，反应物的总重量没有变化。他打开曲颈瓶，让空气进入瓶内，这时铅和锡的灰烬才变重了——与两种金属煅烧时增加的重量一样。拉瓦锡感觉，重量的增加就是因为"固定"了空气，或是空气中的某些成分。

1774 年的夏天，约瑟夫·普里斯特利①在英国发现，加热红色的水银矿灰（氧化汞），就会释放一种"气体"。令他惊讶的是，这种气体似乎比普通的空气更强力、更纯净。

> 蜡烛在这种气体中燃烧，火焰很旺；一小块烧得通红的木头在里面发出噼啪声，燃烧速度惊人，而且还会像铁一样，冒出白光，火花四溅。

普里斯特利着了迷，又做了进一步研究，发现老鼠在这种气体中的生存时间，比在普通空气中长四五倍。他由此确信这种新"气体"是有益的，于是自己也尝试吸入了一些：

---

① 约瑟夫·普里斯特利（J. Joseph Priestley, 1733—1804），英国化学家和哲学家。曾利用水槽和汞槽集气法研究各种气体。1774 年发现氧，是化学史上的重要贡献。但他坚持"燃素说"，把氧称为"脱燃素的空气"。此外还发现氨、氯化氢、一氧化碳、二氧化碳、氧化氮等。

这种气体进入我的肺部之后，感觉与普通空气差别不大，但一段时间之后，胸部感觉特别轻快且舒适。这种纯净的气体迟早会成为一种流行的奢侈品。迄今为止，只有两只老鼠和我享受过。

1774 年 10 月，普里斯特利去了巴黎，向拉瓦锡提起这种"脱燃素气体"。拉瓦锡从中洞察到普里斯特利未曾发现的点：燃烧和煅烧过程的本质一直令他困惑难解，拉瓦锡由此找到了关键的线索。[①] 他重复普里斯特利的实验，扩大了实验规模，做了量化，并改良了实验方法。他终于搞清楚了，燃烧过程中并没有物质（燃素）消失，而是燃烧的材料与周围空气中的某种气体结合。他将这种气体命名为氧气。[②]

拉瓦锡证明了燃烧是一种化学反应——如今我们称其为氧化反应——还有更多的深层意义，在他设想的化学革命的伟大愿景中，这仅仅是一块拼图。在密闭的曲颈瓶内灼烧金属，金属重量没有因为吸收"火中的粒子"而莫名增加，也没有因为失去燃素而减轻。通过这个实验，他认识到此类反应过程，没有创造物质，也没有损失物质。这种守恒原理不仅适用于产物和反应物的总质量，也适用于反应中的每一种元素。比如，他做过一个在密闭容

---

① 同月，拉瓦锡收到舍勒的来信，舍勒在信中介绍：在加热碳酸银获取的"固定气体"（二氧化碳）中制备"火空气"（氧气）的方法。舍勒用氧化汞制备了纯"火空气"，甚至比普里斯特利还要早。但结果，拉瓦锡宣称氧气是自己发现的，不承认前人的贡献，因为他认为前人不理解观察到的现象。

这段故事以及何谓"发现"，都在罗德·霍夫曼和卡尔·杰拉西的话剧《氧》中有所探讨。

——作者注

② 用氧化作用取代燃素的概念在实践上起到了立竿见影的效果。比如，这时人们明白了，燃料完全燃烧需要尽可能多的空气。与拉瓦锡同时代的弗朗索瓦－皮埃尔·阿尔冈很快便利用新的燃烧理论设计了一款带状灯芯的灯具。这种灯芯可以折叠收入灯筒里，灯筒内外的空气都可与灯芯接触。同时，他还给灯具配上了可产生上升气流的玻璃灯罩。这种阿尔冈灯在 1783 年制作成功，之前从未有过燃烧效率如此高又如此明亮的灯。

——作者注

器中放入了糖、酵母和水发酵产出酒精的实验，碳、氢和氧的质量始终保持不变。这些元素可能会在化学反应中重组，但它们的质量并没有变化。

质量守恒意味着合成和分解过程中有些东西是恒定不变的。拉瓦锡由此将元素定义为以既有的方法无法再分解的物质，并据此与德莫沃等人列出了33种独特的、无法分解的基本元素，取代了旧时的四元素说。① 拉瓦锡又进一步列出一张"平衡表"，精确记录了每种元素的化学反应。

此时拉瓦锡觉得，随着新理论的建立，化学语言也应该有所调整。于是，他展开了一场术语革命，用精确的、分析性的且一目了然的术语取代别致却无法提供信息的旧术语，比如三氯化锑膏、快乐石、蓝硫酸、铅糖、利巴菲乌斯的烈酒和锌花等。如果一种元素与氮形成化合物就命名为氮化物，与磷化合就是磷化物，与硫化合就是硫化物。这些化合物与氧结合形成的酸，就可以称作硝酸、磷酸和硫酸；形成的盐类就是硝酸盐、磷酸盐和硫酸盐。如果结合的氧比较少，就可以称作亚硝酸或亚磷酸，以此类推。不论是单质，还是化合物，都依据其组成和化学性质命名。人们只要看到这个名字，就能像做算术题一样，立刻算出这些物质在不同环境下可能发生的反应。（虽然我非常清楚新的命名方式优势明显，但还是会怀念旧术语。那些旧术语有诗意，有意蕴，透着古韵；系统却乏味的新术语中全然没有这些东西。）

拉瓦锡没有创造元素符号，也没有使用化学方程式，却打下关键的基础。他提出的平衡表概念令我兴奋不已，这种表用算式表示化学反应，好似见证了某种语言或音乐的创造过程。有了这种算式般的语言，人们不需要在

---

① 拉瓦锡的元素表包括他命名的3种气体（氧、氮和氢）、3种非金属（硫、磷和碳）和17种金属。此外，表中还有盐酸、氟酸和硼酸等"自由基"（radicals），以及5种"土"（earths）：白垩、苦土、重土、矾土和硅土。他预言这些酸和土都是含有新元素的化合物，人们很快就能从中提取新元素（到1825年，人们确实从这些化合物中提取了新元素，只有氟又过了60年才被提取出来）。最后两种"元素"是光和热，他似乎还没有摆脱燃素这个幽灵的困扰。

——作者注

实验室里耗一个下午，只消在黑板上或脑中就能研究化学。

拉瓦锡的各项成就——化学算术语言、命名法、质量守恒、元素的定义，以及燃烧理论的形成——都有机地联系在一起，形成了一套非凡的体系，彻底重塑了化学，实现了他在1773年的宏愿。尽管他在《化学原理》一书中明确提出化学革命的想法，但这条路道阻且长。他用了整整15年的时间，在预设的迷宫中摸索着道路，探索世人与自己的盲区。

拉瓦锡慢慢积累资料的那些年，学界充斥着激烈的争论和冲突，但是，1789年法国大革命前3个月，《化学原理》终于出版，迅速征服了科学界。那是一种全新的思想架构，只有牛顿的《自然哲学的数学原理》能与之相提并论。虽然有卡文迪什[1]和普里斯特利为代表的少数派仍持反对意见，但等到1791年，拉瓦锡已经可以说："所有的年轻化学家都接受了这个理论，因此，我可以断定这场化学革命已经取得成功。"

3年之后，拉瓦锡的声望达到顶点之时，却被送上了断头台，就此殒命。伟大的数学家拉格朗日[2]对这位同事兼好友的死哀恸不已："砍下他的头只需要一瞬间，可是要再造一个这样的头脑，百年恐怕也不够。"

我读过拉瓦锡及更早的"气动"化学家的作品之后，不禁想多做一些加热金属、制备氧气的实验。我想采用普里斯特利在1774年第一次制备出氧气的方法，加热氧化汞，可是又怕汞蒸气的毒性，通风橱安装好之前不敢尝试。不过，只要加热过氧化氢或高锰酸钾之类富氧的物质，很容易就能制备出氧。我还记得把一块燃烧的小木片塞到充满氧的试管里，看着火光大盛，光芒四射。

我也制备过其他气体。我电解过水，然后又点燃氢氧混合气体重新得到水。用酸或碱制备氢的方法有很多——可以用锌和硫酸或用铝制瓶盖和苛性

---

① 亨利·卡文迪什（Henry Cavendish, 1731—1810），英国化学家，发现了氢元素。

② 约瑟夫-路易斯·拉格朗日（Joseph-Louis Lagrange, 1736—1813），法国著名数学家、物理学家。

钠。任由制备出的氢气溢出浪费掉，真的很可惜，于是我拿来能紧紧塞住烧瓶口的橡胶塞和软木塞，有些瓶塞中间有口，可以插入玻璃管。我在戴夫舅舅的实验室里学会用气火焰将玻璃管烧软，然后轻轻弯折（更刺激的是吹玻璃，轻轻地向熔融态的玻璃中吹气，吹成薄壁球体和各种形状的容器）。在瓶口插上玻璃管后，等氢气从塞紧瓶塞的烧瓶中飘出来时，我就可以将其点燃。氢气燃烧的火焰是无色的，与煤气灯或厨房炉灶带烟的黄色火焰不同。我也可以用曲线优雅的玻璃管把氢气导入肥皂水中，吹出氢气肥皂泡；这种肥皂泡比空气轻很多，会冲到天花板上，然后爆掉。

我有时还会拿一个槽，扣在水面上收集氢气。我拿住倒扣着的槽不动，把鼻子凑到槽下，吸入氢气——氢气无臭无味，吸入之后没有任何感觉，但是有那么几秒钟，我的声音会变得非常尖锐急促，像米老鼠的声音一样，我都听不出那是自己的声音了。

我把盐酸倒在粉笔上（其实醋一类酸性比较低的酸也可以），就会冒出一种很重的气体二氧化碳。我用烧杯收集起这种隐形的二氧化碳，拿来密度小很多的空气球，看气球飘在上面。我们家的灭火器里装的就是二氧化碳，我偶尔也会取里面的气来用。

我在一个气球里充入二氧化碳，气球便沉到地上，停在那里——我心中好奇，要是把密度差不多是空气5倍的氙气之类的高密度气体充入气球里，结果会怎么样。我和钨舅舅说起这个想法，他告诉我，钨有一种化合物叫六氟化钨，密度是空气的十余倍——他说，这应该是已知密度最大的气体了。我幻想有人发现或制备出水一样重的气体，这样我就能浮在上面，就像浮在水上一样。漂浮和下沉似乎有一种特殊的魔力，总能令我着迷，给我力量。①

---

① 50多年后，65岁生日那天，我终于圆了少年时代的梦想，除了得到几个正常的氦气球之外，还得到了密度极大的氙气球——好似铅球一般（六氟化钨的密度更大，但太危险，遇到潮湿的空气就会水解，产生氢氟酸）。把氙气球放在手中旋转，然后停下来，重重的气球靠着自身动能，还会继续转一会儿，好似球里面装的是液体一样。

——作者注

　　我对战时伦敦半空悬浮的防空气球非常着迷。那些气球就像巨大的空中太阳鱼，身体充满氢气，胖乎乎的，还有三瓣尾巴。这种气球是用镀铝织物造的，因此在阳光的照射下会发出耀眼的光芒。人们用长线缆把这些气球固定在地上，按照设想，这样可以缠住敌机，防止敌机超低空飞行。这些气球也是我们的巨人守卫。

　　我们在利明顿路的板球场上就拴了一个这样的气球。我对这个气球特别着迷，会偷偷来到板球场，抚摸着微微膨胀的闪光球体。气球在地上，似乎只充了一半的气，不过等它升到一定的高度，内部的氢气就会膨胀，气球也会随之鼓起来。我喜欢这种巨型气球的触感，抚摸时带有一丝情欲，只不过当年我还不解这种情感。我经常在夜里梦到防空气球，想象着自己安详地躺在气球柔软的身体上，悬浮在远离尘嚣的苍穹之中，忘却了时间，心醉神迷。我想所有人都会喜欢这些气球——它们竭力飞向天上，代表着乐观，令我们心跳加速——但是，利明顿路上那个气球于我有着特殊的意义：在我的想象中，它感知到我的触碰，欣喜地颤抖着（我也颤抖了）给了我回应。那个气球不是人，也不是动物，却好似有了生命；在我 10 岁的时候，它成了我的初恋。

11

化学诗人汉弗莱·戴维

我记得最早听说汉弗莱·戴维的名字是在战争爆发之前，当时母亲带我去科学博物馆。我们来到顶楼，那里有个煤矿模型，散落着灰尘的展厅里灯光昏暗。母亲告诉我，这就是戴维发明的矿工安全灯。博物馆中展示了好几款安全灯。母亲在那里给我介绍了戴维安全灯——有好几种型号——解释了安全灯的工作原理，还说这种灯挽救了无数矿工的生命。随后，母亲给我介绍了旁边的兰道灯，这种安全灯是她的父亲在19世纪70年代发明的——基本上是在戴维安全灯的基础上巧妙改造而来。因此，戴维在我心中就像先祖一样，差不多算是家人了。

　　戴维生于1778年，成长时恰逢拉瓦锡的化学革命开端。那是一个发现的时代，是化学逐渐走向成熟的时代，多个重大的理论在这个时代萌芽。戴维是一个工匠的儿子，曾在英格兰彭赞斯的一位外科药剂师手下做学徒。做了没多久，他心中有了更远大的志向，尤其被化学所吸引。他熟读拉瓦锡的《化学原理》，掌握了其中的方法，当年他还只有18岁，也没怎么受过正规教育，能有这样的成就，实在是了不起。他在心中酝酿着更伟大的愿景：他能成为新一代的拉瓦锡或者牛顿吗？（他在这个时期有一本笔记，封面就写着"牛顿和戴维"。）

　　这时，拉瓦锡还没有完全摆脱燃素说的幽灵，认为热量或卡路里是一种元素。戴维的第一个重大实验就是通过摩擦使冰融化，由此证明热量是由运动产生的，是一种能量形式，并非像拉瓦锡想象的那样，是有形的物质。戴维欢欣鼓舞："卡路里或热量的流动并非实体，如今已经得证。"他在长篇论文《论热与光》中公布了实验结果，不仅批判了拉瓦锡的观点，同时阐释了自己期望建立的新化学愿景，誓要荡涤炼金术和形而上学的残余。

化学家托马斯·贝多斯[①]听闻戴维的才华，了解到他对物质和能量的开创性观点，便帮戴维发表了论文，还邀请他加入自己在布里斯托的气动研究所。戴维在这里分析了几种氮的氧化物（最早由普里斯特利分离出来）——一氧化二氮（N_2O）、一氧化氮（NO）、有毒的棕色过氧化物二氧化氮（NO_2）——详细比较了它们的性质，笔触生动地记录了吸入"笑气"一氧化二氮的效果。戴维关于吸入一氧化二氮的心理洞察，与百年之后威廉·詹姆斯[②]对个人同种经历的记录有着异曲同工之妙。戴维的笔记或许是西方文献中第一次描述幻觉经历的：

> 震颤的感觉几乎瞬间从胸口传到四肢……我眼花缭乱，看到的物体明显放大，能够清晰地听到屋内的所有声音……随着快感不断增强，我与外界彻底隔离；一系列生动的图像在我脑中闪过，图像由文字连接在一起，感官极为新奇。此时我所在世界的内部联系是全新的，思想也是全新的。我建构理论，想象自己做出了新发现。

戴维还发现一氧化二氮可以做麻醉剂，并建议将其应用在外科手术上。（他没有继续这方面的研究，全身麻醉在19世纪40年代才投入使用，那时他已经去世。）

1800年，戴维读了亚历山德罗·伏打[③]介绍世上第一块电池的论文，伏打称其为"电堆"，在两块不同的金属中间夹上一片浸过盐水的硬纸板，就能发出稳定的电流。尽管此前的一个世纪，已有人研究过闪电或火花放电等静电，但直到这时人们才第一次获得稳定的电流。戴维后来写道，伏打的论文如洪钟一般唤醒

---

① 托马斯·贝多斯（Thomas Beddoes, 1760—1808），英国医生、化学家。

② 威廉·詹姆斯（William James, 1842—1910），美国心理学之父，也是教育学家、实用主义的倡导者。在美国首创实证心理学实验室，系统地阐述了实用主义理论，对英语国家产生巨大影响。著有《心理学原理》《宗教经验类型》等著作。

③ 亚历山德罗·伏打（Count Alessandro Giuseppe Antonio Anastasio Volta, 1745—1827），意大利物理学家，因在1800年发明伏打电堆而著名。

了欧洲的实验科学家，也唤醒了他自己。他突然之间发现了毕生研究的方向。

伏打的论文发表之后几个月，戴维说服贝多斯建造一座巨大的电池组——将100块6平方英寸（约合38.7平方厘米）的铜锌双层板连在一起，占了整整一间房——开始了他的实验。戴维立刻就发现电流是由金属板的化学变化产生的，于是思考反向操作是否也可行——可否通过电流诱发化学变化。

卡文迪什已经证明过，用电火花点燃氢气和氧气就能生成水。[①] 戴维想，

---

① 尽管卡文迪什是最早观察氢气与氧气混合爆炸后生成水的人，他却是用燃素理论解释的这种反应。拉瓦锡了解到卡文迪什的实验，做了复刻，正确地解释了实验结果并宣称这是自己的发现，丝毫没有提及卡文迪什。卡文迪什对此毫无反应，其实他对世间的一切俗事都漠不关心。卡文迪什虽然与波义耳、普里斯特利和戴维一样通人情，是不世出的人才，性格却迥然不同。卡文迪什的成就斐然，涉及范围极广，他发现了氢气，在热力学与电学研究方面也有出色的成果，还相当精确地推算出地球的重量。他的一生堪称传奇，可令人惊叹的是，他深居简出（他很少与他人说话，并坚持要求仆人通过文字与他交流），视名利如粪土（他的祖辈是公爵，大半都是英格兰的首富），处理人际关系的态度直率且令人难以理解。我读了更多关于他生平的记录，深受触动，也更加困惑不解。卡文迪什的传记作家乔治·威尔逊在1851年写道：他与众不同，不爱，不恨，没有期待，不会恐惧，也不会去崇拜。他与人隔绝，显然也不拜上帝。他天性并不热切、不热情，没有英雄主义或侠义精神，而且也同样没有刻薄、奴颜婢膝或卑鄙的意识。他几乎没有任何情感。他只欣赏纯粹的智力，厌恶一切的幻想、想象、情感和信仰。他有智慧的头脑思考，敏锐的双眼观察，灵巧的双手做实验、做记录，我在阅读他的笔记时只留下这些印象。他的大脑宛如一台计算器；他的目光如炬，不会泪如泉涌；他的巧手操控仪器，不会因情感起伏而颤抖，也不会因爱慕、感激或绝望而扣紧；他的心脏只是解剖学概念中的一个器官，用于完成血液循环……

然而，威尔逊继续写道：

卡文迪什与人保持距离、不与人交往，并非因为高傲或目空一切。他感觉与世人之间有一道无法逾越的鸿沟，隔着这道鸿沟，想要握手或打招呼都是徒劳的。他与世人之间的隔膜使他远离社会，离群索居，不过，他这样做并非自视清高，而是因为对个人性格弱点的清醒认识。他就像一个独坐的聋哑人，远处有人围坐一圈，看他们的表情和动作应该是在听音乐或辩论，但他与他们的欢喜并不相通。于是，他住到远处，与这个世界作别，成为科学的隐士，像古代的僧侣一样，闭关静修。他有这个王国已经足够了，透过一扇小窗，他便能看到自己关心的整个宇宙。他是这个王国的君主，将皇家的礼物赐予臣民。他是同族的恩人，却无人念及他的恩情；他耐心地教导、服务世人，世人却因他的冷淡而退缩，嘲讽他的古怪……他不是诗人，不是牧师，也不是先知，他只是一个冷淡清醒的智者，散发出纯净的白光，照亮一切，却不会带来温暖——在智慧的苍穹上，他是数一数二的明星。

多年后，我重读威尔逊这本令人拍案叫绝的传记，好奇卡文迪什是患了什么"病"。牛顿嫉妒、猜疑，充满敌意，争强好胜，这些情绪上的特点表明他有严重的神经衰弱症；而卡文迪什的疏离和坦率更像是自闭症或阿斯伯格综合征。我这才想明白，威尔逊所写的这本传记，或许是最全面记述一位自闭症天才的人生和思想的作品。

——作者注

利用新发现的电流，能否将水变回氢气和氧气？于是，他开始了第一次电化学实验，在水里通电（他在水中加了一点酸，增强导电性），证明了水可以分解，电池的两极分别生成了氢和氧——几年之后，他才证明了生成的氢和氧有固定的比例。

有了这块巨大的电池，戴维发现不仅能电解水，还能加热金属线：可以把铂丝加热到炽热；如果给两根碳棒通电，然后将它们稍稍分开，碳棒之间就会闪出一道耀眼的"弧光"。（他写道："弧光极其明亮，相比之下，阳光也显得暗淡了。"）戴维就这样在不经意间发现了两种最主要的电力照明方式：白炽照明与弧光照明——但是他并没有继续这方面的研究，转而去做其他研究了。[1]

拉瓦锡在1789年列出了元素表，其中包含了苦土、石灰和重土等"碱土"，因为，他认为这些物质中包含着新元素。戴维在此基础上又加入了纯碱和钾碱等碱金属，因为他估测这些物质中也含有新元素，只不过暂时没有相应的化学手段将其分离出来。戴维心想，普通化学方法无法实现，利用新发现的电力能否达成呢？他先拿碱金属做起了实验，在1807年年初完成了著名的实验，利用电流分离出金属钾和钠。戴维的实验室助理记录说，实验成功之后，戴维欣喜若狂，在实验室里开心地跳起了舞。[2]

我平生最大的乐事之一就是在自己的实验室里重复戴维的原始实验。我把自己想象成戴维，感觉就像是自己发现了那些元素。我读过他发现钾的经过，也了解了钾遇水之后的反应，于是切了一小粒的钾来做实验（钾就像奶

---

[1] 利用电解法获得理想可燃比例的氢和氧极为简单，可产生前所未有的超高温的氢氧吹管随即被发明出来。有了这种氢氧吹管，人们就可以熔化铂金，还可以把石灰烧到极高温，使其持续放射前所未见的明亮光芒。

——作者注

[2] 60年后，门捷列夫称戴维分离出钠和钾是"科学史上最伟大的发现之一"——因为他开创了一种新的、非常有效的化学研究方法，定义了金属的关键特性，展现了元素具有类属，暗示了化学种族的存在。

——作者注

油一样柔软，切面闪烁着明亮的银白色光泽，但很快就暗淡下来）。我小心翼翼地把那一粒钾放到一个盛满水的水槽中，然后退到一旁——退得还不够快，钾瞬间就着火了，熔化成一个小球，在水面上疯狂转圈，冒出紫色的火焰，发出噼里啪啦的巨响，火花四射。几秒钟之后，那颗小球就燃烧殆尽，水槽里又安静了下来。但这时水变得温热，好似肥皂水；水槽中的水已经变成碱性的氢氧化钾溶液，可使石蕊试纸变蓝。

钠比钾便宜得多，而且反应也没有那么剧烈，于是我决定在户外观察它的反应。我取了一大块的钠，差不多有 3 磅重，又找来埃里克和乔纳森两个最要好的朋友，来到汉普特斯西斯公园的海格特池塘。我们抵达之后，先爬上了一座小桥，然后我用夹钳从储存油瓶中取出了钠，扔到下面的水里。那块钠立刻就着了火，像颗发狂的流星一样，在水面上飞速转着圈，表面燃起一大片黄色的火焰。我们都高兴坏了——这就是化学的力量！

碱金属家族中还有一些金属的活性比钠和钾的还要强，比如铷和铯（碱金属家族中还有最轻也是最不活跃的锂）。取 5 种金属各一小块，放入水中，对比它们的反应，会非常有趣。不过做这个实验一定要小心，要用钳子，实验者和旁观者都得戴上护目镜：锂会稳稳地漂在水面上，与水反应之后产生氢气，直到最后彻底消失；钠则会在水面上四处转动，发出剧烈的滋滋声，如果用的钠块比较小，与水接触时不会着火；钾则不同，一碰到水就会着火，冒出淡紫色的火焰，还会向四周喷射自身的小液滴；铷的活性更强，会溅射剧烈的紫红色火焰；至于铯，我发现它一碰到水就会爆炸，玻璃容器都会跟着震动起来。做过这个实验之后，你就再也不会忘记碱金属家族的特性了。

戴维发现钠和钾之前，人们普遍认为金属是坚硬的、致密的、难以熔化的。如今，人们见识到这么一类金属，像奶油一样柔软，比水轻，易熔，化学反应剧烈，而且极易与其他物质化合。（戴维惊讶于钠和钾的易燃性，加之二者能够浮于水面，因此不禁怀疑地壳中是否有钠和钾的矿藏会遇到水之后爆炸，从而造成火山爆发。）碱金属到底能不能被视为真正的金属？仅仅两个月之后，戴维再次论及这个问题：

> 被问及这个问题的哲人很多，他们的回答都是肯定的。他们都赞成金属的特性包括不透明、有光泽、有延展性、能够导电导热，而且能够发生化合反应。

戴维最早成功分离出碱金属之后，又继续研究碱土金属，并采用了电解的方法。仅仅过了几星期，他又分离出钙、镁、锶和钡等四种金属元素。它们都和碱金属类似，化学性质非常活跃，能够燃烧，火焰的颜色五彩缤纷。这些金属元素明显又组成了另外一个元素种族。

自然界中并不存在单质碱金属，也没有碱土元素金属——这些元素的化学性质太活跃，极易与其他元素化合。[①] 我们看到的都是由这些元素组成的简单或复杂的盐类。盐类在结晶状态下通常不导电，但溶解于水或处于熔化状态时则会导电；通电可以分解这些盐类，一个电极产生金属（如钠），另一个电极产生非金属元素（如氯）。戴维由此想到，组成盐类的元素应该是带电粒子——否则，它们为什么会被电极吸引？为什么钠总是出现在一个电极上，而氯则出现在另外一个电极上？后来，戴维的学生迈克尔·法拉第[②]将元素的这种带电粒子称作离子，并进一步将之分为阳离子和阴离子。钠在带电

---

① 钾极为活跃，因而成为强大的新工具，用于分离其他元素。戴维在发现钾之后一年，就利用它从硼酸中分离出硼。他还尝试用同样的方法分离硅，却没有成功（贝采里乌斯在1824年成功了）。几年之后，他又利用钾分离出铝和铍。

——作者注

② 迈克尔·法拉第（Michael Faraday, 1791—1867），英国物理学家、化学家。毕生在许多方面都有重大贡献。主要有：使氯液化；发现苯和两种新的氯化碳；得出法拉第电解定律；发现电磁感应现象从而确定电磁感应定律，奠定了现代电工学的基础；研制出世界上第一台直流永磁发电机和第一台变压器；详细研究电场和磁场，发现磁场旋光效应（法拉第效应）。许多至今仍普遍采用的电学术语都以他的姓氏命名。

荷的状态下是一种强阳离子，而氯在带电荷的状态下是最强的阴离子之一。

　　电解法给了戴维启示，使他认识到物质本身并非无活力的，并非像牛顿认为的那样由"万有引力"吸引在一起，而是带有电荷，由电力作用聚合在一起。这时，戴维推测，化学亲合力就是电动力。在牛顿和波义耳看来，宇宙中只有万有引力一种力，不仅恒星和行星靠这种力成为一个整体，组成它们的原子也是靠着这种力聚合在一起。如今，戴维又发现了一种宇宙之力，这种力不仅与万有引力一样强大，还能在几乎难以想象的微观化学原子世界中，作用于原子之间微小的距离。他感觉，质量的奥秘或许在于万有引力，而物质的奥秘则在于电。

　　戴维喜欢在公开场合演示实验，而他的展示演讲激昂振奋，精彩生动，效果非常劲爆。他的演讲内容，小到实验的小细节，大到对宇宙和生命的思考，内容包罗万象，而且他台风极佳，语言丰富，无人能及。[1] 他很快就成为英格兰最有名且最有影响力的演说家，每次演讲都万人空巷。就连当时最伟大的演说家柯勒律治[2]也去参加戴维的演讲，不仅学习化学知识，还声称要"更新我的修辞储备"。

　　在 19 世纪初期，文学与科学仍彼此交融——"感性分离"的潮流在不久之后才出现——戴维在布里斯托生活期间，与柯勒律治等浪漫主义诗人相交并成为挚友。戴维自己也写了大量的诗歌（也发表了一些）；他的笔记里有化学实验的详细记录，有诗歌，也有哲学思考；所有这些似乎都在他的头

---

　　[1] 作家玛丽·雪莱（Mary Shelley）孩提时，就被戴维在英国皇家学会的就职演说迷倒。多年后，她在《科学怪人》中写到瓦尔德曼教授的化学演讲时，就与戴维的用词非常相近。比如谈到流电（galvanic electricity）时，他说："一种新的力量得见天日，由此死物重组可成活人，过往仅有动物器官再生偶可为之。"

——作者注

　　[2] 塞缪尔·泰勒·柯勒律治（Samuel Taylor Coleridge, 1772—1834），英国诗人、评论家，欧洲浪漫主义神学的重要代表。柯勒律治的诗歌强调主体自我的作用，熔神奇的谈话风致、古朴的风味和瑰丽的风韵于一炉，代表作有《古舟子咏》《忽必烈汗》等。

脑中并存不悖。[1]

在这工业革命最初的繁荣期，世人对科学，特别是化学尤为渴求；科学似乎成为一种新的强有力的手段（没有任何不敬），不仅有助于理解世界，还可以使世界变得更好。戴维心怀这种乐观的情绪，亲身实践，他站在科学技术巨浪的潮头，裹挟着巨大的能量，承诺或是威胁要改变这个世界。戴维先是发现了6种新元素，又提出了新的照明方式，推动了重要的农业创新，开创了电化学理论，探究了物质乃至宇宙的电学理论——所有这些成就都是在30岁之前达成的。

1812年，身为木雕工之子的戴维，因其对国家的贡献被授予爵位，成为牛顿之后第一位获此殊荣的科学家。他于同年完婚，但婚姻似乎丝毫没有影响他的化学研究。他动身去欧洲大陆开启一段长期蜜月之旅时，打定主意要在旅途中继续实验，并到各处拜访其他的化学家，他随身携带了大批实验仪器和各种实验材料（"一台空气泵、一台电动机、一组伏打电池……一台吹管装置、一台风箱、一台专门处理水银和水煤气仪器、铂金和玻璃的杯子和盆，以及常用的化学试剂"）。他还带上了年轻的助手迈克尔·法拉第。（法拉第当年20出头，一直追随戴维，专注地倾听他的演讲，做了精彩翔实的记

---

[1] 大卫·奈特（David Knight）为戴维作传，他在这本精妙的传记中提到戴维兴趣广泛，各方面都颇有建树，还提到戴维和柯勒律治之间莫逆于心的奇妙关系，两人甚至一度计划共同组建一间化学实验室。柯勒律治在《朋友》一书中写道：

水与火、钻石与木炭……因化学家的理论有了交集，结为金兰……人类的头脑生出关联性的原理，因与自然相合而得以成立……我们在莎士比亚的作品中，发现经由深刻的洞察冥思，创造力将自然化作诗歌；若是如此，透过戴维的冥思观察……我们看到的也是诗歌，在自然之中具象化，成为实体：是啊，自然亲为我们撩开面纱……诗人成为诗歌！

在文学史上，利用化学意象"更新修辞储备"的作家，不止柯勒律治一人。"有择亲合力"经歌德使用，有了情欲的色彩；受过医学训练的济慈也酷爱使用化学比喻。艾略特在《传统与个人才能》一文中通篇都在使用化学比喻，文章高潮处用了一个充满诗情画意的戴维式比喻："类比就如催化剂……诗人的心一如铂金碎片。"

——作者注

录，还加了注解，以此获得戴维的青睐。）

戴维在巴黎期间，安培[1]和盖－吕萨克带了一样东西来访，想听听他的意见。他们从海藻中提取了一种亮黑色的物质，这种物质有着奇怪的特性，加热时不会熔化，而是立刻变成深紫色的蒸气。一年前，戴维证明舍勒发现的黄绿色"盐酸气"是一种新元素氯。此时，戴维对这种固体产生了一种强烈的感受[2]，加之他擅长类推，立刻意识到这种有气味、易挥发、活跃性很强的黑色固体很可能与氯同族，是一种新元素。他的猜测不久之后就得到证实。他曾试图分离拉瓦锡的"氟自由基"，但没有成功，由此意识到其中含有的元素氟应该与氯同族，但是更轻，化学性质也更活跃。不过，他还感觉氯和碘的物理和化学特性差异太大，二者之间必然还存在一种中间元素，只不过尚未被发现而已。（确实有这样一种元素溴，但不是由戴维发现的，而是由年轻的法国化学家巴拉尔[3]于1826年发现。李比希[4]之前曾制备出这种发烟的红褐色液体，却误将其认作"液态氯化碘"。李比希得知巴拉尔的发现

---

[1] 安德烈－玛丽·安培（André-Marie Ampère, 1775—1836），法国物理学家，电磁学的开拓者。致力于电流间相互作用力以及电流与磁场关系的基础研究。总结出安培定律、安培定则和分子电流等。首次制造出测量电流的电流计。量度电流的单位以其姓氏命名。

[2] 伟大的化学家李比希曾在自传中形象地描述过这种感受：

（化学）培养了我通过现象来思考的能力，化学家比之其他的自然哲学家，在这方面的能力尤为突出；如果一个人无法像诗人和艺术家一样，将所见和所闻化作内心的想象图景，你就很难向他解释清楚一种现象……化学家具备一种思维方式，所有的想法都可以在头脑中具象化，好似奏起了一首想象的乐曲……

只有通过不断的训练，才能培养出这种通过现象来思考的能力。我的训练就是在书中读到一个实验，便会竭尽所能去重复……我无数次重复这些实验……直到彻底理解每一种实验现象……记忆中有了这种感觉，有了视觉记忆，对事物和现象的异同有了清晰的认知，这些在之后的日子里给了我很大的帮助。

——作者注

[3] 巴拉尔（Balard, 1802—1876），法国化学家，于1826年发现了一种性质介于氯和碘之间的物质。开始他认为这是氯和碘两种元素的化合物，便称之为氯化碘，但进一步试验使他相信这是一种新元素，便把它叫作溴。

[4] 尤斯图斯·冯·李比希（Justus von Liebig, 1803—1873），德国化学家。对无机化学、有机化学、生物化学等方面都做出过贡献，如发现异氰酸的异构体雷酸，改进有机物中碳、氢元素定量分析法，创制三氯乙醛、三氯甲烷及探究发酵和腐败的化学原理。他又把化学应用到农业生产上，提出植物的矿质营养学说，为农业化学的奠基人之一。

后，便将那瓶液体放入自己的"错误柜"中。）

离开法国之后，蜜月队伍乘马车来到意大利，戴维一路上仍继续实验：从维苏威火山周边收集晶体，分析山中自然通风口冒出的气体（戴维发现这些气体就是沼气，也就是甲烷），并首次对古代名作上取下的颜料样品做了化学分析（他宣称"不过是原子而已"）。

在佛罗伦萨，戴维在可控的条件下，用巨大的放大镜做钻石燃烧实验。尽管拉瓦锡证明了钻石具有可燃性，但戴维还是不愿相信钻石和碳是由同一种元素构成的。同一种元素构成差异巨大的不同实体极为罕见（此时红磷和硫的同素异形体尚未被发现）。戴维怀疑这或许是原子"聚合"形式不同造成的，但是直到很久以后，结构化学兴起，这种情况才有了明确的定义（钻石之所以非常坚硬，是因为其原子晶格呈四面体结构，而石墨之所以柔软滑腻，则是因其层状平面呈正六边形结构）。

蜜月之后，戴维返回伦敦，随即迎来一生最大的挑战。此时，工业革命方兴未艾，煤炭的消耗量越来越大；因此，煤矿也越挖越深，如今的矿井里会溢出易燃有毒的"瓦斯"（甲烷）和"窒息性气体"（二氧化碳）。将金丝雀关进笼子里，放到矿井下，可以预判窒息性气体是否存在；但是瓦斯的预警往往是致命的爆炸。当务之急是要设计一种矿灯，可以让矿工带进漆黑的矿井深处，且不会引爆瓦斯。

戴维观察到很重要的一点，他发现只要保持低温，火焰就不会透过金属网或纱布。[1] 他利用这个原理，制作了很多不同类型的灯，其中最简单且可靠的是一款油灯。油灯外面罩着金属网，只有空气可以自由进出。这款灯经过改良，于1816年开始试用，结果证明这种灯不仅安全，还让人可以根据

---

[1] 戴维继续研究火焰，安全灯发明一年后，就出版了《关于火焰的一些哲学研究》。40多年后，法拉第重拾这个主题，在皇家学会做了著名的《蜡烛的化学史》讲座。

——作者注

其火焰的状态有效判断瓦斯浓度。

戴维进一步研究之后发现，把铂丝放入爆炸性混合物中，铂丝就会变得红热，并微微闪光。他还发现了催化作用的妙用：铂族金属之类的物质表面会持续发生化学反应，本身却没有损耗。因此，厨灶上的白金环通上煤气就会微微发光，然后变得红热，点起炉火。这种催化原理未来在数以千计的工业流程中都是不可或缺的。[①]

我直到后来才意识到，日常生活中到处都是戴维及其发明的身影，有电镀餐具，有催化式煤气点火环，有摄影（戴维是最早尝试摄影的人，制成了皮革照片，30多年后才有人还原了这项技术），还有电影院放映机里使用的耀眼的弧光灯。曾经比黄金还要昂贵的铝（众所周知，拿破仑三世给宾客使用的是金盘，自己则用铝制餐具），由于戴维发明的电解法，才便宜下来，得以广泛使用。我们生活中诸多的化学合成品，从人造肥料到亮闪闪的胶木电话，都是由于奇妙的催化作用才得以制成。不过，我最喜欢戴维的地方还是他的个性，他不像舍勒那般谦虚，也不像拉瓦锡那样稳重，而是永远像少年一般充满活力和热情，富有冒险精神，偶尔还会有一些危险的冲动——他总是在走极端的边缘试探——因此，我才会对他充满想象。

---

① 德国化学家德贝莱纳（Döbereiner）以戴维对催化的观察为基础，于1822年发现，铂经过精密切割，不仅可以白热化，还可以点燃在它上方通过的氢气。他据此设计了一款灯，灯体是一个密封的瓶子，瓶中有一片锌，可以向下活动浸入硫酸中，产生氢气。打开瓶塞，氢气就会冲进装有小块铂棉的小容器，立刻燃烧起来（火焰几乎是隐形的，很危险，所以人们使用这种灯时必须小心，以免被烧伤）。不到5年的时间，德国和英格兰就有2万盏德贝莱纳灯在使用。戴维亲眼见证了催化作用的实际应用，点亮了千家万户，因此备感欣慰。

——作者注

12
影像

摄影是我的另外一个爱好。我的小实验室满满当当，还经常要充当暗房。要说是什么吸引我喜欢上摄影的，我想应该与摄影中使用的化学药剂有关。我的手上经常沾着显影剂，闻起来好像有硫代硫酸钠制成的海波定影液的味道。与摄影专用的灯有关，有深宝石红的暗室安全灯，有巨大的闪光灯，闪光灯里塞满了闪亮、卷缩且易燃的镁丝或铝丝，偶尔也会用锆丝。与光学镜片有关，世界变成小小的平面影像，投射在毛玻璃屏上；与有趣的光圈、焦距和不同的镜头有关。还与摄影中使用的各种神奇的感光乳剂有关。当然，最令我着迷的还是摄影的过程。

摄影可以将非常私密的、转瞬即逝的感觉转化成客观、永恒的影像，特别是像我这样不会画画的人，这种用处自然也吸引了我。我的这种兴趣早在"二战"之前就被燃起，当时我翻看家庭相册，特别是我出生以前拍摄的照片，有20世纪20年代的沙滩景色和更衣车，有世纪之交的伦敦街景，还有祖辈在19世纪70年代的照片，他们在照片里的表情和姿态都很僵硬。最珍贵的要数19世纪50年代用达盖尔银版摄影法拍摄的几张照片，装在特制的相框里；相片细节生动，有柔光处理，与后来的相纸照片相比，更精细、更明艳。母亲最珍爱的是她的外婆朱迪斯·魏斯科普夫于1853年在莱比锡拍摄的一张照片。

在家庭照片之外，还有广阔的世界可以欣赏。书刊和报纸上刊印的照片，有些意象生动，深深地触动了我，就像水晶宫失火的夸张照片（这张照片印证了我对这个事件的最初记忆，抑或是勾起了我的回忆），还有巍峨的飞艇在空中飘浮的照片（还有一张齐柏林飞艇失火坠毁的照片）。我喜欢有远方的人和地点的照片，《国家地理》杂志里的照片几乎每一张都属此类。这本封面带黄边的杂志，每个月都会寄到我家。而且《国家地理》杂志里有彩色照片，深得我心。我曾见过手工上色的照片——博迪姨妈最擅长给照片上色——但还从未见过真正的彩色照片。当时，我读了 H.G. 威尔斯 [1] 的一篇短篇故事《布朗罗报纸的怪诞故事》，讲的是某一天，布朗罗没有像往常一样收到 1931 年的报纸，而是收到一张 1971 年的。布朗罗先生最初意识到有离奇事情发生，就是因为看到这份报纸上竟然刊登着彩色照片——对于生活在 20 世纪 30 年代的布朗罗来说，这是不可思议的事情：

> 他这辈子都没见过这样的彩色印刷品——而且照片里的建筑、景色和服装都是陌生的。虽然陌生，但也可以理解。这些彩色照片中出现的是距今 40 年后的世界。

我看着《国家地理》杂志里的照片，有时也有这种感觉；这些照片中的也是灿烂多姿的未来世界，已与过去的黑白世界作别。

不过，我还是更欣赏老照片，喜欢那种模糊又精致的泛黄色调——家庭老相册中有很多这样的照片，有一次我在杂物间里发现的一堆旧杂志里也有不少。1945 年，我对时代的变化已经有了很清晰的感知，深知战前的生活一去不返。幸好还有照片留存了记忆。以前随手拍下的照片，如今特别宝贵。那些战前暑假的照片，有亲朋好友沐浴在 1935 年或是 1938 年的阳光下，对可怕的未来浑然不觉的样子。照片可以捕捉时光，完好地封存时间，将其定

---

① 赫伯特·乔治·威尔斯（Herbert George Wells, 1866—1946），英国著名小说家，他创作的科幻小说对该领域影响深远，如"时间旅行""外星人入侵""反乌托邦"等都是 20 世纪科幻小说中的主流话题。1895 年出版《时间机器》一举成名，随后又发表了《莫洛博士岛》《隐身人》《星际战争》等多部科幻小说。

格在银版中，这在我看来着实神奇。

我一直渴望自己拍照，记录场景、物件、人物、地点，还有时刻，趁它们还没有改变或消失，或是随着时光消逝，在记忆中变了模样。1945 年 7 月 9 日，我在 12 岁生日那天，就拍下了一张马普斯伯里路沐浴在晨光中的照片。那天早上拉开窗帘的一刻，我便想永远留存眼前的景象。（我至今还保留着那张照片。其实我照了两张，准备设计成一对立体照片，做成红绿的立体彩相。如今已经过去大半个世纪，它几乎取代了真实的记忆，我闭上眼睛，回想童年马普斯伯里路的景象，眼前浮现的都是我拍的那张照片。）

我如此做记录也是因战争不得已而为之，看似永恒的东西，在战争中也会被摧毁，消失不见。有了照片记录，我才不会忘记。"二战"之前，我们的前院围着精美结实的铁栏杆，但是 1943 年，我回到老家，发现栏杆已经不见了。我因此心神不宁，甚至开始怀疑自己的记忆。"二战"之前，家中的院子真有这样的围栏吗？或是我心怀诗意的幻想，凭空造出的这些围栏？后来，我看到儿时照片中的自己倚靠在围栏上，心下知晓围栏真实存在，不禁如释重负。还有我记忆中在奇切利路上的克里克伍德钟，少说得有 6 米高，钟盘是金色的。或许我的记忆出了问题，1943 年，这座大钟也消失了。威尔斯登格林有一座类似的大钟，我想可能是自己搞混了，以为临近的克里克伍德也有一座同样的大钟。多年后，我又在一张照片上看到了这座大钟，知道那并非自己的凭空想象，又长舒了一口气（因为战事所迫，国家急需钢铁，铁围栏和那座大钟都被征用了）。

消失的威尔斯登剧场也是同样的情况，我也不知道这座剧场到底有没有真实存在过。在我的想象中，就算问起他人，他们也必然会说："威尔斯登剧场啊！这孩子在想什么呢？威尔斯登什么时候有过剧场！"直到我看到一张老照片，心中的疑惑才消散，终于认定有过这样一座剧场，只不过它在战争中被炸弹夷为平地了。

1949 年，我读了刚问世的小说《1984》，发现书中描写的"记忆空洞"

非常恐怖，它引发了我的共鸣，因为这与我对自身记忆的怀疑如出一辙。读过这本书之后，我的日记写得更频了，照片也拍得更多了，确认过往的需求也变得更强烈——我开始对古籍和各种各样的古物产生兴趣，研究族谱和考古学，对古生物学尤其投入。小时候，琳恩姨妈带我认识了化石，如今，我将化石看作现实真实存在的担保。

因此，我很喜欢附近街区和伦敦的老照片。这些照片好似记忆的延伸，佐证了我的身份，将我锚定在时间和空间中，证明我是 20 世纪 30 年代出生在伦敦的英格兰男孩。这里的伦敦也是我父母那一代亲友成长的地方，威尔斯、切斯特顿①、狄更斯和柯南·道尔归来也能认出来。我凝视着老照片，有本地的，有历史档案，也有家庭老照片，从这些老照片中探寻自己的根，探寻真我。

如果说摄影中暗藏认知、记忆和身份，那么它同样也是一种模型、一个微缩宇宙和一门科学——而且是一种特别甜蜜的科学，化学、光学和认知于这门科学中结合为一个不可分割的整体。按下快门，拍下胶片，然后把底片送去冲印，这个过程当然令人激动，但兴奋感有限。我想理解、掌握摄影的每一个流程，要用自己的方式去操控。

我对早期摄影史以及与摄影技术发展相关的化学研究特别感兴趣：早在1725 年，最初人们是如何发现银盐遇光会变黑的；汉弗莱·戴维及其好友化学家托马斯·韦奇伍德是如何在浸泡过硝酸银的纸或白色皮革上留下叶子和昆虫翅膀轮廓图案的，又是如何用相机照相的。可惜他们无法将拍摄的照片定影，只能在红色的灯光或烛光下观赏，否则照片就会完全变黑。我很疑惑，戴维这样一位对舍勒的研究如数家珍的大化学家，为什么没有使用舍勒

---

① G.K.切斯特顿（Gilbert Keith Chesterton, 1874—1936），英国作家、文学评论家。他创造的最著名的角色是牧师侦探布朗神父，《布朗神父探案》是英国著名推理小说之一，首开以犯罪心理学方式推理案情之先河。

的发现，利用氨"固定"照片（利用氨去除多余的银盐）。如果当时他这样做，就能提早发现定影技术，或许能成为摄影之父，也就不必等到19世纪30年代，福克斯·塔尔博特[①]和达盖尔[②]等人才利用化学试剂冲洗、定影出永恒的照片。

我们家离表哥沃尔特·亚历山大家很近（闪电战时，邻居家落下一枚炸弹之后，我们就是逃到沃尔特家避难的）。尽管我们年纪相差很大（他是我的亲表哥，却年长我30岁），但是关系很亲密，因为他是专业的魔术师和摄影师，为人风趣开朗，喜欢各式各样的魔术招数和错觉。正是沃尔特带我来到他那亮着红色灯光的暗房中，在我面前冲洗了一卷胶片，让我见识到照片逐渐显现的魔力，从而引我走进了摄影的世界。他把胶片放在装有洗印药水的托盘里来回漂洗，最初是一点点模糊的图像——是真的出现了图像，还是幻觉作祟？——越来越深，细节越来越丰富，也越来越清晰，最后图像完全显现出来，画面生动，一张小巧完美的照片就呈现在眼前。

沃尔特的母亲露丝·兰道于19世纪70年代随兄弟几人去了南非。在那里用镜头记录下钻石热和淘金热初期的矿坑、矿工、旅店和新兴城镇。当年要拍出这些照片，需要相当的体力和胆量，因为她随时都要扛着巨大的相机和各种可能用到的镜头。1940年，露丝姨妈依然健在，外公与前妻的子女中，我只见过她一人。沃尔特继承了母亲的旧相机，自己也收藏了相当多的相机和立体镜。

那台原装的达盖尔相机配有碘熏盒和水银显影盒等全套装备，除了这台相机之外，沃尔特还有一台巨大的大画幅相机，前方的镜头朝上，底板和皮

---

① 威廉·亨利·福克斯·塔尔博特（William Henry Fox Talbot, 1800—1877），英国植物学家、物理学家及摄影先驱。多种摄影技术的发明者。1841年发明的卡罗式照相法第一次采用负片摄影，把原先的达盖尔式照相法大大向前推进一步。

② 路易-雅克-曼黛·达盖尔（Louis-Jacques-Mandé Daguerre, 1787—1851），法国画家。达盖尔照相法的发明者。1829年和尼埃普斯合作，试验成功世界首创的摄影技术：让涂有碘化银的铜板曝光后，熏以水银蒸气，再用普通食盐溶液定影，形成永久性图像。

腔一应俱全。这种相机用的是 8×10 英寸的片型胶片（他在摄影棚拍人物肖像时，仍然使用这种胶片）。他还有一台立体照相机和一台漂亮小巧的徕卡相机，用的是 ƒ3.5 镜头——我见过的第一个 35 毫米的微型相机。沃尔特徒步旅行时最喜欢这台徕卡相机；平时他更喜欢用带双镜头反光取景器的禄来福来相机。他还有几台 20 世纪初出产的特殊用途相机——有一台是私人侦探用的，看起来像块怀表，用的是 16 毫米胶片。

最开始我拍摄的照片都是黑白的——我只会冲印黑白照片，又想亲手操作——却不觉得这些照片"缺少"色彩。我的第一台相机是针孔相机，拍照效果极好，焦深很大。后来，我又有了一台简单的定焦箱式照相机，是在伍尔沃斯店里花两先令买的。之后，我又买了一台柯达折叠式相机，使用 620 胶卷。感光乳剂的感光度和颗粒度千差万别，很是令我着迷；感光度低的细颗粒可以拍摄出精致的细节，而感光度高的拍摄速度比低的要快上 50 倍，即使在夜里也能拍摄（不过拍出的照片画质不好，几乎不能放大）。我用显微镜观察过不同的感光乳剂，要看看银颗粒的真实模样，心中还想着能否将银盐颗粒做到极小，产出几乎没有颗粒的感光乳剂。

我很享受自己制作感光乳剂，虽然与现成的售卖品相比，我做的感光乳剂粗糙不堪，感光度也极差。我把 10% 的硝酸银溶液慢慢倒入氯化钾和明胶的溶液中，同时不停地搅拌。明胶中漂浮的晶体颗粒极小，感光度不算太高，因此我可以在红色灯光下操作。也可以把感光乳剂放在温暖的环境下数小时，这时颗粒最小的晶体就会溶解，附着到较大的颗粒上，感光度也会随之提高。经过这道"催熟"程序之后，就可以再加一些明胶，使溶液变成浓稠的果冻状，然后涂到纸上。

我也可以不用明胶，直接制作氯化银相纸。我先将纸置入盐溶液中浸泡，然后将纸置入硝酸银溶液中，生成的氯化银就会被纸中的纤维锁住。不管用哪种方法，我都能制作出自己的直印相纸。这种相纸恰如其名，可以直接与底片接触成相，也可以印出蕾丝或蕨类的轮廓，只不过需要在阳光直射下曝光几分钟才行。

曝光后直接用定影剂定型，照片往往会呈现丑陋的棕色。于是，我开始尝试各种调色实验。最简单的是深棕色调色法 ①——哎，并非如我期望的那样用乌贼的墨汁调色，而是用硫化银将图片中的银转化成乌贼色。我们也可以尝试金调色法——需要把相纸浸入氯化金溶液中，金属态的金附着在银微粒表面，就会显出蓝紫色调。如果在用硫化物调色之后再使用金调色法，就能得到硫化金，相片就会呈现美丽的红色。

我以此为基础，又迫不及待地尝试了其他调色法。用硒调色会呈现大红色，而用钯和铂调色的话，成像效果比普通银盐的效果更细腻清冷，质感更柔和。当然，最开始都是由银来成像，因为只有银盐可以感光，之后就可以用任何其他金属取代银了。用铜、铀或钒取代银都很容易实现。有一种特别狂野的调色法，就是把钒盐和草酸铁之类的铁盐混在一起，形成黄色的钒的亚铁氰化物和蓝色的亚铁氰化铁，二者混合就会形成明亮的绿色。我喜欢用一些绿色调的照片惹得爸妈不得安宁，绿色的太阳、绿色的脸，消防栓或双层巴士也都变成了绿色。我的摄影手册上还描述了其他金属的调色法，比如锡、钴、镍、铅、镉、碲和钼——我只能点到为止了，之前有些走火入魔，把所有能想到的金属都带进暗房做实验，却忘记了摄影的真谛。大概在这段时间，学校也注意到我这种没有节制的特点，在我的成绩报告单上留下了这样的评语："萨克斯大有前途，可不要走火入魔。"

沃尔特的相机藏品中有一台大得出奇——他说这就是彩色相机：里面有两个半镀银镜，将进入的光线分成三束，这三束光再通过不同的滤光镜投射到三个独立的感光底片上。沃尔特这款彩色相机源自 1861 年克拉克·麦克

---

① 英语为 sepia toning，sepia 是乌贼的意思，从乌贼中提取的颜料是深棕色的。

斯韦①在皇家学会所做的一个著名实验：麦克斯韦用红、绿、蓝三基色滤光镜拍摄一个彩色的蝴蝶结，拍出三张普通的黑白底片，再用配有相应颜色滤光镜的投影仪将这些黑白底片的图像投射出来。三台投影仪投射的影像完美重叠时，黑白照片就会变成全彩色照片。通过这个实验，麦克斯韦证明人眼能够识别的所有颜色都可以利用三基色调和而成，因为人类的眼睛并没有无数的颜色接收器，无法直接识别每一种色彩和波长，而是只有三种等效的"调谐"颜色接收器。

沃尔特曾用三台投影仪给我演示过这个实验，可我还是渴望自己动手，亲见黑白突然爆发为彩色的奇迹。我觉得用芬利彩色摄影术拍摄即时彩色照片是最刺激的。实际上就是使用有极细的红、绿、蓝三色网格的底片，先同时拍摄三张分色底片，然后用这张底片制作一张正片幻灯片，最后再将二者完全重叠在网格上。这些步骤很有难度，需要精细操作，但如果能将二者完美重叠，原本的黑白幻灯片刹那间就会变成全彩的。底片上极细的线看起来是灰色的，与幻灯片重叠之后，色彩如魔法般突然凭空显现出来。（《国家地理》杂志最初也使用芬利彩色摄影术，如果用放大镜观察，你就能看到照片上的细线。）

要制作彩色照片，得先冲洗三张颜色——青色、洋红色和黄色——互补的正片，然后将它们叠加在一起。尽管市面上已经有柯达彩色胶片可以自动完成这个步骤，但我依然喜欢令人愉悦的老式方法，用分色底片制作出青色、洋红和黄色的三张投影正片，再小心翼翼地把这些正片严丝合缝地叠在一起，色彩宛如用密码写入了三张单色照片中，此刻突然喷薄而出。

我变着花样尝试这个分色游戏，乐此不疲。我尝试将两种颜色而不是三种颜色的正片重叠在一起，观察效果如何；还会透过错误的滤光镜来看幻灯

---

① 詹姆斯·克拉克·麦克斯韦（James Clerk Maxwell, 1831—1879），英国物理学家、数学家，经典电动力学的创始人，统计物理学的奠基人之一。1873 年出版的《论电和磁》被尊为继牛顿《自然哲学的数学原理》之后最重要的物理学经典。

片。这些实验很有趣，而且具有启发性；我不仅通过这些实验创造出各种古怪的颜色，还懂得了如何欣赏眼睛和大脑之间简洁优雅的协作——通过眼睛和大脑的协作，我们能够非常有效地模拟摄影的三基色流程。

我们家还有几百张立体相——有很多放在长方形的硬纸板上，另外一些则放在玻璃板上——两张褪色的深棕色照片成一组，有阿尔卑斯山的风景，有埃菲尔铁塔，有 19 世纪 70 年代的慕尼黑（我的外婆出生在一个名叫贡岑豪森的小村庄，那里距离慕尼黑只有几千米），有维多利亚时代的海滩、街景和各种工业场景（有一张维多利亚时代的工厂立体相片特别引人注目，相片里还有蒸汽机为动力的长踏板；我在狄更斯的《艰难时世》中读到焦煤镇的段落时，脑海中浮现的就是这张相片的景象）。我很喜欢把这些两张一组的照片放进客厅的大立体镜中——一个巨大的木制器具，有底座，可以自行立住，还有个铜把手，用来调焦和更换镜头。这种立体镜如今依然很常见，只是不像 20 世纪初那般风行。透过立体镜看去，模糊的平面照片突然有了新的层次感，有了肉眼可见的真实景深，透着一种私密且特别的逼真感。透过立体镜看到的景物，浪漫而神秘，因为眼前是一个私密的凝固剧场——一个人的专属剧场。我感觉立体镜中的世界就像博物馆里的实体模型一样，好似可以置身其中。

立体相的两张照片之间必须有一定的视差，这是制造出视觉深度感的关键。我们根本就不知道两只眼各自看到了什么，因为两眼的视觉影像神奇地合二为一，形成连贯的单一影像。

视觉的深度感其实是大脑"虚构"出来的，这也就意味着人可以制造各种骗局、幻觉和魔术花招。我一直没能拥有一台立体相机，但我也有办法，就是连续拍两张照片，第一次拍摄之后会稍微移动一下相机。但是移动的距离不能太大，否则视差的效果就会太夸张，两张照片合成立体相之后，视觉深度感也会很夸张。我曾在硬纸管中固定了倾斜的镜子，做成超立体镜，由此，实际的瞳间距效果可达到 60 多厘米。这个超立体镜可以很好地展现远方建筑和山丘的不同景深效果，但是近处的东西就会显得很诡异——这就好似盯着别人的脸看时，他们的鼻子似乎是凸出来的。

将立体相中的两张照片对调会有怎样的效果，这个想法非常诱人。立体相很容易直接调换，不过也可以用短硬纸管和镜子制成幻视镜，使双眼看到的景物发生反转。通过幻视镜，远处的景物看起来比近处的更近，比如一张脸看起来可能就像凹陷的面具。这样会产生一种有趣的矛盾或错位：按我们的常识以及其他视觉线索，看到的景物应该是一番模样，但是通过幻视镜看到的景象又是另一番模样，随着大脑在不同的认知假设中转换，我们看到的景物也在不断变幻。[①]

我发现偏头痛发作时，也会有类似的解构和分解状态出现，视觉会发生奇怪的变化。我的色觉会短暂消失或发生变化；有时物体看起来像剪贴画一样是扁平的；有时，正常的动作在我眼里会变成一连串闪烁的定格图像，就像沃尔特将电影放映机调得特别慢时的影像。有时，我会失去半边视野，一边的东西看不到，看到的人脸也只剩下一半。我第一次遭遇这样的病情时，惊恐万分——我第一次犯病时才四五岁，还是在战前——我给母亲讲了我的情况，她说她也犯过类似的毛病，没那么厉害，过几分钟就好了。听了母亲的一番话，我反而期待偶尔犯犯病，心里想着下一次犯病会出什么情况（每一次偏头痛发作的情况都不尽相同），我好奇聪明的大脑又会搞出什么动作。或许

---

① 我对电影摄影也很感兴趣（虽然我从来没有尝试过拍电影）。这次又是沃尔特让我意识到电影其实没有真实的运动，只不过是一系列静止的图像经过大脑处理，在人脑中留下了运动的印象。他用电影放映机给我做了展示，降低放映速度，让我能看到静止的画面，然后加快速度，直到我突然产生画面在动的错觉。他有一台西洋镜，装置里有一个圆环上画了一些图案，还有一个留影盘，配上一摞画着图案的卡片快速转动时，也能产生类似的幻觉效果。因此，我才意识到，运动也与色彩和景深一样，都是由大脑产生的。

——作者注

就是这样在偏头痛和摄影的影响之下，多年之后，我才走上了现在的路。

迈克尔哥哥很喜欢威尔斯的书。我们生活在布雷菲尔德时，他曾把自己那本《最先登上月球的人》借给我。那是一本小开本的书，封皮是蓝色的摩洛哥皮革，插画和内容一样令我印象深刻：消瘦的月球人排成一列纵队，还有脑壳膨胀的大统领身处月球洞穴，用霉菌照得通明。我喜欢这次太空之旅表现出的乐观精神和兴奋之情，反重力材料的想法也深得我心。书中有一章题为"无限空间中的贝德福德先生"，讲的是贝德福德先生和卡佛尔先生进入球形小飞船（就和毕比①发明的深海球形潜水器一样，我见过照片），打开反重力材料制作的百叶窗，屏蔽掉地球的引力。月球人是我第一次在书中读到的外星人。读过这本书之后，我有时还会梦到他们。但是书中也有令人伤感之处，最后卡佛尔先生独自一人困在月球上，只有昆虫一般的月球人为伴，那种孤独寂寞，难以言传。

离开布雷菲尔德之后，威尔斯的《世界大战》也成为我的最爱，尤其是火星人的武器更是令我喜欢。那种武器能喷出一种密度极大的黑色气体（"从天空倾泻而下，落到地上，好似喷射出来的并非气体而是液体"），气体中含有一种未知元素，能与氩气结合——我了解氩气，这种惰性气体与地球上的任何元素都不能组成化合物。②

我很喜欢骑自行车，特别是在伦敦周边的乡间小路上，穿过一座座小村镇。读了《世界大战》之后，我决定追寻火星人的行进路线。我从霍塞尔启程，这里是火星人飞船着陆的地方。威尔斯的描写对我而言太真实了，按书中所写，沃金在 1898 年遭受火星人的热射线攻击，已经成为废墟。可等

---

① 毕比（Beebe, Charles William, 1877—1962），美国博物学家，为皮卡尔发明深海潜水器开辟了道路。
② 后来，我学到光谱知识，对威尔斯提到的这种未知元素就更感兴趣了。他在这本书开头部分称这种元素"在蓝色光谱区域有四条谱线"，可后来又说"在绿色光谱区域有三条明亮的谱线"——他真的不读一读前面写的内容？

——作者注

我骑车来到沃金时，发现这里完好无损，心中不禁讶异。来到小村谢珀顿之后，我又惊讶地发现村里教堂的尖塔还在——书中说这座尖塔被火星人的三叉戟夷为平地，而我已经把书中的描写当成了历史事实。还有每次走进自然历史博物馆，我都不禁想到"雄伟无比的（火星人）灵体标本"，威尔斯可是保证过，标本就在那里。（我在头足类动物展厅里寻找过这个标本。因为所有的火星人看起来都有点像八爪鱼。）

在威尔斯的书中，自然历史博物馆本身也成为断壁残垣，布满蛛网的展厅暴露在天光之下，公元 800000 年，时间旅行者在这里漫游过。之后每次来到博物馆，我都会将其破败的未来投射到当下，好似一段梦的记忆。威尔斯短篇故事中的伦敦奇幻热烈，彻底改变了我对这座无聊城市的认识。我知道有些地方要在特别的情绪状态下才能看到，就像墙中的门和魔法商店。

孩童时期，我对威尔斯后期的"社会性"小说不太感兴趣，还是更喜欢他早期的传奇故事。他的这些作品中有非凡的科幻推理，也有对人性弱点和死亡的诗意洞察。比如隐形人刚开始那么傲慢，最终死得却很可怜；再比如浮士德式的莫罗博士，最终被自己创造的生物杀死。

不过，他的故事中有特殊经历的普通人也随处可见：有个小店老板欣喜地获得能力，可以透过一只神秘的水晶蛋看到火星的景象；还有一个年轻人，在暴风雨中站到电磁铁的两极中间，视觉意识被转移到南极附近一块杳无人迹的石头上。小时候，我沉迷于威尔斯的故事和寓言（50 年后，仍有很多故事能让我产生共鸣）。"二战"之后的 1946 年，他依然健在，这使我产生一种急迫又欠妥的渴望，想去见见他。我听闻他就住在摄政公园①不远处的汉诺威排屋里，放学后或周末就时不时去到那里，期待着能一睹这位老人的真容。

---

① 摄政公园（The Regent's Park）是一座19世纪风格的大花园，是伦敦仅次于海德公园的第二大公园。

13

道尔顿先生的圆木块

我在实验室中做实验，逐渐认识到混合物与化合物是完全不同的。盐和糖几乎可以按任何比例混合。盐和水也能混合，盐会溶解在水中，但是将水蒸发之后，盐又能丝毫不变地恢复原样。我们也可以拿一块黄铜合金，合金中的铜和锌可以按原样分离出来。有一次我的补牙材料掉了出来，我通过蒸馏原原本本地提取了里面的水银。这些溶液、合金或是牙科用的汞合金都是混合物。大体上讲，混合物具有组成成分的性质（也可能外加一两种"特殊"性质——比如黄铜的硬度相对更高，盐水的凝固点更低）。但化合物则具有全新的性质。

　　18 世纪大多数的化学家都默认化合物的组成成分是固定的，其内部元素以精确且固定的比例组成——从应用化学的角度来看，也很难得出其他结论。在这方面一直没有明确的研究成果或重大发现，直到在西班牙工作的法国化学家约瑟夫 – 路易·普鲁斯特开始了系统性研究。他从世界各地搜集来各种氧化物和硫化物，经过一系列缜密的分析比较，很快便确认了所有真实化合物确实有固定的组成成分——不管这些化合物是如何制成的，也不管它们是从何处被发现的。比如红色的硫化汞，不管是实验室里制备的还是在矿石中提取的，水银和硫的比例永远不变。[1]

_____

　　[1] 然而，普鲁斯特的观点遭到克劳德 – 路易·贝托雷的挑战。贝托雷是当时著名的大化学家，也是拉瓦锡的拥趸（在化学命名法上也是合作者）。他发现了化学漂白剂，并以科学家的身份于 1798 年陪同拿破仑远征埃及。他通过观察发现，各种合金和玻璃的化学组成明显不同；因此，他坚持认为化合物的组成成分也是不断变化的。贝托雷还评论称，他在实验室中焙烧铅，铅的颜色会持续发生明显变化——这难道不正说明铅在不同阶段持续吸收氧吗？普鲁斯特辩称，铅在受热时确实会不断地吸收氧，并发生颜色变化，但他认为这是因为形成了颜色截然不同的三种氧化物：黄色的一氧化物、红色的铅和巧克力色的二氧化物——

南北两极之间，一种化合物的组成成分都是固定的。一种化合物的外观可能会因集聚方式不同而有所差异，但性质永远不会有差别……日本的辰砂和西班牙的辰砂组成成分是一样的；氯化银不管是产于秘鲁，还是西伯利亚，也都是完全一样的；全世界只有一种氯化钠、一种硝酸钠、一种硫酸钙、一种硫酸钡。这些都是事实，都是通过分析逐步验证过的。

1799 年，普鲁斯特将自己的理论总结为定比定律。他所做的分析以及神秘的定律引起了所有化学家的注意，令他们兴奋不已。尤其是在英格兰，曼彻斯特一所贵格教会①学校的普通老师约翰·道尔顿②受此启发，酝酿起影响深远的发现。

道尔顿数学天赋过人，年轻时便被牛顿的"微粒哲学"吸引。他曾研究过气体在粒子或"原子"层面的物理性质——气压、扩散和溶解等。道尔顿由此已经开始思考"终极粒子"及其重量的问题了。尽管他所做的是纯物理

（接上页）三种物质像油漆一样混在一起，在不同的氧化阶段，比例各不相同。他认为，几种氧化物可以按任意比例混合，但每种氧化物自身的组成成分比例是固定的。

贝托雷对硫化亚铁之类的化合物也有疑问，硫化亚铁中铁和硫的比例从来都不固定。普鲁斯特给不出明确的答案。直到后来人们对晶格有了一定的了解，明白了晶格内有缺陷和替代现象，这个问题才真正得到解答——硫可以在一定范围内替代硫化铁晶格中的铁，因此化学式可以在 Fe_7S_8 和 Fe_8S_9 之间变化。这种非化学计量化合物又被称作贝托雷化合物。

因此，从某种意义上讲，普鲁斯特和贝托雷都没有错，但是绝大多数的化合物都如普鲁斯特所说，有固定的组成成分。（或许普鲁斯特的观点成为主流也是历史的必然，正是在普鲁斯特的定比定律启发下，道尔顿才有了意义深远的发现。）

——作者注

① 贵格教会（Quaker）又称教友派或者公谊会，是基督教新教的一个派别。该派成立于 17 世纪，创始人为乔治·福克斯，因一名早期领袖的号诫"听到上帝的话而发抖"得名 Quaker，音译贵格会。

② 约翰·道尔顿（John Dalton, 1766—1844），英国化学家、物理学家。现代物理学奠基人之一。他第一个发现并确认雨的形成并非由于大气压的变化，而是由于气温的降低。1801 年发表了"气体分压定律"。1803 年发现"倍比定律"。1808 年提出原子学说。在化学方面，设计了化学符号制，提出了相对原子量，制成最早的原子量表，创立了原子论。著有《化学原理的新体系》。

136 .

学范畴的研究，可是当他听闻普鲁斯特的成果时，他突然领悟，想到这些终极粒子或许可以解释普鲁斯特的定比定律，甚至解释所有的化学问题。

在牛顿和波义耳的认知中，虽然物质的形态各有不同，但组成它们的微粒或原子却是完全相同的。因此，他们认为炼金术将一般金属转化为黄金也是有可能的，因为这个过程只不过是同一种基本物质的形态变化。[①] 如今，通过拉瓦锡的研究，元素的概念已经明确，道尔顿便认为原子的类型与元素一样多。每一种原子都有固定的"原子量"，这也决定了这种原子与其他元素结合时的相应比例。23 克的钠之所以总是能结合 35.5 克的氯，是因为钠和氯的原子量分别是 23 和 35.5。当然，原子量并非原子的实际重量，而是相对于氢原子等基准重量的比重。

了解了道尔顿的思想和他的原子论，我不禁狂喜，想到在实验室里从总体上计算出的比例和数字或许能够反映隐形微型的原子内部世界，原子在这个世界中舞蹈、碰撞、吸引和结合。我仿佛能以想象力为显微镜，窥视一个微小的世界，它是一个比我们所在的物质世界小了亿万倍的终极世界。

戴夫舅舅曾给我展示过一片金箔，这片金箔经过锤炼，几乎变得透明，光也可以透过，透过之后变成美丽的蓝绿色。他说，这片金箔只有几十万分之一厘米，也就是几十个原子的厚度。父亲曾给我展示士的宁之类的极苦物质，稀释百万倍之后，这样的物质仍然有苦味。我喜欢实验各种薄膜，洗澡时吹起肥皂泡——小心翼翼地把一些肥皂水吹成一个巨大的肥皂泡——观察油污在积水的路上散作五彩斑斓的油膜。这些都在某种程度上为我想象最微小粒子的微小程度做好了准备——组成几十万分之一厘米厚的金箔、肥皂泡和油膜的粒子。

---

① 牛顿最后的《问》（*Querie*）中也提出了一些想法，可以看作是道尔顿思想的预告：上帝能够创造不同大小和形态的物质粒子，这些粒子以不同的比例散布于它们所在的空间中，或许还具有不同的密度和力量。

——作者注

摄于 1902 年，我的外祖父母，马库斯·兰道与沙亚·兰道和 13 个孩子在海布里新公园的家中庭院。后排站立的分别是：米克、维奥莱特、艾萨克、亚伯、多拉、西德尼、安妮。坐着的分别是：戴夫、埃尔茜（我的母亲）、琳恩、我的外祖父母。前排：乔和多多。

1933 年，我在母亲怀中与马库斯、戴维、爸爸和迈克尔在一起。

摄于"二战"前，当时我 3 岁。

1939 年 8 月摄于伯恩茅斯，"二战"前全家最后一次游船之旅：戴维、爸爸、迈克尔、妈妈、我和马库斯。

摄于 1940 年冬，我短暂离开布雷菲尔德回家：爸爸、我、妈妈、迈克尔和戴维（大哥马库斯已经去上大学了）。

摄于 1943 年，我与霍尔小学的童子军队友在一起。

摄于 1946 年，我行受戒礼之前在家门前。

摄于 19 世纪 40 年代末，戴夫舅舅（左）和亚伯舅舅。

博迪姨妈。

琳恩姨妈，摄于"二战"后的德拉米尔。

然而，相比之下，道尔顿所揭示的真相更是无比激动人心：他所说的原子不仅是牛顿所谓的粒子，还跟元素一样具有很强的独立性——元素的特性正是源自原子。

后来道尔顿用圆木块制作了原子模型，我小时候在科学博物馆里见过原型。这种模型尽管简单粗糙，却激发了我的想象力，帮助我理解了原子是真实存在的。然而，并非所有人都会有这样的感受。在某些化学家看来，道尔顿的模型就是原子假设的缩影，是荒谬的。80 年后，杰出的化学家罗斯科[1]写道："原子就是道尔顿发明的圆木块。"

在道尔顿的时代，原子理论确实不易被人接受，甚至可能被认为荒谬至极。又经过一个多世纪，人们才发现了原子存在的铁证。威廉·奥斯特瓦尔德[2]就不相信原子存在，他在 1902 年出版的《无机化学原理》中写道：

　　观察化学作用，感觉物质似乎是由原子组成的……充其量也只能说有这种可能而已：而不是必然……不能因为图片与现实相符就被误导，将二者混为一谈……假设只是一种辅助的表现形式。

如今，有了原子力显微镜，我们可以"看到"甚至操纵原子。但在 19 世纪初，彻底超越当时的实验证据，提出原子假设，需要有极强的洞察力和无

---

[1] 罗斯科（Henry Enfield Roscoe, 1833—1915），英国化学家。与本生共同研究氯气和氢气的光化学反应，发现本生－罗斯科定律，奠定了光化学的基础。1869 年首先析离出金属钒，并明确其最高价态的氧化物为五氧化二钒。著有《基础化学教程》《道尔顿原子学说起源新论》等。

[2] 威廉·奥斯特瓦尔德（Wilhelm Ostwald, 1853—1932），德国物理化学家。在电化学、化学平衡和触媒作用等方面有独特的贡献。1885 年测定弱酸的摩尔电导率时发现奥斯特瓦尔德稀释定律。因他对催化剂、化学平衡和化学反应速度等方面的研究，获 1909 年诺贝尔化学奖。

比的勇气。①

1803年9月6日，道尔顿在37岁生日这天的笔记本上，详细记录了自己的化学原子理论。他最初可能太谦虚，也可能是信心不足，没有公开发表自己的理论（不过，他已经计算出6种元素的原子量——氢、氮、碳、氧、磷和硫——都记录在笔记本上）。但很快就有传闻说他发现了令人震惊的理论，著名化学家托马斯·汤姆逊②于1804年来到曼彻斯特与道尔顿会面。与道尔顿的一次简短交流，"改变了"汤姆逊，改变了他的人生。他后来写道："我像着了魔，一道明光在我的脑中炸裂，我只看了一眼，便看出这个理论的深远意义。"

虽然道尔顿曾向曼彻斯特文哲学会阐释过自己的一些想法，但直到汤姆逊发文介绍，他的理论才广为人知。汤姆逊的展示精彩绝伦，很有说服力，远超道尔顿自己的介绍。道尔顿在1808年出版的《化学哲学新体系》的最后几页，用生硬晦涩的文字介绍了原子理论。

但是，道尔顿知道自己的理论存在根本问题。比如，要把化合量或当量转化成原子量，就必须知道化合物的准确分子式，因为同样的几种元素，组合方式有时不止一种（氮就有三种氧化物）。因此，道尔顿假定，如果两种元素只组成一种化合物（就像氢氧组成水或氮氢组成氨），就会以最简单的比例组合，即1∶1。他认为这种比例肯定是最稳定的。因此，他认为水的分子

---

① 道尔顿在小圆圈中画一些符号，代表元素的原子，这会让人联想起炼金术和行星的符号。至于复合原子（即现在的"分子"），他则用更复杂的几何图形来表示——这就是结构化学的前身，又过去50年，这门科学才真正发展起来。

尽管道尔顿称自己的理论为原子"假说"，但他确信原子真实存在——因此他坚决反对贝采里乌斯后来引入的命名法，反对用元素名称中的一两个字母代表元素，坚决主张使用图标符号。直到生命终了，道尔顿始终激烈地反对贝采里乌斯的命名法，认为他的做法隐秘了原子的真实形态。1844年，道尔顿在维护原子真实存在的激烈辩论中突然中风，不幸去世。

——作者注

② 托马斯·汤姆逊（Thomas Thomson, 1773—1852），苏格兰化学家和矿物学家，他的著作促进了道尔顿原子理论的早期传播。其科学成就包括发明了糖度计，并命名了硅。

式（按现代命名法）是 HO，氧的原子量与当量相同，都是 8。同样地，他认为氨的分子式是 NH，而氮的原子量就是 5。

然而，就在道尔顿出版《新体系》的同一年，法国化学家盖－吕萨克证明，如果我们测量体积而不是重量，就会发现两体积的氢气与一体积的氧气结合，生成两体积的水蒸气。道尔顿对这些发现持怀疑态度（其实他自己很容易就能证明这些结论），因为他认为这样就要将一个原子分成两半，每个氢原子与半个氧原子结合。

虽然道尔顿曾论及"复合"原子，但他并未将分子（一种元素或化合物能自由存在的最小单位）和原子（化学变化中的最小微粒）明确区分开，相比前人也没有太大的进步。意大利化学家阿伏伽德罗[①]研究了盖－吕萨克的成果，提出了一个假设，认为相同体积的气体含有相同数目的分子。如果真是如此，氢气分子和氧气分子都将各含两个原子。氢氧反应生成水的化学表达式就是 $2H_2 + 1O_2 \rightarrow 2H_2O$。

回顾历史，我们发现阿伏伽德罗的双原子分子想法离奇地遭人忽略，甚至遭到几乎所有人的反对，反对者中也包括道尔顿。当时，原子和分子仍混淆不清，而且人们也不相信同类原子可以结合。将化合物水看作 H_2O 倒没有问题，但把氢分子看成 H_2 却根本无法令人接受。19 世纪初之所以很多原子量都是错误的，完全就是简单的计算错误——有些是实际的一半，有些是两倍，有些是 1/3、1/4，诸如此类。

格里芬的《化学游戏》是我做实验的入门书，该书出版于 19 世纪上半叶，书中很多分子式和原子量都和道尔顿的认识一样，是错误的。并不是说这些在实操中有多大的影响——而且实际上也不会抹杀格里芬的诸多优点。

---

① 阿伏伽德罗（Amedeo Avogadro, 1776—1856），意大利物理学家、化学家。1811 年发表了关于在同一温度、同一压强下，体积相同的任何气体所含的分子数都相同的"阿伏伽德罗假说"，并提出分子概念及原子、分子的区别等重要化学问题。由于他的论点不易理解，以致此假说在当时没有得到大家的赞同，后来经坎尼札罗用实验加以论证，到 1860 年才获得公认。

他的分子式和原子量尽管有错，但是他建议使用的试剂和用量却是完全正确的。问题出在解释上，正式的解释出了差错。

由于人们对元素分子的理解很混乱，加之很多化合物的分子式无法确定，到 19 世纪 30 年代，原子量的概念渐渐为人所唾弃，甚至连原子的概念也招致恶名。以至于法国的大化学家杜马①在 1837 年宣称："要是我说了算，就会从科学中抹除原子这个词。"

1858 年，阿伏伽德罗的意大利老乡斯坦尼斯劳·坎尼札罗②终于发现，阿伏伽德罗在 1811 年提出的假设，可以完美解决数十年来关于原子、分子、原子量和当量的混乱问题。坎尼札罗发表的第一篇论文与阿伏伽德罗的假说一样被世人所忽略。但是，等到 1860 年年底，化学家相聚德国卡尔斯鲁厄，参加了史上第一次国际化学大会，坎尼札罗的演讲抢尽了风头，终结了困扰科学界多年的难题。

这便是 1945 年的某一天，我走出实验室、买了一张科学博物馆图书馆的票时，我总结出来的一些历史。显然，科学史从来都不是按逻辑直线前进的，而是有跳跃、断裂、聚合和分化，有时会越出常规，会有重复，也会遭遇困境，走入死胡同。有些思想家很少关注历史，或许有很多创新的研究人员不了解前人和先驱的经历反而更好——就像道尔顿，如果他知道两千年来有关原子论纷繁复杂的历史纠葛，或许在提出自己的原子理论时会感觉更加困难。但是，也有一些人不断思索自己研究领域的历史，自身的成就也与这

---

① 杜马（Jean Baptiste André Duma, 1800—01884），法国化学家。曾发明杜马蒸汽密度测定法和氮的燃烧定量分析法。他依据醇的某些反应，证明乙醇中有乙基与甲基存在，结合维勒与李比希后来发现的苯甲酰基，奠定了有机化学中的基因理论。

② 斯坦尼斯劳·坎尼札罗（Stanislao Cannizzaro, 1826—1910），意大利化学家。1858 年提出有关原子量、分子量的正确概念和应用阿伏伽德罗定律及杜隆－珀蒂定律以求元素原子量的方法。在有机化学方面，其主要贡献是发现芳香醛类和碱液作用转变成相应的酸和醇的反应（坎尼札罗反应）。

些思索密切相关——显然，坎尼札罗就属于这一类人。坎尼札罗苦心孤诣，研究了阿伏伽德罗的成果，洞悉了其中的开创性意义，他借前人之力，加上自己的创造性，带来了一场化学革命。

坎尼札罗热切地期望自己的学生要熟悉化学史。他在一篇论述化学教学的精彩文章中，讲述了他是如何引导学生开展研究的："不遗余力地使他们置身……拉瓦锡同辈人的环境中"，这样他们就有可能像拉瓦锡同辈人一样，充分体会化学革命的力量以及他的瑰丽思想；这样再过几年，他们也有可能像道尔顿那样体验到耀眼的光，突然领悟。

坎尼札罗总结说："一个人要学习一门新的科学，往往要体验它的前世今生，经历这门科学历史革命的各个阶段。"他的话令我产生了强烈的共鸣，因为我也在重走化学史之路，重新探索化学发展的各个阶段。

14

力线

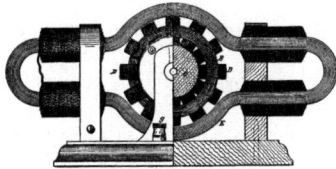

我很小的时候对"摩擦"生出的静电非常着迷，摩擦琥珀，就能吸起纸屑。我从布雷菲尔德回来之后，就开始阅读"电机"（用曲轴摇动某种不导电材料制作的圆盘或球体，在手上、布料上或某种垫子上摩擦）相关的书，利用"电机"制造剧烈的火花或强大的静电。制造这么简单的机器看似并不难，我第一次尝试制作就选了旧唱片做圆盘。那时的留声机唱片是用硬橡胶制作的，摩擦很容易起电，这种唱片只有一个问题，就是又薄又脆，很容易碎掉。第二次为了做一台结实的机器，我选择了厚玻璃板和一块有皮革覆盖并涂上了锌汞合金的垫子。利用这台机器，我就能制造出漂亮的火花；天气干燥时，火花能有几厘米长。（若是天气潮湿，所有东西都有导电性，就根本生不出火花了。）

我们可以把电机接上莱顿瓶——就是一个玻璃瓶，瓶内外都贴上锡箔，瓶口塞了一个金属球，通过一条金属链与瓶内的锡箔连接在一起。如果把几个莱顿瓶连到一起，就能获得相当可观的电量。我看书上说，18 世纪有人在一次实验中用这样一个莱顿瓶"电池"，给手牵手排成一排的 800 名士兵通电，电流差点电晕了这些士兵。

我还有一台维姆休斯特起电机，这是一台漂亮的机器，有可以旋转的玻璃圆盘和呈辐射状分布的金属放电装置，可以产出 10 厘米左右的巨大火花。维氏起电机的圆盘快速转动时，周围所有的东西都充满了电：流苏带了电荷，流苏线会散开；木髓球也会分开，你还能感觉到皮肤上有静电。这时，如果周围有尖锐的物体，就会有电流从这个物体上流过，形成明亮的小放电光球。用这股"电风"就能吹灭蜡烛，甚至使小型转子转动起来。我曾用简单的绝缘板凳——用4个水杯支起一块木板——给我的几个哥哥充了电，使他们的头发都立了起来。这些实验证明了同种电荷相斥，流苏中的每一根线和人的每一根头发，都带有同种电荷，而我第一次实验中摩擦琥珀吸引纸屑则是异种电荷相互吸引的表现。这便是异种电荷互相吸引，同种电荷互相排斥。

我很好奇，用维氏起电机的静电能否点亮戴夫舅舅的灯泡。舅舅什么也没说，只是给我一些直径不到百分之一厘米的银线和金线。我把维氏起电机的铜球与缠在卡片上约七八厘米长的银线连到一起，我刚转动起电机手柄，线就炸了，在卡片上留下一片奇怪的图案。我又拿来金线试了试，金线瞬间就蒸发了，变成红色的金蒸气。通过这些实验可以看出，摩擦生出的电力足够强，但是太猛烈，难以控制，所以不好利用。

在戴维看来，电化学中的引力就是异种电荷相互吸引——比如，钠离子之类的强金属阳离子和氯离子之类的强阴离子之间的结合。不过，他认为大多数元素都处于阳电性和阴电性之间的某个位置。金属的阳电性与其化学活跃性一致，还原或置换阳电性较弱元素的能力也符合同样的规律。

炼金师在做金属镀层或"金属树"时，应用的正是这种置换反应，只不过当时他们并不了解其中的原理。比如金属树，就是将锌棒等金属棒插入另一种金属盐类（如银盐）的溶液中生成的。由于银会被锌置换，金属银就会从溶液中析出，像一棵耀眼的银树一般长出枝叶。炼金师给这些树取了神话名称，因此银树又名达娜厄之树（Arbor Dianae），铅树又名土星之树（Arbor Saturni），而锡树又名朱庇特之树（Arbor Jovis）。[1]

---

① 炼金师将7种古老的金属与日、月和其他5种当时已知的星球一一对应，金属树的名字便源自于此。金代表太阳，银代表月亮（以及月亮女神达娜厄），水银代表水星，铜代表金星，铁代表火星，锡代表木星（朱庇特），铅代表土星。

——作者注

我曾希望给所有的金属元素都做一棵这样的金属树——铁树、钴树、铋树、镍树、金树、铂树，所有的铂族金属；铬树和钼树，当然还有钨树；但出于种种原因（主要是贵金属盐价格太高），最后我只造出十几种基本的金属树。我最初沉浸在这些金属树纯粹的美感中——每一株金属树都有自己的姿态；即使是同一种金属产生的金属树也各有不同，这和水形成的雪花和冰晶各有不同是一个道理；而我们也能看到，不同金属的沉淀过程也各不相同——但很快就转向了比较系统化的研究。一种金属在什么条件下能使另外一种金属沉淀？为什么能有这种效果？我取出一根锌棒，先放在硫酸铜溶液中，锌棒便有了一层绚丽的外壳，四周都包裹着铜衣。然后，我又用锡盐、铅盐和银盐做了实验，把锌棒置入这些盐类的溶液中，结果生成光亮透明的锡树、铅树和银树。但是，我把铜棒插入硫酸锌溶液中，想要制作一棵锌树，结果却一无所获。锌明显是性质更活跃的金属，因此可以置换出铜，但不能被铜置换。想要造出锌树，得用比锌性质更活跃的金属——我发现镁就可以。显然，这些金属的置换能力也形成了一定的序列。

戴维是利用电化学置换反应，保护船只底部铜板免受海水腐蚀的倡导者。他把比铜阳性更强的金属（如铁或锌）板连在铜板上，最后被腐蚀的就成了那块金属板，这就是所谓的阴极防蚀。尽管这种做法在实验室环境里似乎效果不错，可是在海里却效果不佳，因为新的金属板会吸引海藤壶之类的海中生物附着，戴维的建议因此惨遭奚落。然而，阴极防蚀的原理非常高明，最终在戴维去世之后，成为保护远洋船舶船底的惯用方法。

读过戴维的故事和他的实验之后，我不禁想要尝试一下其他各种类型的电化学实验：我把一根铁钉放进水里，铁钉上绑了一块锌，以此保护铁钉不被锈蚀。我在铝盘里倒入温热的碳酸氢钠溶液，然后把母亲的银勺子浸到溶液里，原本表面黯淡的银勺子焕然一新。母亲因此很高兴，于是，我决定再进一步，尝试一下电镀。我用铬做阳极，用各种家用物品做阴极。凡是能找到的东西，我都会电镀上铬——铁钉、铜片、剪刀，还有先前焕然一新的一只银勺子（这次惹得母亲很不开心）。

　　我一开始没有意识到，这些电化学实验与我经常摆弄的电池之间有什么关系，只是觉得有些巧得离奇，我在电化学实验中最先尝试的锌和铜，或是生成金属树，或是在电池中产生电流。直到后来，我在书中读到，电池要产生更高的电压，就得使用银和铂之类的贵金属；这时我才明白过来，金属树和电压两类现象背后的原理很可能是相同的，化学活跃性和电势在某种意义上其实是同一种现象。

　　我们家厨房里有一个巨大的老式湿电池，连接在电铃上。电铃结构太复杂，一下子很难理解，而乍看之下，那块电池要更迷人一些：有一根陶管，陶管中央有一根巨大的、闪闪发光的铜制圆筒，浸泡在浅蓝色的液体中；所有这些都包裹在玻璃套管中，套管里也装满了液体，里面还有一根纤细的锌棒。那块电池看起来就像一个微缩的化工厂，我有时好像还看到锌棒上冒出了一些气泡。这就是人们所说的丹聂耳电池，完全是 19 世纪维多利亚时期的模样，而这个了不起的物件可以自行发电——不需要摩擦，只需要内部的化学反应。这种电有另外一种源头，它不是靠摩擦生出的，也不是静电，而是完全不同的一种类型。伏打在 1800 年发现这种电的时候，肯定极为震撼，将它看作一种新的自然之力。在此之前，只有摩擦生电偶尔能放电，带出一些火花和闪光；如今，人们可以随意获得平稳恒定的电流。只需要两种不同的金属——铜和锌或铜和银都可以（伏打研究了一系列的金属，使用不同的金属组合，产生的"电压"和势差各不相同），置于一种导电的媒介中即可。

　　我做的第一批电池用的就是水果和蔬菜——将铜和锌电极插入土豆或柠檬中，产生的电流足够点亮 1 伏特的小灯泡。我们也可以把几个柠檬或土豆连在一起（串联获得更高的电压，并联获得更强的电流），做成生物电池。尝试了蔬果电池之后，我又开始尝试使用硬币，取铜币和银币（必须用 1920 年之前铸造的银币，之后铸造的含银量太低），两枚硬币之间夹上潮湿的纸

152 .

片（通常用口水濡湿）。如果使用法新铜币或 6 便士之类比较小的硬币，就可以叠起五六组，高两三厘米；也可以叠六七十组，高 30 多厘米，然后把这些硬币密封到管子里，这样就能产生 100 伏特的电压。我想，可以再进一步，用比硬币薄很多的铜箔或锌箔制成电棒。这种电棒有 500 多组电极，或许能产生 1000 伏特的电压，甚至比电鳗的电压还强，足以吓退任何歹徒——但我一直也没能做成这样的电棒。

19 世纪涌现出的电池种类不胜枚举，令我心醉神迷，有些还能在科学博物馆里看到。有单液原电池，比如伏打最早发明的电池、斯米电池、格伦尼特氏电池、巨大的勒克朗谢电池和轻薄的德拉吕银电池；也有双液电池，就像我们家用的丹聂耳电池、本生电池和使用铂金做电极的格罗夫电池。电池的种类不计其数，设计也各有千秋，但目的都是要产生更稳定而恒久的电流，保护电极，以免出现金属沉淀或不让气泡附着，同时避免释放毒气或易燃气体（有些电池会这样）。

这些湿电池需要时不时加液；但是手电筒里用的小干电池则完全不同。马库斯发现我很感兴趣，就用锋利的童子军刀切开一块干电池，给我看锌做的外壳、中心的碳棒，还有中间腐蚀性较强且有怪异味道的导电糊剂。他还给我看家里便携式收音机使用的电池，那是一块电压 120 伏特的超大电池（由于战时电力供应不稳定，使用这种电池是很必要的），里面有 80 个干电池连在一起，有好几磅重。还有一次，马库斯打开父亲的轿车引擎盖（当时我们家有一辆老旧的沃尔斯利轿车），让我看车里的蓄电池以及蓄电池里的铅板和铅酸原液。马库斯给我解释这种电池可以反复充电，但是不能自己发电。我钟爱电池，对废电池也不嫌弃；家人知道我有这个爱好之后，便把用过的旧电池都丢给了我。我很快便收集了相当多形状各异、大小不一的电池（虽然完全没有用处），其中很多都被我切开观察了。

但我最爱的还是那块旧丹聂耳电池，后来我们家里换新，电铃也换上了小巧的干电池，我便将那个丹聂耳电池据为己有。那块丹聂耳电池的额定电压很低，只有 1 伏特还是 1.5 伏特，但额定电流却有几安培，按它的块头来算，已经很可观了。丹聂耳电池的这种特点很适合做加热和照明实验，因为这类实验要求较高的电流，但是电压高低关系不大。

这样一来，我就能随时给金属丝加热了——戴夫舅舅给了我一捆钨丝，各种粗细的都有。这些钨丝中最粗的直径有两毫米，我取了一段，连到电池的两极上，钨丝就变得温热了；最细的钨丝则会变得白热，烧成了灰烬；有粗细适宜的钨丝，通电后能在红热状态下保持一段时间，不过就算在这个温度下，钨丝也会很快氧化，化作一堆黄白色的氧化物。（我这才明白为什么灯泡里不能有空气，为什么白炽灯泡要抽成真空或加入惰性气体才行。）

我还可以用丹聂耳电池做电源，分解盐水或酸性水。我还记得有一次我电解蛋杯里有一点水，我看着水分解成组成元素氧和氢，分别出现在两极，内心感到无比的喜悦。1 伏特的电池产生的电力似乎太弱，但足以拆解化合物，使水分解，甚至可以把盐分解成活跃性极强的组成元素。

伏打电堆出现之前，电解作用难以被人发现，因为就算是最强力的发电机或莱顿瓶都难以促成分解反应。后来经法拉第计算，集合 80 万个莱顿瓶的巨大电力或是一道闪电的电力，才能分解一滴水，而这些只需要 1 伏特的电池就能办到。（但是，我的 1 伏特电池或是马库斯给我展示的收音机里那种 80 个干电池的电池组，都无法使木髓球或验电器动一下。）静电可以产生巨大的火花和高压电（维氏起电机可以产生 10 万伏特的电），但电力不足，至少无法实现电解。化学电池则相反，电压低，但是电力很足。

如果说电池带我认识了电与化学之间不可分割的关系，那么电铃就带我认识了电与磁之间不可分割的关系——这种关系一点都不明显，而且也不是不证自明的，直到 19 世纪 20 年代才被人发现。

我见识过微弱的电流就能加热金属丝，产生电击，或是将溶液分解。可是，电流又是如何使电铃振动发声的呢？电铃的电线接到前门，有人按下门外的按钮时，电路便连通。有一天晚上，父母外出，我便决定跳过这个回路，将电线连到一起，这样电铃就能直接响起。我刚通上电，铃锤就振动起来，敲响了电铃。电流通过时，是什么使铃锤振动起来的？我看到铃锤是铁做的，外面缠着铜线圈。电流通过时，使铜线圈产生磁性，在磁性的吸引下，铃锤撞向电铃的铁制基座（铃锤撞到电铃，回路就断了，铃锤就又返回原位）。这在我看来真是异乎寻常：我的天然磁石和马蹄形磁铁有磁性好理解，但这种电流通过线圈时才会产生的磁力可就不同了。

指南针的指针感应敏锐，人们从中找到了电磁之间关系的最初线索。众所周知，指南针的指针在暴风雨中可能会转动，甚至失去磁性。1820年，人们观察发现，如果有电流通过指南针附近的金属丝，指南针的指针会突然偏转。如果电流足够大，指针可能会偏转90度。如果将指南针从金属丝下方挪到上方，指针偏转的方向会倒转。这就好似在金属丝周围形成了磁力场。①

磁力的这种旋转运动很容易通过实验展现：在一碗水银中垂直插入一根

---

① 出于某种原因，法拉第在1845年发现反磁性这件事特别令我感兴趣。他用一种非常强力的电磁铁做实验，将各种透明物质置于磁铁的两极之间，观察偏振光是否会对磁铁产生影响。结果证明会影响，法拉第发现他在一些实验中使用过的重铅玻璃在电磁铁通电时，确实发生了偏转，调整到相对于磁场成直角的方向（这是他第一次使用"场"的概念）。在这次实验之前，所有已知的磁性物质——铁、镍、磁铁等——与磁场都是同方向排列，而不是成直角排列。法拉第产生了兴趣，继续研究了身边一切物品的磁化率——不仅是金属和矿物的，还有玻璃、火焰、肉和水果等的。

我对亚伯舅舅说过这些之后，他同意我用他放在阁楼上的强力电磁铁做实验。我重复了法拉第的很多实验，也像他一样，发现铋的反磁性特别强，会同时受到磁铁两极的强烈排斥。看着薄薄的一小块铋（我从这种易碎的金属上尽可能取下针状的一块）在磁场中迫不及待地要转向与磁场垂直的方向，着实令人着迷。我想，如果能够保持这种微妙的平衡，或许可以用铋制作"指东针"。我用肉片和鱼片做了实验，还想过用活的生物试一试。法拉第曾写道："如果将一个人置于磁场中，他就会像穆罕默德的棺材一样，转动起来，直到与磁场方向垂直才会停下来。"我想过在亚伯舅舅的磁力场里放入一只小青蛙或昆虫，可是担心这样会使这些小生物血流凝滞或神经系统崩溃，那就无异于谋杀了。（我当时本不必担心：有人将青蛙悬于磁场中数分钟，明显没有对青蛙造成不良影响。有了如今的巨型磁铁，我们可以将庞然大物悬于磁场中。）

——作者注

磁铁，垂下一根金属丝，微微碰到水银，在另一个碗中，磁铁可以活动，而金属丝是固定的。电流通过时，垂在水银上方的金属丝就会轻快地绕着磁铁旋转，另一个碗中的磁铁则朝相反的方向绕固定的金属丝转动。

法拉第在 1821 年设计出来这套装置——实际上就是世界上第一台电动机——很快便想到逆向操作：如果电能够如此简单地产生磁，那么磁能否产生电呢？这并非简单的问题，法拉第竟花了好几年的时间才找到答案。[①]将永磁铁置于线圈内并不能产生电；磁铁从线圈中不断进出，才能产生电流。我们现在对发电机很熟悉，了解它的工作原理，因此觉得这个道理显而易见。但是，当年没有任何理由能使人们想到要磁铁运动；毕竟莱顿瓶和伏特电池都只需要摆在桌上。像法拉第这样的天才，也用了 10 年的时间才豁然开朗，摆脱了时代的桎梏，进入了新的领域，意识到磁铁运动才能生电，运动才是关键。（法拉第认为，磁铁运动切割磁力线，从而生出电。）法拉第的这套装置是世界上第一台发电机——工作原理恰好与电动机的原理相反。

法拉第在同时期发明的发电机和电动机，影响力却有着莫名的巨大差异。电动机刚发明，马上就有人跟进开发，于是 1839 年就有了以电池为动力源的电动内河船；然而发电机的开发速度就慢了很多，直到 19 世纪 80 年代，电灯和电力列车问世，电力需求量剧增，并且出现了配套的配电系统，发电机才逐步普及。发电机这种庞然大物，发出神秘的轰鸣声，凭空造出隐形的新动力，在历史上从未有过；而早期的电厂和巨大的发电机也令人望而生畏。威尔斯的早期作品《发电机之神》或许就是由此获得灵感。在这个故事中，一个旧时代的男人将巨大的发电机视作需要人类供奉的神。

[①] 此时，他的创造力也有些分散，同时进行着十几种研究：研究钢铁，制造一种高屈光度的光学镜片，研究气体的液化（他是第一个实现的），发现苯，在皇家学会做了许多关于化学和其他主题的演讲，于 1827 年出版了《化学操作》一书。

——作者注

我也像法拉第一样，在任何地方都能看到"力线"。我的自行车本来就有电池供能的前后车灯，如今又安装了发电机供能的灯。小发电机在自行车后轮上呼呼地响着，我就会想象出磁力线被切割的样子，还会想到运动在这个过程中起到的神秘且关键的作用。

最初，磁和电似乎完全不相干；然后现在，二者通过运动似乎又联系到一起。这时，我便向"物理"舅舅亚伯求教。亚伯舅舅解释说，电和磁之间的关系（以及二者与光之间的关系）其实是由伟大的苏格兰物理学家克拉克·麦克斯韦解释清楚的。[①] 活动的电场会在周围产生磁场，磁场又会产生第二个电场，电场又产生磁场，如此循环往复。由于这种电磁互感的现象存在，麦克斯韦设想现实中存在超高速振荡的电磁场，这个电磁场会以波动的形式在空间中向各个方向延伸。1865 年，麦克斯韦计算出电磁场的传播速度为每秒 30 万千米，与光速极为接近。这个发现非常惊人——没有人觉察到磁与光之间会有任何关系；事实上，尽管光是以波的形式传播在当时已经众所周知，但是，还没有人能理解光的本质。如今，麦克斯韦提出光和电磁波"是一体两面，光就是根据电磁定律在电磁场中传播的电磁扰动"。听过这种理论之后，我对光也有了不同的认识——光是电场和磁场以光速交叠前进的产物，电场和磁场交织便形成了光线。

由此得出推论，任何电场或磁场都可以产生电磁波，并向各个方向传

[①] 我不如亚伯舅舅，高等数学不行，麦克斯韦的理论都看不太懂，不过我至少可以读读法拉第的研究成果，虽然法拉第从来不用数学方程，但我还是感觉自己了解了核心概念。麦克斯韦也曾表示受益于法拉第，谈及他用非数学的形式表达了基本的概念：

或许是为了充分发挥自身科学优势，因此法拉第尽管对空间的基本形式理解深刻，却并没有成为专业的数学家……而且觉得没有必要……强迫自己将研究成果以当时符合主流的数学语言发表……他因此得以从容不迫地做自己擅长的事，用实例展现自己的思想，用自然的非技术性语言表达自己的观点……（然而，麦克斯韦继续说道）我继续法拉第的研究之后，发现他其实也是采用了数学思维去构想一种现象，只不过没有用传统的数学符号来表达而已。

——作者注

播。亚伯舅舅说，海因里希·赫兹[1]受此启发，开始寻找其他电磁波——波长比可见光长很多的波。1886 年，他设计了一种简单的感应线圈作为"发生器"，另取一小段线圈，留出极小（0.01 毫米）的火花隙，作为"接收器"。感应线圈产生火花时，他在黑暗的实验室中就能观察到接收器上出现的微小的二次火花。亚伯舅舅说："你打开无线电，却根本想象不到其中有多少神奇的事情发生。想象一下 1886 年的那一天，赫兹在黑暗中看到火花，意识到麦克斯韦是对的，电磁波就像光一样，从感应线圈向各个方向辐射出去。"

赫兹英年早逝，未能见证自己的发现改变世界。马可尼[2]首次将无线电信号传过英吉利海峡时，亚伯舅舅才 18 岁。他还记得当时举世轰动的情形，甚至比两年前发现 X 射线还要夸张。无线电信号可以用某些晶体接收，特别是方铅矿晶体；需要用钨丝做成的"猫须接收器"，在晶体表面探测出最佳接收点。亚伯舅舅早年的发明中就有一种是比方铅矿效果更好的合成晶体。当时，人们还将无线电波称为"赫兹电波"，所以亚伯舅舅也将自己发明的晶体称作"赫兹石"。

麦克斯韦最大的成就是统一了电磁理论，将其总结为四个方程。亚伯舅舅翻开一本书中的麦克斯韦方程式说，在懂行的人眼中，这半页纸的符号浓缩了麦克斯韦的全部理论。在赫兹看来，麦克斯韦方程展现了"魔法仙境一般的……新物理学"框架——不仅令发出无线电波成为可能，还让人意识到，整个宇宙直到尽头都有各种电磁场纵横交错。

---

[1] 海因里希·鲁道夫·赫兹（Heinrich Rudolf Hertz, 1857—1894），德国物理学家。第一个播出和接收无线电波（1888）。1883 年验证了麦克斯韦推测的电磁学辐射学说和关于光和热都是一种电磁波的理论。频率单位赫兹就是用他的姓氏命名的。著有《电波》（1893）、《力学原理》（1899）。

[2] 伽利尔摩·马可尼（Guglielmo Marconi, 1874—1937），意大利无线电工程师、企业家、实用无线电报通信的创始人。在博洛尼亚大学学习期间，他用电磁波进行约 2 千米距离的无线电通信实验，获得成功。1897 年，在伦敦成立"马可尼无线电报公司"。1909 年，他与布劳恩一起获得诺贝尔物理学奖，被称作"无线电之父"。

15

家庭生活

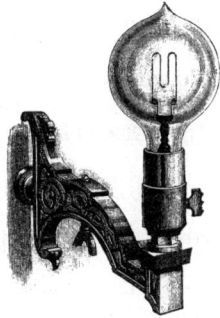

犹太复国主义在我父母两方的家族生活中都扮演着重要的角色。父亲的姐姐阿莉达，"一战"期间做过当时英国犹太复国运动领袖纳胡姆·索科洛夫和哈伊姆·魏兹曼的助理。姑姑很有语言天赋，因此受托将1917年的《贝尔福宣言》①从英语翻译成法语和俄语。姑姑的儿子奥布里小时候便是犹太复国主义者，他博学雄辩，后来以阿巴·埃班的名字成为以色列驻联合国第一任大使。我的父母都是医生，又有一栋大房子，自然被要求提供复国运动者集会的场所。我小时候，家里就经常有这样的集会。我从楼上的卧室都能听到他们的声音——扯着嗓子，无休止地争论，还激动地用力敲桌子——时不时就有个复国主义者冲进我的房间找厕所，脸涨得通红，也不知道是因为愤怒还是激动。

　　这些聚会耗费了父母大量的精力，每次集会结束，他们都脸色苍白、精疲力竭，但他们认为这是应尽的责任。我从没听过他们俩私底下谈论巴勒斯坦或复国运动的事，而且我发现他们对这些事似乎也不太热衷。"二战"期间，犹太人遭受了惨绝人寰的屠杀，他们由此感觉犹太人应该有一个"民族家园"。我觉得他们受到这些集会组织者的胁迫，还受到"福音传道者"的道德绑架，这些人如强盗一般，挨家挨户敲门索要巨额捐款，资助犹太学校

---

　　①《贝尔福宣言》（*Balfour Declaration*），英国政府表示赞同犹太人在巴勒斯坦建立国家的公开保证，是世界主要国家正式支持犹太人回归巴勒斯坦的第一个宣言。1917年11月2日，英国外交大臣A.J.贝尔福致函英国犹太复国主义者联盟副主席L.W.罗思柴尔德，这封信后来被称为《贝尔福宣言》。

或"以色列的学校"。我的父母一向头脑清醒，很有主见，但或许出于责任感或焦虑，面对这些要求时就表现得软弱无助。我对这些活动深恶痛绝（但我从来没和父母讨论过）：我痛恨各种类型的犹太复国主义、福音主义和政治活动，只觉得他们喧闹、烦人又蛮横。我向往的是平心静气的科学论辩和理性活动。

在我的印象中，我很少与父母讨论信仰的问题，不过他们在生活中算是相对正统的人，而我们有些亲戚则极为正统。据说，外公夜里睡觉时，如果圆顶小帽掉了，他都会醒来戴上，而祖父连游泳都得戴着圆顶小帽。我有几位姑姑和姨妈还会戴犹太教假发，假发使她们看起来异常年轻，有时就像时装店里的模特假人：艾达的假发是亮黄色的，吉塞拉的假发是乌黑的。多年后，我的头发已经花白，她们的假发依然如旧。

妈妈的大姐安妮于 19 世纪 90 年代去了巴勒斯坦，在耶路撒冷为"信仰摩西的英国淑女"创办了一所学校。安妮姨妈仪态威严，属于极端正统派，（我发现）她相信自己与神有着亲密的私人关系——与耶路撒冷的大拉比、神授统治者和伊斯兰教教法权威穆夫提的关系也不一般。[①] 她会定期返回英国，每次都带上巨大的扁皮箱，需要 6 个行李搬运工才能抬起来。她来访时，总会给家里带来一种肃穆的宗教氛围——我的父母不那么正统，总有些畏惧

[①] 当时驻耶路撒冷的英国总督罗纳德·斯托尔斯勋爵在1937年出版的回忆录《方向》中描述了他与安妮第一次相遇的情景：

1918 年年初，有位女士被引到我的办公室，她没有舞台上天选之女的模样，不算高，皮肤也不黑，也不瘦，但是神情决绝自若，风趣幽默。我看了她一眼，便知道一颗新星正向我走来。"二战"期间，安妮·兰道女士一直流亡……离开了心爱的女子学校，要求立刻重开学校。我苦苦相劝，告诉她学校已经改作军队医院，她却异常坚持：没过几分钟，我就不得不答应将阿比西尼亚宫巨大的空房子租借给她。没过多久，兰道女士就打造了巴勒斯坦最好的犹太女子学校，而她所做的远比校长还多。她比一般的英国人更有英式派头……比犹太复国运动者更有犹太人的操守——她绝不会在安息日接电话，就连仆人的电话也不会接。"二战"之前，她就与土耳其人和阿拉伯人交好；她慷慨好客，多年来，因为她保持了一片中立之地，英国军官、极端复国运动者、穆斯林官员和基督教士绅才得以和平共处，宴饮交流。

——作者注

她那锐利的目光。

1939 年盛夏，一个酷热的星期六，我决定在家附近的埃克塞特路上骑三轮脚踏车，不料忽然大雨倾盆，我全身都湿透了。安妮姨妈摇着头，还冲我摇起一根手指："安息日出去骑自行车！你逃不过上帝的惩罚的。他把一切都看在眼里，随时随刻都盯着呢！"自那以后，我就开始厌恶星期六，也不喜欢上帝了（至少不喜欢安妮姨妈警告我时提到的那个严苛的上帝），而且一到星期六就觉得不自在、焦虑，总感觉有人在监视我，直到今天也没能彻底摆脱这种感觉。

通常星期六——那个星期六除外——我要和家人去宽敞的沃姆兰犹太教会堂做礼拜，当年那个会堂能够容纳 2000 多人。去会堂之前，我们全身上下都要先洗得干干净净的，穿上最好的礼拜服，跟在父母身后走过埃克塞特路，就跟一群小鸭子一样。母亲与同辈的女性上二楼到女性专区。我两三岁时还可以跟她们一起，等"长大"到 6 岁时，就得和男人一起在楼下了（我总偷瞄楼上的女人，有时还朝她们挥手，不过总是因此遭受严厉的批评）。

父亲在教众里很有名望，这些人有半数是他或母亲的病人。父亲有名地热心社区建设，而且有学问。不过，父亲说自己的学问根本算不上好，比过道另一侧的威伦斯基差得远，他熟读《塔木德》，甚至倒背如流。威伦斯基不和大家一起念祷词，而是摇头晃脑地按自己的节奏祷告。他留着长鬈发和连鬈大胡子——我总是用敬畏的眼神看他，就像看着圣人一样。

星期六早上的礼拜时间漫长，就算是祷告词读得很快，也至少要 3 小时——有时祷告词真是念得飞快。有一种默念的祈祷文，要站着朝耶路撒冷的方向念。我估计祈祷文得有上万字，但是会堂里最快的人 3 分钟就能念完。我会尽量跟着读（时不时翻到反面的翻译，看看内容是什么意思），不过到结束时，也就能读个一两段，便又跟着大家进行下一个仪式了。大多数时候，我也不会跟着大家一起念，而是随心所欲地翻看着祈祷书。正是从祈祷书里，我了解到没药和乳香，还学习了3000年前以色列土地上使用的度量衡。有很多关于祭祀的篇章详细介绍了气味和香料，语言丰富，辞藻华丽，颇有诗意和神秘感。上帝显然有个好鼻子。[1]

我爱听唱诗班（堂兄弟丹尼斯是唱诗班成员，莫斯伯伯是指挥）唱一些名曲，也喜欢某些慷慨激昂的希伯来演讲，偶尔感觉好似所有人组成了一个大家庭。但总体说来，犹太教会堂里的氛围还是令我压抑；我们在家里的宗教仪式比较务实，也有趣得多。我很喜欢逾越节，前期准备就很有趣（把家里所有发酵过的面包找出来烧掉，有时还会和邻居一起烧），还有节日期间的8天里用的漂亮刀叉、餐盘和桌布。我们还会去庭院里拔辣根。研磨辣根时，我们会辣得满眼泪水。

逾越节家宴之夜，我们十几人甚至20人围坐在桌前：我的父母，还有几位尚未出嫁的姨妈——博迪姨妈、琳恩姨妈，还有"二战"前没有出嫁的多拉姨妈，有时安妮姨妈也会来；与我同辈的近亲远房兄弟姐妹，从法国或瑞士回来过节；桌上还总有一两位陌生客人。安妮姨妈从耶路撒冷给我们带来了一条漂亮的绣花桌布，铺在餐桌上，闪烁着白色和金色的光。母亲知道总会有人不小心弄脏桌布，就抢先把东西"洒"到桌上——临近傍晚，她就假装不小心把红酒洒到桌布上，这样再有客人碰翻杯子，也不至于尴尬。虽然我知道母亲是故意为之，但还是无法预料"事故"何时以何种方式发生；她看起来总是非常自然，毫无表演痕迹。（她会立刻在酒渍处撒上盐，酒渍

---

[1]《塔木德》以近乎化学计量的语言规定了"焚香的成分"：

香脂、香螺、白松香和乳香，各70弥那（maneh，古希伯来计量单位，1弥那约合566克）；没药、桂皮、甘松和藏红花各16弥那；闭鞘姜12弥那、香树皮3弥那、肉桂9弥那；葱韭类中汁液9卡伯（kab，古希伯来计量单位，1卡伯约合2.3升）；塞浦路斯葡萄酒3细亚（seah，古希伯来计量单位，1细亚约合8.5升）又3卡伯；若无塞浦路斯葡萄酒，可用陈年白葡萄酒替代；所多玛盐1/4卡伯，玛阿莱香草微量。R.南森称，生长在约旦河岸的香草塞普斯也需微量；混合物中不可加蜂蜜，否则焚香将不适于祭祀之用。制作者少放任何原料，将受死刑。

——作者注

就会变浅，然后几乎消失不见；我很好奇盐为什么会有这种魔力。）

人们在犹太教会堂里做礼拜时祷告词说得极快，含混不清，很多我都没听明白，而在我们的逾越节家宴上则不同，大家都不紧不慢，尽情地讨论交流，品评着每一道菜的寓意——鸡蛋、盐水、苦草和以色列果酱①。晚宴的仪式中会提到四子（The Four Boys）——聪明的、邪恶的、天真的和年幼不会问问题的——每次我都会说这正是我们兄弟四人。不过，这样说对戴维特别不公平，他就是个寻常的 15 岁男孩，算不上特别邪恶。我很喜欢洗手仪式，要用上四杯葡萄酒，还要背诵十灾（每背诵一种灾祸，就把指尖在葡萄酒杯中蘸一下；等到背完第十种灾祸长子灾，背诵者就会将指尖上的酒甩到肩膀上）。我作为家中最小的孩子，会用颤抖的高音背诵逾越节的四个问题（Four Questions）；之后，再搜寻父亲藏起来的那个无酵饼（可是父亲藏饼的手段与母亲洒红酒的手段一样巧妙，我就是发现不了）。

逾越节家宴上的歌唱和吟咏都是我之所爱，给人以怀念过往之感，是一种传承千年的仪式——犹太人在埃及遭奴役的故事，婴儿时期的摩西在蒲草箱中被法老的女儿救起的故事，还有流着奶和蜜的应许之地。我与一家人都宛如神游神秘之境。

逾越节家宴仪式会一直延续到半夜，有时甚至要到夜里一两点，我当时只是个五六岁的孩子，总会忍不住打瞌睡。仪式最终结束时，我们会多留一杯葡萄酒——第五杯酒——给先知以利亚（据说，他会在夜里降临，喝掉为他留下的那杯葡萄酒）。我的希伯来名字恰好是以利亚，就觉得自己应该喝掉那杯葡萄酒。战前的某一次逾越节，我在夜里溜进去喝掉了整杯酒。没有人问我这件事，我也没有主动承认。但是，我第二天宿醉，酒杯也空空如也，一切都不言自明了。

---

① 以色列果酱（haroseth），犹太教逾越节晚餐时吃的用苹果泥、坚果仁等拌制的糊状食品。

每一个犹太节日我都喜欢，而丰收之节住棚节①则是我的最爱。因为在这个节日里，我们会用树叶和树枝在庭院做个棚屋，在屋顶挂上蔬菜和水果。要是天气好的话，我还可以在棚屋里过夜，透过挂满果蔬的屋顶，看着天上的繁星。

然而，较严肃的节日或斋戒日，又会给我带来犹太会堂那种压抑感，等到赎罪日，我们等待上帝赦免罪责，压抑感甚至会变成恐惧感。新年到赎罪日之间有10天时间，人们可以忏悔、纠正自己所犯的罪，等到赎罪日这一天，忏悔达到高潮。当然，在赎罪日，我们25小时不吃不喝，还要捶胸并哀号"我们犯了这样的罪，犯了那样的罪"——所有可能的罪都要提及，不管过失还是疏失，也不管是有心之错还是无心之过（很多我都未曾想到过）。可怕的地方在于，我们不知道这样捶胸号哭能不能让上帝信服，也不知道我们的罪恶到底能不能得到宽恕。我们不知道上帝会像礼拜仪式中说的那样把我们的名字再次写入生命之书，还是会任我们死去，被抛弃到黑暗之域。众人热烈激昂的情绪由老独唱者谢克特惊人的歌声表达出来。谢克特年轻时曾想唱歌剧，但他的歌声却从未走出过犹太会堂。礼拜的最后，谢克特会吹响羊角号，就此宣告赎罪日结束。

我十四五岁时——我记不得具体是哪一年了——赎罪日仪式以一种令人难忘的方式结束。那一年，谢克特一如既往地用尽全力吹羊角号，脸都涨得绯红，这次吹出了天籁之音，余音绕梁，不绝于耳，然后，他在我们面前倒在献唱的舞台上，气绝身亡。我觉得是上帝降下闪电，击中了谢克特，杀死了他。在场的人震惊不已，可转而一想，如果说有那么一刻，灵魂无比纯净，得到上帝的宽恕，免去了一切的罪责，那便是这一刻，在斋戒日终了吹

---

① 住棚节（sukkoth或sukkot），犹太教朝圣节期，以纪念犹太人在沙漠荒滩上漂泊并感谢上帝的拯救。历时7天，始于赎罪日后第5天。在节期里，犹太人用树枝在家里和教堂里搭起简易住棚，并采集4种植物来感谢上帝。节期最后一天，人们用那4种植物扎成7重篱笆，围绕会堂，称"大和散那"。

响羊角号之时；谢克特的灵魂肯定已飞离他的肉体，径直飞向上帝的天堂。所有人都说，谢克特之死是圣洁之死，祈求上帝，在他们大限将至时，也赐予同样的死法。

说来也巧，我的祖父和外祖父也都是在赎罪日去世的，只不过他们的死不像谢克特的死那样富有戏剧性。每年赎罪日来临时，我的父母总会为他们点上悼念的蜡烛，整个斋戒日蜡烛都缓慢地燃烧。

1939 年，母亲的一位姐姐维奥莱特姨妈，从汉堡举家来访。她的丈夫莫里茨是一位化学老师，还是一位获得不少勋章的"一战"老兵，曾被炮弹弹片打伤，走路跛得厉害。他自认是个爱国的德国人，未曾料想有被迫逃离祖国的一天。但是反犹太的"水晶之夜"爆发，终于使他看清了命运，若再不逃离，全家都凶多吉少了。1939 年春，他们终于逃到英格兰，只不过所有的财产都被纳粹强占。他们一家先是住在戴夫舅舅家，又在我们家暂居，后来去往曼彻斯特，并在那里开办了一所学校，收留逃难之人。

我当时有自己的心事，对世界大势基本不怎么关心。比如，我对 1940 年法国陷落之后的敦刻尔克大撤退知之甚少，那次大撤退中，众多船只搏命一般将最后的逃亡者运出欧洲大陆。但 1940 年 12 月，我从布雷菲尔德放假回家，发现"37 号"的一个空房间里住了一对佛兰德人胡伯菲德夫妇。他们在德军抵达前几小时，乘坐一艘小船逃跑，差点迷失在大海之上，也不知道自己父母的命运如何。通过他们的遭遇，我才对欧洲的混乱和恐怖有了些许了解。

"二战"期间，犹太教会堂集会基本不再举行，因为年轻男子都自愿或受召参军了，而像迈克尔和我这样的几百个孩子也都撤离了伦敦。直到战后，集会也没有真正恢复。有不少集会召集人在欧洲大陆的战场上战死，还有一些在伦敦的轰炸中遇难；还有一些从战前几乎专属于犹太人的中产阶级郊区搬离。战前，克里克伍德地区几乎所有的商店和店主，我的父母（我也一样）都熟悉：化学用品店的西尔弗先生、杂货店主布拉姆森先生、蔬果店老板金斯伯格先生、面包师格罗津斯基先生和犹太洁食肉铺老板沃特曼先生——我还记得他们在犹太会堂里的位置。但是战争打碎了一切，战后，我们所在的伦敦一隅又经历了快速的社会变革。我自己则在布雷菲尔德饱受创伤，没有继续童年的宗教仪式，也失去了兴趣。我对早年突然之间抛弃了宗教信仰感到遗憾，这种惆怅或怀旧之感莫名其妙地与愤怒的无神论情绪交织在一起，好似对上帝狂怒，怨恨他未能现身，未施援手，未阻止战争，而是任由战争和恐怖肆虐。

博迪姨妈的希伯来文名字是"Zipporah"，意为"鸟儿"，但是我们一直都叫她博迪姨妈。我一直不太清楚博迪姨妈早年遭遇了什么，或许没有人知道。据说，她幼年时头部曾受过伤，但也有人说，她先天甲状腺失调，一生都得服用大剂量的甲状腺片。博迪姨妈从少女时期起，皮肤就有很多皱纹；她身材娇小，智力水平一般，外祖父母的几个孩子都天资聪颖、身体强健，她却有些生理缺陷，算是个例外。不过，我一直不怎么觉得她有"残疾"；在我眼中，她就是与我们一起生活的博迪姨妈，始终守候在那里，是家里不可或缺的一员。她有自己的房间，就在我父母的房间隔壁，房间里摆满了照片、明信片和成管的彩砂，还有家庭节日留下的小摆设，最早的可以追溯到本世纪初。她的房间很干净，有种小狗的香味，有时家里特别吵闹，这里就是我宁静的绿洲。她有一支圆咕隆咚的黄色派克钢笔（妈妈有一支橙色的），加之她长了一双孩子一般的小手，写字慢悠悠的。我当然知道博迪姨妈"有些不对劲"，有些生理疾病，健康状况堪忧，智力水平也有限，但是这些都不重要，或者说我们都不在意。我们只知道博迪姨妈一直与我们生活在一起，全身心地奉献，毫无保留地爱着我们。

我开始对化学和矿物产生兴趣时，她就会出门给我找回一些矿物的小样品；我一直也不知道她是在哪里又如何找到的；还有一次，她问迈克尔我会喜欢什么成人礼，随后就给我买了一本傅华萨①的《编年史》，这也算是一件奇事了。博迪姨妈年轻时，曾在生产日历和贺卡的拉斐尔·塔克公司工作，和其他年轻女工一道画明信片并上色——那些色彩细腻的卡片很受欢迎，数十年来一直有人收藏，成为人们生活中永恒的一部分；直到20世纪30年代，彩色摄影和彩色印刷取代了它们的位置，塔克公司那一小队女工随之遭到淘汰。1936年，为这家公司工作了将近30年之后，博迪姨妈毫无征兆地遭到解雇，甚至连一声"谢谢"都没有得到，更不要说抚恤金和遣散费了。多年之后，迈克尔告诉我，她被解雇那天晚上回家时，满脸"生无可恋"，之后她在心里也一直没能跨过那道坎。

博迪姨妈总是很安静，不摆架子，在家里无所不在，我们都觉得她的存在是理所当然的，忽略了她在我们生命中的重要地位。1951年，我拿到牛津大学的奖学金，当时的电报就是博迪姨妈给我的，她拥抱了我，祝贺了我——还流了眼泪，因为她知道我就要离家远行。

博迪姨妈在夜里经常犯心源性哮喘或急性心力衰竭，犯病时呼吸困难，人会变得非常焦虑，需要坐起来才行。最初病情不是太重，坐起来就能好转，但后来病情越来越严重，我的父母就让她在床头放一个小铜铃，感觉不舒服就赶紧摇铃。我听到铃声响起的频率越来越高，渐渐意识到姨妈的病况很严重。我的父母听到铃声就立刻起床救治博迪姨妈——这时她需要吸氧、打吗啡才能扛过病情发作——我则躺在床上，害怕地听着，直到一切恢复平静才能入睡。1951年的一个晚上，小铜铃又响了起来，父母冲进她的房间。这一次病犯得很严重：她口吐粉色泡沫——肺部积水使她喘不过气来——吸氧和打吗啡都不见效。为了保住博迪的性命，母亲孤注一掷，用手术刀在她的胳膊上做了静脉切开术，以减轻心脏的压力，但还是没有见效。最后博迪

①让·傅华萨（Jean Froessart，约1337—1405?），法国中世纪著名编年史学家，著有《编年史》。

姨妈在我母亲的怀中死去。我走进姨妈的房间，满眼望去全是血——她的睡衣和双臂上都是血，母亲抱着她也全身是血。我看着眼前恐怖的场景，一时间误以为是母亲杀了她。

这是我第一次目睹近亲离世，一位曾在我的生命中扮演重要角色的亲人。这次经历对我的影响大大超过我的预料。

我小时候感觉家里处处都是音乐。我们家有两架德国贝希斯坦钢琴，一架立式钢琴，一架三角钢琴，有时两架钢琴会同时有人弹奏，还有戴维的长笛和马库斯的竖笛伴奏。这时，家里就成了名副其实的音乐水族馆。我置身其间，踱来踱去，先注意到一种乐器的声音，然后又注意到另一种乐器（不同乐器的声音似乎并没有冲突，真的很奇怪；我的耳朵、我的注意力总能选中某一种乐器的声音）。

母亲的音乐天赋不如我们的，但也喜爱勃拉姆斯和舒伯特的作品；有时她会唱上几曲，父亲则弹钢琴为她伴奏。母亲最爱舒伯特的《夜歌》，她歌唱时嗓音温柔，略有些跑调。这是我最早的记忆之一（我虽然听不懂歌词大意，这首歌曲却一直对我有着奇妙的影响）。一听到这首歌，我的脑海中就会清晰地浮现出战前家里的客厅，母亲倚靠在钢琴上吟唱，她的歌声在空气中回荡。

父亲的音乐才华很突出，听完音乐会回家，就能凭记忆弹出大部分表演曲目，还会改变其中一些片段的曲调，用不同的方式演奏。父亲喜爱各种类型的音乐，不论是音乐厅表演、室内乐演奏会、吉尔伯特与沙利文合作的幽默歌剧[①]，还是蒙特威尔地[②]的歌剧，他都喜欢。他特别喜欢"一战"时期的

[①] 威廉·S.吉尔伯特（William Schwenck Gilbert, 1836—1911），英国剧作家、文学家、诗人。他与作曲家亚瑟·沙利文（Arthur Sullivan, 1842—1900）合作的 14 部喜剧闻名于世，其中最著名的为《比纳佛》《班战斯的海盗》。这些作品中的一些台词已经成为英语的一部分。

[②] 克劳迪奥·蒙特威尔地（Claudio Monteverdi, 1567—1643），意大利作曲家。1637 年在威尼斯建立第一家公众歌剧院。他也是现代管弦乐的先驱，在文艺复兴末期创立了威尼斯歌剧乐派。

曲子，还会用洪亮的男低音唱出来。父亲收藏了很多袖珍总谱，口袋里好像也总装着一两份（他经常上床准备睡觉时还要看上一会儿，有时也会拿起一本音乐曲目字典，那是某一年我送他的生日礼物）。

虽然父亲曾师从一位钢琴名家，还经常坐到家中的钢琴前弹上一曲，但是，他的手指过于粗壮，敲在琴键上总有些不自在，往往弹完一些高潮片段便心满意足地停下。不过，他希望我们在家能好好学习钢琴，于是请来非常优秀的钢琴老师弗朗西斯科·蒂恰蒂教我们。蒂恰蒂老师充满热情地严格训练马库斯和戴维，让他们练习巴赫和斯卡拉蒂①的曲子；迈克尔和我年纪比较小，就练狄亚贝利②的二重奏。每次两位哥哥弹错音，我就能听到蒂恰蒂老师沮丧地猛敲钢琴，大喊："不对！不对！不对！"有时批评之后，他会坐在钢琴前自己弹起来。听他弹奏，我突然明白什么才是炉火纯青的技艺。他钟爱巴赫，并将这种爱传递给我们，还让我们记住了赋格曲所有的隐藏结构。据说我 5 岁时，有人问我在这世上最喜欢什么，我答道："烟熏三文鱼和巴赫。"如今，60 年过去了，我的答案还是一样。

1943 年，我返回伦敦时，发现家里有些冷清，缺少了音乐的声音。马库斯和戴维已是医学院预科生，都被疏散到外地避难了，马库斯去了利兹，大卫去了兰卡斯特；父亲很忙，不是在给病人看病，就是在执行防空警卫任务；母亲也特别忙，在圣奥尔本斯的医院里做急诊手术，一直忙到深夜。有时我也不睡觉，等到将近午夜时，母亲骑自行车从克里克伍德回家，听她的自行车铃声响起。

这段时间，最大的享受就是听迈拉·赫斯③的演奏了。这位著名的钢琴

---

① 多梅尼科·斯卡拉蒂（Domenico Scarlatti, 1685—1757），巴洛克时期的意大利作曲家、演奏家。

② 安东·狄亚贝利（Anton Diabelli, 1781—1858），18 世纪末 19 世纪初奥地利出版商、作曲家、吉他和钢琴演奏家。

③ 迈拉·赫斯（Myra Hess, 1890—1965），英国钢琴家。她从小就崭露头角，开始其一生的辉煌事业并名扬天下。

家几乎以一己之力使战争中的伦敦人记起永恒超然的音乐之美。我们经常围坐在起居室的收音机前，聆听她的午间独奏广播。

战后，马库斯和戴维返回伦敦，继续在医学院学习。他们早就不再练习长笛和竖笛，但是戴维明显继承了父亲非凡的音乐天赋。他发现了蓝调和爵士，爱上了格什温①，为我们的"古典"家庭增添了新的音乐。戴维已经是非常优秀的即兴钢琴演奏家了，尤其擅长演奏李斯特的曲子；而此时，家里突然又多了很多我从来没听过的名字：艾灵顿"公爵"、巴锡"伯爵"、杰利·罗尔·莫顿、"胖子"沃勒——他的房间里有一台新的黛卡留声机，从这台留声机的喇叭里，我第一次听到了艾拉·费兹杰拉②和比莉·哈乐黛③的嗓音。有时，戴维坐下来弹琴，我也弄不清楚他演奏的是某位爵士钢琴家的曲子，还是他自己的即兴创作——我知道他曾有些认真地想过要不要成为一名作曲家。

我后来才意识到，虽然戴维和马库斯看起来似乎很快乐，期待着成为医生，但其实他们为此放弃了其他爱好，因而有些怅然若失。戴维放弃了音乐，而马库斯则放弃了自小喜爱的语言。马库斯特别有语言天赋，对语法结构十分着迷；16 岁时，他已经精通拉丁语、希腊语和希伯来语，还自学了阿拉伯语。他本有可能像表哥奥布里一样上大学攻读东方语，但这时战争爆发了。他和戴维在 1941 年至 1942 年就到了入伍的年纪，成为医学生可以延迟入伍。我想，延迟入伍也误了他们的其他志向，等他们返回伦敦时，已是前梦难圆。

我们的钢琴老师蒂恰蒂在"二战"期间去世，1943 年，我返回伦敦，父母又为我找了一位新老师西尔弗夫人。西尔弗夫人一头红发，有个天生聋哑的 10 岁的儿子肯尼斯。我跟她学了几年钢琴之后，她又怀孕了。我差不多

---

① 乔治·格什温（George Gershwin, 1898—1937），美国作曲家，出生于纽约布鲁克林的一个俄国犹太移民家庭。1924 年，为保尔·怀特曼的爵士音乐会谱写《蓝色狂想曲》。

② 艾拉·费兹杰拉（Ella Fitzgerald, 1917—1996），美国歌手、演员，出生于弗吉尼亚。作品有《进入每个生命都会下雨》《两个人的茶》等。

③ 比莉·哈乐黛（Billie Holiday, 1915—1959），美国爵士乐坛的天后级巨星。

每天都能看到母亲诊疗的孕妇来家里问诊，但我第一次见到身边的人经历整个怀孕的过程。她最后出了些问题——我听她们说起"毒血症"，知道母亲要给胎儿"转向"，这样头才能先出来。西尔弗夫人终于开始分娩，住进了医院（母亲通常在家里接生，但是西尔弗夫人可能会有并发症，可能需要剖宫产）。我一直没觉得有什么大问题，可是那天放学回家后，迈克尔告诉我，西尔弗夫人死于难产，就死在手术台上。

我震惊不已，又很气愤。一个健康的女人怎么可能就这么死了？母亲怎么能容许这样的大祸发生？我一直也不知道具体发生了什么，但是母亲一直在场，不禁令我幻想母亲害死了西尔弗夫人——尽管我深知母亲医术精湛，心怀病人，肯定是遇到的状况超出了她的能力，非人力能控制。

我很担心西尔弗夫人的聋哑儿子肯尼斯。他基本只能靠自创的手语与他的母亲沟通。我再也提不起弹钢琴的兴趣，一整年都没有碰过钢琴，也没有再聘请钢琴老师。

尽管迈克尔是几位哥哥中与我年纪最为相近的，而且还同我一起去了布雷菲尔德，但我一直都没有真正理解他。当然6岁和11岁（我们去布雷菲尔德时的年龄）是不小的年龄差，但是他还有一种特殊的气质，我（或许其他人也和我一样）能感觉到这种气质，却很难描述，更不要说去理解了。他经常做白日梦，心不在焉的，而且很内向；他虽然博闻强识，却似乎活在自己的世界里，比我们几个都更自我。在布雷菲尔德期间，他爱上了狄更斯的小说《尼古拉斯·尼克尔贝》和《大卫·科波菲尔》，书中的内容他都烂熟于心。虽然他从未明说，但肯定暗自将布雷菲尔德比作多特男童寄宿学校，将B先生想象成书中可怕的克里克尔校长。

1941年，迈克尔13岁时就离开布雷菲尔德去克利夫顿学院读书了，在那里又遭到残酷的霸凌。他没有抱怨，就像在布雷菲尔德时一样，但他身上已经明显有创伤的痕迹。1943年夏天，我刚回伦敦不久，有一次他洗完澡半裸着身子，住在家里的琳恩姨妈发现了问题。她对我的父母说："看看他的后背！全是瘀青和伤痕！他的身体伤成这样，心理得受到多大的创伤？"我的父母还有些吃惊，说他们根本没发现有问题，还以为迈克尔很喜欢学校生活，没遇到什么问题，一切都"好"。

没过多久，迈克尔就变得精神异常了。他感觉有个邪恶的魔法世界正在包围他——我记得他曾告诉我，开往奥德乌奇的 60 路巴士车上的站名"变了"，奥德乌奇这个地名好似用如尼文①之类的"老巫婆"文字写就。他坚信自己是"鞭挞狂上帝的宠儿"，得到了"虐待狂上苍"的特别关照。这一次，他也没提到布雷菲尔德鞭挞成性的校长，但是我不禁感觉 B 先生在他脑中化身成凶恶的上苍或上帝。与此同时，迈克尔开始出现弥赛亚相关的幻想和幻觉——他认为自己遭受折磨或惩罚，正因为他是（或可能是）世人等待已久的弥赛亚。迈克尔在极乐和痛苦之间挣扎，在幻想和现实之间游离，感觉自己快要疯了（或许已经疯了），他睡不着，休息不好，焦虑地在屋里踱来踱去，跺着脚、瞪起眼、在幻觉中咆哮着。

我很怕他，也为他担忧，害怕他的梦魇成真。我对他感同身受，因为自己也有类似的想法和感觉，只不过深藏在心底。迈克尔会怎么样？类似的情况会在我身上出现吗？正是这段时间，我在家里建起了自己的实验室，锁上门，堵上耳朵，屏蔽迈克尔的疯狂。正是这段时间，我努力地追求高度专注（偶尔也能实现），全身心地投入矿物学、化学和物理学等科学的世界——专注其中，在混乱中保持自我。我并非不关心迈克尔；我非常同情他，对他的经历和心情也有体会，然而，我也不得不和他保持一定的距离，跳脱尘嚣，借由自然之美，创造出自己的世界，这样我才不至于如迈克尔一样，陷入混乱和疯狂。

---

① 如尼文（rune）是一套字母表，开始它属于大约1500年前的北欧和日耳曼人。这一"字母表"中的"字母"被认为包含着可以进行占卜的神秘因素。"如尼"（Rune）一词意思是"神秘的"或"隐蔽的"。

16

门捷列夫的花园

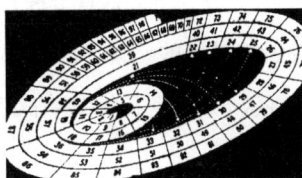

1945 年，南肯辛顿的自然科学博物馆重新开放（"二战"期间基本都关闭着），我第一次见到馆里那幅巨大的元素周期表。我只要爬到一段楼梯顶上，就能看到一个深色的木头柜子占据了一整面墙，这个木头柜子便是元素周期表，柜子有 90 多格，每一格都刻着一种元素的名称、原子量和化学符号。每一格里还保存着相对应的元素样品（至少这些元素都以纯元素形态被获取过，可以安全展示）。木柜上有块牌子写着"门捷列夫 ① 的元素周期表"。

我首先看到的是金属，有几十种，形态各异：棒状、块状、立方体、丝状、薄片、圆盘状，也有晶体。大部分都是灰色或银色的，有的泛着蓝色或玫瑰色的光泽。有几种金属表面光洁，闪着淡黄色的亮光，还有色彩丰富的铜和金。

木柜右上角存放着非金属——硫是美艳的黄色晶体；硒是半透明的红色晶体；磷就像苍白的蜂蜡，保存在水中；碳则是小颗的钻石和乌黑的石墨；硼是淡褐色的粉末；硅是背脊状晶体，和石墨或方铅矿一样，富有黑色光泽。

木柜左侧是碱金属和碱土金属——汉弗莱·戴维的金属——除了镁都保存在石脑油中。我惊讶地看到木柜上方角落里的锂密度很低，漂浮在石

---

① 德米特里·伊万诺维奇·门捷列夫（Mendeleev，1834—1907），俄国科学家，发现并归纳了元素周期律，依照原子量，制作出世界上第一张元素周期表，并据以预见了一些尚未发现的元素。他的名著《化学原理》被国际化学界公认为经典著作。

脑油上，而下方的铯，则沉到石脑油底部，聚成一团，闪着光。我知道铯的熔点很低，现在又是炎炎夏日。我以前看到的铯都被部分氧化，因此并不知道纯铯是淡金色的——乍看之下，铯只是闪着一缕金光，然而从较低的角度看去，就会发现铯如纯金一般，宛如金子的海洋，又好似金色的水银。

此前，有些元素我只知其名（或者说是抽象的概念，只知道这些元素的名字对应着一些物理性质和固定的原子量），如今才第一次见识到它们的真面目和多种多样的形态。我看着眼前的元素周期表，如见盛宴，百十多种佳肴摆满巨大的桌子。

此时，我已经熟悉了很多元素的特性，知道这些元素会自然地组成一些家族，比如碱金属元素、碱土金属元素和卤素。不同的元素家族在元素周期表中按列分布，碱金属元素和碱土金属元素在周期表左侧，卤素和惰性气体在右侧，其余的为过渡元素，位于周期表中间位置。元素周期表中间位置的"无族"元素和过渡元素的分类就不那么明确了——因此在第六副族中可以看到硫、硒和碲。我知道这三种元素很相似（我称其为"臭素"），但是氧怎么会被列入这一族中呢？其中肯定还有更深层的原则——事实也确实如此。原因就印在元素周期表的最上方，只是我很急躁，光顾着去看那些元素了，根本没注意到那些字。原来深层的原则就是化合价。我那些维多利亚时代早期的书籍中并没有关于化合价的记录，因为这个概念在 19 世纪 50 年代末期才被正式提出。门捷列夫是最早发现这种规律并将其作为元素分类基础的科学家之一，理清了之前从未解决的难题：元素似乎能够组成自然家族的根本原因和基础，找出了同族元素的化学和物理相似点。门捷列夫按照化合价的不同，分出了 8 个元素种族。

比如第一主族的碱金属，化合价是 1：该族元素的一个原子可与一个氢原子结合，形成氢化锂（LiH）、氢化钠（NaH）、氢化钾（KH）等化合物；或是与氯结合形成氯化锂（LiCl）、氯化钠（NaCl）和氯化钾（KCl）等化合物。

第二主族的碱土金属，化合价是 2，因此可以形成二氯化钙（$CaCl_2$）、二氯化锶（$SrCl_2$）和二氯化钡（$BaCl_2$）等化合物。第八族元素的化合能力最强，化合价为 8。

门捷列夫根据化合价将元素分类，但同时又痴迷于原子量，每种元素的原子量都是独一无二的，原子量就像是一种元素的原子标签。门捷列夫一方面思考根据化合价将元素分门别类，另一方面也在想着根据原子量将它们排序。这时，二者就奇妙地结合到一起。只需要简单地按原子量顺序将元素排列成横向"周期"，就能发现相同性质和化合价的元素会周期性出现。

元素周期表中的每列元素属于同一族，下方元素与上方元素性质类似，只是原子量略大。可以说，每一个周期都会出现同样的旋律——第一个音是碱金属元素，第二个音是碱土金属元素，接下来还有 6 种元素，每一种都有自己的化合价或音调——但只是声区有所不同（因为我生活在一个音乐之家，每天听到的都是周期性的音阶，所以不禁想到八音度和音阶）。

我眼前的元素周期表以"8"为主要周期，虽然下面几个周期在基础的八位组的基础上又插入了几种元素：第四周期和第五周期分别多 10 种元素，第六周期多了两排元素，分别为 10 种和 14 种。

元素周期表就像一个个令人眼花缭乱的圆环，自下而上连在一起，走过一个周期的圆环就会通往下一个周期——至少在我的想象中是这样的，我眼前长方形的元素周期表在心中幻化作螺旋状，好似一道天梯，从毕达哥拉斯①学派的天堂垂下，引人向上攀登。

我突然意识到人们最早见到元素周期表是何等惊讶——化学家对元素的七八种家族分类早已非常熟悉，但从未想到这些家族的分类基础（化合价），也没有想到如何将所有元素纳入统一的体系中。我很好奇，他们得到如此

① 毕达哥拉斯（Pythagoras，约前 570—约前 490），古希腊数学家、哲学家。

启示之时，是否也同我有一样的反应："当然啦！太明显了！我怎么就没想到？"

元素周期表不管是从横向看，还是从纵向看，都能找到同样的点。就像填字游戏，通过"竖排"和"横排"的线索都能解开谜题，只不过填字游戏完全由人创造，而元素周期表展现了所有元素的根本联系，反映出深层的自然规律。我感觉其中暗藏天机，但是没有给出解密的钥匙——元素之间的联系为什么是这样的？

看过元素周期表的那天晚上，我兴奋得睡不着——在我看来，将广阔混沌的整个化学宇宙囊括于同一秩序中，是无比伟大的成就。拉瓦锡定义了元素，普鲁斯特发现元素只能以一定的比例化合，道尔顿发现元素对应原子量固定的原子，化学的脉络得到第一次长足发展。有了这些发现，化学逐渐成熟，成为元素的化学。但是，诸多元素似乎并没有顺序可言，只能像佩珀在《金属剧本》中那样按首字母顺序排列，或是按元素的家族或族群孤立地划分。门捷列夫的元素周期表出现之前，化学也就止步于此了。唯有天才方能领悟统一并关联所有元素的整体体系和终极原理，实现如此恢宏的成就。这使我第一次感受到人类头脑的卓越力量，或许头脑经过武装，可以发现或解开自然最深奥的秘密，洞悉天机。

那一夜半睡半醒之间，我不停地梦到元素周期表——我梦到周期表像飞快旋转的纸风车或转轮烟花，然后变成一团巨大的星云，从第一种元素转到最后一种元素，转过铀，直到无垠的远方。第二天，我迫不及待地等着博物馆开门，门刚开，就冲到顶楼去看那个元素周期表。

元素周期表

Key

74	原子序数
W 钨	元素符号
183.85	原子量

1—IUPAC 族号
IA—门捷列夫族号

周期

	1	2	3	4	5	6	7	8	9
		IIA	IIIB	IVB	VB	VIB	VIIB	VIIIB	VIIIB
1	1 *H* 氢 1.00794								
2	3 Li 锂 6.941	4 Be 铍 9.0122							
3	11 Na 钠 22.990	12 Mg 镁 24.305							
4	19 K 钾 39.098	20 Ca 钙 40.08	21 Sc 钪 44.956	22 Ti 钛 47.88	23 V 钒 50.94	24 Cr 铬 51.996	25 Mn 锰 54.938	26 Fe 铁 55.847	27 Co 钴 59.9332
5	37 Rb 铷 85.468	38 Sr 锶 87.62	39 Y 钇 88.9059	40 Zr 锆 91.224	41 Nb 铌 92.91	42 Mo 钼 95.94	43 Tc 锝 (98)	44 Ru 钌 101.07	45 Rh 铑 102.906
6	55 Cs 铯 132.91	56 Ba 钡 137.33	Hf 铪 72 178.49	73 Ta 钽 180.95	74 W 钨 183.85	75 Re 铼 186.207	76 Os 锇 190.2	77 Ir 铱 192.22	
7	87 Fr 钫 (223)	88 Ra 镭 226.025	104 Rf 鑪 (261)	105 Db 𨧀 (262)	106 Sg 𨭎 (263)	107 Bh 𨨏 (262)	108 Hs 𨭆 (265)	109 Mt 䥑 (266)	

镧系

6	57 La 镧 138.906	58 Ce 铈 140.12	59 Pr 镨 140.908	60 Nd 钕 144.24	61 Pm 钷 (145)	62 Sm 钐 150.36

锕系

7	89 Ac 锕 227.028	90 Th 钍 232.038	91 Pa 镤 231.036	92 U 铀 238.029	93 Np 镎 237.048	94 Pu 钚 (244)

图例

- 碱金属
- 碱土金属
- 过渡金属
- 其他金属
- 非金属
- 卤族
- 惰性气体

- **C** 固体
- **Br** 液体
- **H** 气体

			13 IIIA	14 IVA	15 VA	16 VIA	17 VIIA 卤族	18 VIIIA
								2 *He* 氦 4.003
			5 B 硼 10.81	6 C 碳 12.011	7 *N* 氮 14.007	8 *O* 氧 15.999	9 *F* 氟 18.998	10 *Ne* 氖 20.179
10	11 IB	12 IIB	13 Al 铝 26.98	14 Si 硅 28.086	15 P 磷 30.974	16 S 硫 32.06	17 *Cl* 氯 35.453	18 *Ar* 氩 39.948
28 Ni 镍 58.69	29 Cu 铜 63.546	30 Zn 锌 65.39	31 Ga 镓 69.72	32 Ge 锗 72.59	33 As 砷 74.922	34 Se 硒 78.96	35 *Br* 溴 79.904	36 *Kr* 氪 83.80
46 Pd 钯 106.42	47 Ag 银 107.868	48 Cd 镉 112.41	49 In 铟 114.82	50 Sn 锡 118.71	51 Sb 锑 121.75	52 Te 碲 127.60	53 I 碘 126.905	54 *Xe* 氙 131.29
78 Pt 铂 195.08	79 Au 金 196.967	80 Hg 汞 200.59	81 Tl 铊 204.383	82 Pb 铅 207.2	83 Bi 铋 208.98	84 Po 钋 (209)	85 At 砹 (210)	86 *Rn* 氡 (222)
110 鿏 (269)	111 铑 (272)	112 镯 (277)	113	114 (285)	115	116 (289)	117	118 (293)

63 Eu 铕 151.96	64 Gd 钆 157.25	65 Tb 铽 158.925	66 Dy 镝 162.50	67 Ho 钬 164.93	68 Er 铒 167.26	69 Tm 铥 168.934	70 Yb 镱 173.04	71 Lu 镥 174.967
95 Am 镅 (243)	96 Cm 锔 (247)	97 Bk 锫 (247)	98 Cf 锎 (251)	99 Es 锿 (252)	100 Fm 镄 (257)	101 Md 钔 (258)	102 No 锘 (259)	103 Lr 铹 (260)

　　再访博物馆，我看元素周期表仿佛地理空间，就像一个王国，有不同的领地和疆域。这样，我凭空俯视各种元素，观察整体的梯度和趋势。金属很早之前便被认作一种特殊的元素类型，此时一眼望去，就能看到它们占据了元素王国四分之三的领地——整个西部和南部的大部分区域——非金属元素则大多被挤在东北一隅。金属元素与其他元素之间有一条英国的哈德良长城一般锯齿状的界线，而包括砷、硒在内的几种"半金属"和准金属位于界线两侧。我们可以看到酸碱的梯度变化，"西部"元素氧化物与水反应形成碱，而以非金属元素为主的"东部"元素氧化物和水反应形成酸。我们还可以一眼看出，王国疆域两端的元素——比如碱金属元素中的钠和卤族元素中的氯——互相之间有极强的吸引力，反应会释放巨大的能量，形成熔点很高的结晶盐，溶解于水之后可以形成电解质溶液；然而，王国中央地区的元素则会形成完全不同类型的化合物——不易导电的挥发性液体或气体。伏打、戴维和贝采里乌斯曾根据电子阴阳性将元素分类，有了这方面的知识基础，我们就会发现阳性最强的元素都在左侧，而阴性最强的元素则都在右侧。因此我们从元素周期表上能看到的不仅是某一种元素所处的位置，还有元素的各种趋势。

　　看着这张元素周期表，"体会"其中的深意，我的人生也发生了改变。我有时间便去博物馆，将元素周期表抄在练习本上，随身携带。我对这张表无比熟悉，理解也很深刻，在头脑中就能勾画出所有的路径，找到某一族的区域，然后在某个周期右转，停下脚步，再来到另一个周期。不管何时，我都知道自己身在何处。元素周期表就像一座花园，我从小就喜欢的数字花园——但又与数字花园有所不同，元素周期表是真实的，是开启宇宙大门的钥匙。我在门捷列夫这座迷人的花园里流连忘返，完全沉浸其中，漫游着，探索着。①

博物馆的元素周期表旁有一幅门捷列夫的相片；他头发和胡子浓密蓬乱，睡眼惺忪，长了一副教唆犯的模样，就像《雾都孤儿》里的费京和莫里耶②作品《软帽子》里的斯文加利一样。他看起来野蛮狂放，但也与拜伦式的汉弗莱·戴维一样，有着自己独特的浪漫情怀。我想多了解他一些，就去读了他的著作《化学原理》，他正是在这本书中首次公布了元素周期表。

他的著作和生平都没有令我失望。他的兴趣极为广泛，他也很喜爱音乐，而且是作曲家、化学家鲍罗丁的密友。他的《化学原理》一书可谓史上最妙趣横生的化学著作。③

门捷列夫与我的父母一样，来自一个大家族——我在书上看过，他是家里14个孩子中最小的一个。门捷列夫的母亲在他年少时就发现他聪颖过人，在他14岁时，怕埋没了他的才能，就开始为他寻找良师。门捷列夫的母亲带着他，从西伯利亚出发，步行数千里，先是来到莫斯科大学（由于是西伯利亚人，未能获准入学），然后来到圣彼得堡，他才获得师范教育的机会。（他的母亲当时已年近六旬，积劳成疾，不幸去世。门捷列夫深爱着母亲，后来在《化学原理》的题献中，将这本书献给了母亲。）

---

① 多年后，我读到斯诺的作品，发现他初次看到元素周期表时的感觉和我的很像：
我第一次见识到杂乱无章的事实排列得如此井然有序。年少时学习的无机化学庞杂无序，像大杂烩一般，如今似乎形成了有序的体系——我好似站在丛林旁，转眼之间，丛林变成了一座荷兰花园。

——作者注

② 乔治·杜·莫里耶（George Du Maurier, 1834—1896），英国小说家、插画家。

③ 门捷列夫在《化学原理》序言的第一个脚注中写道"在科学王国中的生活是多么令人满足、自由和喜悦啊"——我们从字里行间都能看出这是他的真情流露。《化学原理》有了生命，在门捷列夫的一生中不断成长，每一个版本都比前一个版本篇幅更长，内容更充实、更成熟，脚注内容越来越丰富翔实（脚注内容特别多，最后几个版本的脚注比正文内容还长；有时占据了一页的十分之九——我想，我之所以喜欢脚注，另辟蹊径探幽，可能也受到了门捷列夫《化学原理》的影响）。

——作者注

184 .

　　门捷列夫在圣彼得堡做学生时就有无穷的好奇心，而且如饥似渴地归纳整理各种原理。林奈①在18世纪创立动植物双名命名法，也对矿物做了分类，但不算太成功。19世纪30年代，丹纳根据化学性质将矿物分成十几种主要类型（天然元素矿物、氧化物矿物和硫化物矿物等），此法取代了按物理性质分类的旧分类法。但是，元素本身却没有类似的分类，而当时发现的元素已约有60种。有些元素确实似乎难以归类。铀应该归为哪一类？还有密度超级低的金属铍呢？最新发现的元素中有些尤其难以归类——比如1862年发现的铊，有些性质和铅类似，有些性质又和银类似，还有一些性质与铝或钾类似。

　　1869年，门捷列夫公开元素周期表，而他对分类的兴趣已有将近20年。或许是因为有了这么长时间的冥思和积淀（与达尔文出版《物种起源》之前的情形极为相似），门捷列夫的《化学原理》出版时，表现出远超时人的学识和洞察——与他同时代的人中，有一些人对元素的周期性也有所洞察，但都无法像他一样掌控巨量的细节。

　　门捷列夫在书中说，他会在卡片上写下元素的化学性质和原子量，在横穿俄罗斯的长途火车旅行中，不停地翻弄着这些卡片，思考着，以此消磨时间或玩他所谓的"化学纸牌"，探寻一种秩序、一种体系，将所有的元素及其性质和原子量纳入其中。

　　此外，还有一个关键因素。数十年来，很多元素的原子量一直存在争议。直到1860年，在德国卡尔斯鲁厄化学会议上，这些原子量终于确定了下来，门捷列夫和其他科学家才有条件考虑对元素做整体分类。门捷列夫与鲍罗丁一同参加了卡尔斯鲁厄的会议（这不仅是一次化学之旅，还是一次音乐之旅，他们拜访了沿途的每一座教堂，亲手弹奏当地的风琴）。根据卡尔斯鲁厄会议之前的旧原子量，人们只能感觉到有些元素同属一类，却无法看

① 卡尔·冯·林奈（Carl von Linné，1707—1778），瑞典生物学家、动植物双名命名法的创立者。

透不同类属元素之间的量化关系。① 意大利化学家坎尼札罗在这次会议上证明了原子量可以精确测量，比如钙、锶和钡等碱土金属元素的原子量分别是40、88和137（而不是之前大家认为的20、44和68）。之后，人们才能看出这些元素与钾、铷和铯等碱金属元素如此相近。此外，氯、溴和碘等卤族元素的原子量也与之近似，门捷列夫由此于1868年将三组元素并置排成一个小表：

氯（Cl）35.5　　钾（K）39　　钙（Ca）40

溴（Br）80　　铷（Rb）85　　锶（Sr）88

碘（I）127　　铯（Cs）133　　钡（Ba）137

这时，门捷列夫发现这三组元素按原子量排列之后，形成一种重复模式——卤族元素之后是碱金属元素，然后是碱土金属元素——感觉肯定还有更大的规律可循，进而形成了纳入所有元素的周期性理念——周期律。

门捷列夫的第一张小元素表填好之后，又朝各方向延伸，就像玩填字游戏一样；这本身就需要一些大胆的推测。哪一个元素的化学性质与碱土金属的相近，而且原子量恰好大于锂的原子量？这种元素明显还没被发现——有没有可能是原子量14.5且通常被认为化合价为3的铍？如果铍是2价，原子

① 门捷列夫并非最早发现元素原子量重要意义的人。贝采里乌斯测出碱土金属的原子量时，德贝莱纳就发现锶的原子量恰好介于钙和钡的原子量之间。贝采里乌斯也在犹疑这是个巧合，还是具有普遍性的重大发现。贝采里乌斯刚于1817年发现了硒，随即意识到这种元素的化学性质与硫、碲的"同属"一类。德贝莱纳做了深入研究，发现硒的原子量恰好介于硫和碲的之间，得出几种元素之间的定量关系。同年晚些时候，贝采里乌斯又在他的厨房实验室里发现了锂；德贝莱纳观察到，锂又补全了一个碱金属三元素组合：锂、钠和钾。德贝莱纳就像早前的戴维一样，感觉氯和碘的原子量相差太大，因而认定还有一种原子量介于二者之间的卤族元素。（几年之后，溴被发现。）德贝莱纳提出"三元素组"，并指出三者之间的原子量和化学性质都有相关性，各方对此观点的反应各不相同。贝采里乌斯和戴维对这种"数字命理学"提出了质疑；但是其他科学家对此充满兴趣，开始思考德贝莱纳这些数字背后是否隐藏着某种根本性的规律。

——作者注

量不是 14.5 而是 9 呢? 那么铍就恰好能填上锂后面的空位。

门捷列夫一方面靠着有意识的计算和分析,另一方面靠着直觉和本能,在几星期之内,将原子量从小到大的 30 多种元素做成一张表格,这张表格显示,每 8 种元素的化学性质形成一个循环。据说,1869 年 2 月 16 日晚上,门捷列夫做了一个梦,梦到几乎所有的已知元素排成一张大表。第二天早上,他将这个梦写成了论文。[1]

门捷列夫的元素周期表逻辑和模式太过清晰,因此有些异常之处立刻就显现出来。有些元素似乎出现在错误的位置,有些位置则没有元素。门捷列夫依靠丰富的化学知识,否认了某些元素在当时公认的化合价和原子量,调整了 6 种元素的位置。此举展现了他的胆识,震惊了同时代的一些科学家。比如德国科学家洛塔尔·迈耶尔[2]认为他因为元素位置不"合适"就更改原子量的做法很荒谬。

门捷列夫自信心爆棚,在他的元素周期表中为"未知元素"留下了几个空位。他宣称,通过分析空位上下元素的性质(在某种程度上也可以分析前后元素的性质),人们就可以相对确信地推断未知元素的特征。他在 1871 年的元素周期表中就详细预测了一种新元素(类铝),将其列在第三主族的铝下方。仅仅 4 年之后,法国化学家勒科克·德布瓦博德朗[3]果然发现了这样

---

[1] 这是最后被广泛接受的科学神话,后来,门捷列夫本人也宣传起这个故事。多年后,凯库勒说他梦到蛇咬住自己的尾巴,这才发现了苯环,这与门捷列夫的故事异曲同工。但如果我们仔细看门捷列夫绘制的那张表,就会发现到处都是调整修改的痕迹,计算过程都写在边缘。这些手稿极为形象地表现出门捷列夫苦思冥想的创造性努力。门捷列夫并非从梦中醒来便得到了所有的答案,而更可能是在梦中得到启发,因此能在几个小时的时间里解决困扰他多年的问题。

——作者注

[2] 尤利乌斯·洛塔尔·迈耶尔(Julius Lothar Meyer, 1830—1895),德国化学家,独立地研究出元素周期分类法。1868 年编制出的元素周期表与门捷列夫 1869 年发表的元素周期表有很多相似之处,但直到 1870 年他才发表自己的研究成果。

[3] 勒科克·德布瓦博德朗(Lecoq de Boisbaudran, 1838—1912),法国化学家。1859 年着手研究光谱分析,1875 年发现元素镓,该元素成为第一个被发现的门捷列夫所预言的元素。

一种新元素，并将其命名为镓（gallium，源自拉丁文的雄鸡"gallus"一词，或是表达了爱国之心，或是代指自己）。

门捷列夫预言之精准，令人叹服：他预测这种新元素的原子量是 68（勒科克测出的是 69.9），密度是 5.9 克／厘米^3（勒科克测出的是 5.94 克／厘米^3），而且准确预测了镓的其他物理和化学性质，包括可熔性、氧化物、盐类和化合价等。最初，勒科克的观察结果与门捷列夫的预测有些差异，但他很快便证实门捷列夫是正确的。因此有人说门捷列夫虽然从未见过镓，但是他对这种新元素性质的把握比元素真正的发现者还要全面。

突然之间，世人不再只将门捷列夫看成投机者或梦想家，而认可他是基本自然规律的发现者。此时，元素周期表不再只是一种华而不实的体系，而是一种非常宝贵的指南，协调了此前无法关联的海量化学信息。元素周期表还被用来指导未来的各种研究，包括系统性搜寻"缺失的"元素。将近 20 年之后，门捷列夫说："元素周期表普及之前，化学元素是散落在大自然中，偶然可得之；没有任何理由去期待新元素的发现。"

如今，有了门捷列夫的元素周期表，人们不仅可以对新元素的发现有所期待，还能预测新元素的特质。门捷列夫还做出过两个同样详细的预测，几年之后，随着钪和锗的发现，也都得到印证。[1] 就像预测镓一样，他还是以

---

[1] 门捷列夫在1889年的一个脚注中——他的演讲里都有脚注，至少打印版本里有——补充道："我又预测了几种新元素，但不像以前那么确信。"他很清楚原子量为 209 的铋和 232 的钍之间差异很大，猜想中间肯定有多个元素。他对铋后面的元素胸有成竹："与碲类似的一种元素，或许可以称其为'类碲'。"这种元素就是钋，由居里夫妇在 1898 年发现，最终分离出来，所有性质几乎都与门捷列夫的预测完全一致。（1899 年，门捷列夫来到巴黎，拜访居里夫妇，欣然发现镭正是他预测的"类钡"。）

门捷列夫在最后一版《化学原理》中做出很多其他预测——包括与锰类似，但更重的两种元素——原子量在 99 左右的"类锰"和原子量为 188 的"三锰"；可惜，他没能见到这两种元素。"三锰"铼直到 1925 年才被发现，是人类发现的最后一种天然元素；而"类锰"锝则是第一种人工合成的新元素，于 1937 年被合成。

门捷列夫还利用类推的方法预言了铀后面的一些新元素。

——作者注

上下和前后的元素为基础，猜测这些未知元素的物理和化学性质，并推测它们的原子量介于同族上下两种元素的原子量之间。[1]

有趣的是，门捷列夫并未预料到元素周期表的关键，而这个关键点确实也很难预测，因为问题并非缺失了某一种元素，而是一整个种族的元素。1894 年，氩气被发现时——元素周期表中似乎根本没有适合这种元素的位置——门捷列夫最初认定这种气体不可能是一种新元素，认为它是氮更重的一种形态（N_3，类似于臭氧 O_3）。但随后人们发现，周期表中明显有这种新元素的位置，就在氯和钾之间，而且是一整个惰性气体种族，在每个周期的

---

[1] 卡尔斯鲁厄化学会议之后的 10 年里，出现了整整 6 种此类元素分类法，而且各自完全独立：法国的德·尚古尔多阿、英国的欧德林和纽兰兹、德国的洛塔尔·迈耶尔、美国的欣里希斯和俄国的门捷列夫，几人的研究都指向周期律。

德·尚古尔多阿是一位法国矿物学家，最早提出这种分类法。他在 1862 年——卡尔斯鲁厄会议结束后仅仅 18 个月——设计了一种垂直的圆筒，24 种元素环绕圆筒螺旋式上升，高度与各自的原子量相对应，这样一来，性质相似的元素就会上下相邻。碲恰好位于螺旋的中点，因此他称其为"碲螺旋"。可惜，法国科学院刊发表他的论文时，很诡异地删除了这张关键的插图，加之其他一些问题，最终导致德·尚古尔多阿的思想被人忽视。

英国的纽兰兹也不怎么幸运。他也将已发现的元素按原子量升序排列，发现明显每次第八种元素后就会与第一种元素性质相似，于是提出"八行周期律"。他说："从某种特定元素起算的第八种元素，性质是第一种元素的某种重复，好似八度音阶的第八个音符。"（如果当时已经发现惰性气体的话，那就是第九种元素与第一种元素相似了。）纽兰兹直接拿音乐做比较，甚至提出这种八行周期律或许是某种"宇宙音乐"，因而在向化学学会提出自己的理论时，遭到挖苦讽刺；说他索性按元素的首字母顺序排列得了。

纽兰兹显然比尚古尔多阿更接近周期律。纽兰兹与门捷列夫一样，发现某些元素的原子量与其所处位置不合时，便对其位置做了调整（尽管他未能像门捷列夫那样预测未知元素）。

洛塔尔·迈耶尔也出席了卡尔斯鲁厄会议，而且是最早使用会议修正原子量做元素分类的人之一。1868 年，他精心绘制了一张周期表，表分 16 栏（但是发表拖延，落在了门捷列夫之后）。洛塔尔·迈耶尔对元素的物理性质及其与原子量的关系特别关注。1870 年，他发表了一张著名的图表，标注了已知元素的原子量及其相应的"原子容积"（即相对原子量与密度的比值），图表上部是碱金属，下部是铂和铁等致密的第八族元素，其他元素居于中间，位置安排也很合理。这张图表是周期律有力的证明，对于世人接受门捷列夫的研究成果有很大的帮助。

但是，门捷列夫发现"自然分类系统"时，对与之类似的他人成果既没有忽视，也没有否定。后来，他在功成名就之时，学识变得更深厚，或许也变得更加慷慨，竞争者或前人的理念对他的威胁也变小了。1889 年，他受邀在伦敦的法拉第讲座上演讲，他细数了前人的贡献。

——作者注

卤族元素和碱金属元素之间。勒科克搞懂了这个规律，于是预测了其他尚未被发现的惰性气体——这些惰性气体很快便相继被发现。人们发现氦、氖、氪、氙之后，意识到这些气体恰好构成一个周期族群，它们惰性很强、普通又不起眼，因此一个世纪都没有引起化学家的注意。[①] 惰性气体都无法与其他元素结合形成化合物；化合价似乎是零。[②]

元素周期表简直完美无瑕，是我见过的最美的东西。我也没法细细分析到底美在哪里——简洁？连贯性？规律性？必然性？又或许是对称性，所有元素各居其位，没有间隔，没有例外，所有的元素环环相扣。

博学的化学家梅勒称门捷列夫的元素周期表"肤浅"且"虚幻"，并没有比其他的分类方式更真实、更根本；当时我刚开始阅读他关于无机化学的巨著，听到这种言论，备感困惑。我一度有些惊慌失措，觉得有必要亲自验证一下元素的化学特性和化合价之外的其他方面是否符合周期律的思想。

[①] 不过，1785 年，卡文迪什将空气中的氮气和氧气混合在一起后用电火花点燃，发现有少量气体（"不超过气体总量的 1/120"），完全无法燃烧，但是直到 19 世纪 90 年代才有人注意到这种现象。

——作者注

[②] 我有时觉得自己就像惰性气体，有时则会给惰性气体赋予人性，想象它们的孤单，与世隔绝，渴望去结合。它们真的完全无法与其他元素结合吗？卤族元素中最活泼的氟——极易与其他元素化合，化学家经过一个多世纪的努力才将它分离出来——如果有必要的条件，有没有可能与最重的惰性气体氙化合？我研究了物理常数表，发现这种结合仅仅存在理论上的可能。

20 世纪 60 年代初期，我听说美国化学家尼尔·巴特利特成功制备了铂、氟和氙三种元素的化合物，不禁大喜过望（尽管此时，我的兴趣已经转移到其他事情上了）。后来氟化氙和氧化氙也先后制备出来。

弗里曼·戴森曾写信给我，讲述他年少时对元素周期表和惰性气体的喜爱——他也是在南肯辛顿科学博物馆看到了瓶装的惰性气体——还有多年后，他看到高氙酸钡样品时的兴奋之情，这种难以捉摸的惰性气体竟完好地锁在晶体中：

我对元素周期表一往情深……小时候，我在展览柜前一站就是几个小时，心想着每一种金属片和每一瓶气体都有各自独特的性质，多么美好……威拉得·利比带着一个装满高氙酸钡结晶的小瓶来到普林斯顿，这是我生命中最难忘的时刻之一。高氙酸钡晶与普通盐类相似，但是要重很多。这就是化学的魔力，竟将氙固定在晶体中。

——作者注

于是，我走出实验室，找来《CRC 物理和化学手册》，读过之后立刻奉为圭臬。这本书像块砖头一样，将近 3000 页，包含所有物理和化学性质表，其中很多表格我都烂熟于胸。

我从书中学习了所有元素和几百种化合物的密度、熔点、沸点、折射率、溶解度和晶形。我痴迷地绘制各种表格，将原子量与我能想出的所有物理性质相对应。我越研究就越亢奋，就越有干劲，因为几乎每一项研究都表现出周期性：不仅密度、熔点和沸点有周期性，导热性和导电性、晶形、硬度、熔化后的体积变化、受热的膨胀程度以及电极、电势等也都有。不仅是化合价，物理性质也都符合。经过这些验证之后，我对元素周期表的作用和普适性倍加认可。

元素周期表中也有一些逆趋势的异常现象——有些还属于重大异常。比如，与锰相邻的元素都是相对较好的导体，可锰的导电性为什么那么差？为什么只有铁族金属的磁性很强？然而，我坚信这些例外情况或许反映出某些特别的机理，但绝不会破坏整个体系的有效性。[1]

我也用元素周期表尝试做了一些预言，就像门捷列夫预测镓等元素的性质一样，预测了几种未知元素的性质。我第一次见到博物馆那张元素周期表时，就发现表里有 4 个空位。最后一种碱金属 87 号元素尚未被发现，最后一种卤族元素 85 号元素也没有被发现。此外，锰下方的 43 号元素仍然缺失，

---

[1] 非金属元素的氢化物极为异常——很可怕的一类物质，致命性极强。砷化氢和锑化氢毒性都很强，而且有臭味；硅烷和磷化氢都易自燃。我曾在自己的实验室中制备出硫化氢（H_2S）、硒化氢（H_2Se）和碲化氢（H_2Te）。这几种元素都属于第六主族，其氢化物都很危险且有臭味。如果按规律推测，第六主族第一周期的氧与氢结合形成的应该是一种气味难闻、有毒且易燃的气体，在零下 100 摄氏度左右液化成一种恶心的液体。然而，氧的氢化物却是水（H_2O）——稳定、适于饮用、无臭、无害，而且具备特殊、独有的性质（凝固时体积膨胀、比热容特别大、是极强的离子化溶剂等），是地球和生命不可或缺的物质。这种异常是怎么出现的呢？我虽然未因水的性质异常而质疑其在元素周期表中的位置，却也着实好奇它与同族元素的差异是如何产生的——我发现，直到 20 世纪 30 年代莱纳斯·鲍林提出氢键的概念，这个问题才得到解决。

——作者注

不过在那个空位上写着"鎷",但是并没有标出原子量。[1]最后,还有61号,一种稀土元素,也暂时空缺。

未知碱金属元素的性质很容易预测,因为所有的碱金属都很相似,我只须根据同族其他元素的性质就可以推测。我估计87号元素应该是同族元素中最重的,肯定易熔,而且性质最活跃;室温下应该是液体,而且和铯一样有金色光泽。其实,这种元素也有可能像熔化的铜一样,呈现橙粉色。它的阳性比铯更强,光电效应也更强。它与其他碱金属一样,使火焰呈现艳丽的色彩——根据从锂到铯的火焰颜色变化趋势,很可能是蓝色的。

预测未知卤族元素的性质也同样简单,因为所有卤族元素的性质也都很相似,呈现简单的线性趋势。

但第43号元素和第61号元素的性质就比较难猜了,用门捷列夫的话来讲就是,这些元素非"典型"。正是这些非典型元素使门捷列夫陷入困境,迫使他修订了元素周期表。过渡元素具有同质性,30种元素都是金属,大多数都像铁一样坚硬、强韧且不易熔化,特别是铂族金属和戴夫舅舅给我介绍的灯丝金属等比较重的过渡金属。我对颜色有着特别的兴趣,于是注意到另外一种现象,一般元素的化合物都是无色的,比如普通的盐类,然而过渡金属的化合物则色彩丰富:锰和钴构成的矿物和盐类是粉红色的,镍盐和铜盐是绿色的,钒盐则呈现多种色彩;不同的色彩对应着不同的化合价。通过这些性质,我认识到过渡元素是特殊的存在,与典型的元素有本质的不同。

尽管如此,我们还是可以大胆猜测第43号元素与锰、铼等同族金属元

----

① 1925至1926年间,一个德国科学家团队发现了第75号元素铼,伊达·塔克·诺达克便是团队中的一员。诺达克还宣称她发现了第43号元素,并将其命名为鎷。但这个发现没有得到证实,她也因此名誉受损。1934年,意大利物理学家费米用中子撞击铀原子,以为自己合成了93号元素。诺达克指出他错了,认为他其实是分裂了原子。但是,由于她错误宣称发现43号元素而信誉受损,没有人在意她的话。如果她的话得到重视,德国当时很可能制造出原子弹,世界历史也将由此改写了。这段逸闻是格伦·西博格在1997年11月的一次会议上回忆讲述的。

——作者注

素有类似的特征（比如化合价可达 7，可形成彩色盐类）；而且也有可能与同周期前后的过渡金属有相似之处——比如前面的铌、钼，以及后面的铂族金属。因此，我们也可以猜测这种元素是有银色金属光泽的硬金属，密度和熔点都与相邻元素的相似。这种元素应该是钨舅舅喜欢的类型，也与舍勒在 18 世纪 70 年代发现的金属类似——如果在大自然中有足够储量的话。

从很多方面来看，最难预测的就是 61 号稀土元素了，因为稀土元素本来就是最令人捉摸不定的。

我记得最早是从母亲那里听说的稀土元素。母亲烟瘾很大，用一个兰森牌打火机点烟，一支又一支抽个不停。有一天，她把打火机里的"燧石"抽出来给我看。她说，其实这不是真正的燧石，而是一种金属，摩擦就能产生火花。这种"混合稀土金属"（mischmetal）是 6 种相似稀土元素的混合物，主要成分是铈。稀土这个名字很怪，有些神话或童话色彩。在我的想象中，稀土不但稀少宝贵，而且具有独一无二的神秘特质。

后来，戴夫舅舅给我讲，稀土元素都极为相似，有时各自的物理和化学性质难以区分，因此科学家分离每一种稀土元素时都极为困难。稀土元素有十几种，它们的矿石（不知为何，似乎都产自瑞典）从来都不是只含一种稀土元素，而是全部混杂在一起，好似大自然也无法区分它们。对稀土元素的分析成为化学史上的一段传说，人们百余年来孜孜不倦、百折不挠地探寻稀土元素的传说。最后几种稀土元素的分离是 19 世纪的化学水平难以企及的，直到 20 世纪的光谱学和分步结晶等物理方法出现之后，才最终得以实现。最后两种稀土元素镱和镥，要经过 15000 次以上的分步结晶，再利用二者盐溶液溶解性的细微差异，才最终被分离出来——这项工程用去了多年时间。

尽管如此，仍有化学家痴迷于棘手的稀土元素，穷尽一生去分离这些元素；他们觉得自己的研究或许能够阐明所有元素的周期性。威廉·克鲁克斯这样写道：

稀土元素使我们的研究陷入谜团，搅乱了我们的推测，在梦中也困扰着我们。它们就像一片未知的海洋横陈于我们面前，嘲弄我们，蒙蔽我们，喃喃着诡异的启示录和各种可能。

如果说稀土元素使化学家感到困惑，受到欺骗，闹得他们心神不宁，那么门捷列夫设法在元素周期表中给它们安排位置时，则是在折磨中得到激励。他在 1869 年绘制出第一张元素周期表时，已知的稀土元素只有 5 种，但随后的数十年里，越来越多的稀土元素被发现。人们每发现一种新的稀土元素，都会遇到更多的问题，因为所有稀土元素的原子量都很接近，全都挤在第六周期，似乎在元素周期表中应该放在同一位置。其他化学家也绞尽脑汁，要给这些极为相似的元素排好位置；而且到底有多少种稀土元素仍不确定，更是令他们无比沮丧。

19 世纪末，很多化学家都倾向于把过渡元素和稀土元素单列在独立的"区块"里，因为需要在元素周期表中增加更多位置和空间安排这些"额外"的元素，似乎破坏了元素周期表 8 个元素一周期的基本规律。为了将这些元素纳入元素周期表中，我也尝试了几种不同的设计，包括螺旋状和三维立体的设计。我后来发现，有不少人和我做过同样的事：门捷列夫在世时，出现过百余种不同版本的元素周期表。

我绘制的和我所见过的所有元素周期表，在"最后"一种元素铀之后都有很多不确定性，都要打上问号。我对这种现象以及第七周期元素产生了极强的好奇心。第七周期元素，以未知的 87 号碱金属元素开头，到 92 号元素铀便终了。我好奇为什么这个周期只有 6 种元素？铀之后，就没有元素了吗？

铀的化学性质与第六副族过渡金属元素中最重的钨的化学性质极为相似，因此，门捷列夫把铀排在钨的下方。钨能形成一种密度很大的挥发性气体六氟化物，铀也可以——这种化合物就是六氟化铀，在战争中被用于分离铀的同位素。铀似乎是一种过渡金属元素，又像是类钨——但我觉得有些古怪，于是决定一探究竟，研究一下所有过渡金属的密度和熔点。一经比较，我便发现一处异常，第四、第五和第六周期的金属密度都是逐步增大的，然而到第七周期却意外变低。铀的密度其实比钨小，这与人们的预想恰好相反（同理，钍的密度也比铪小，和人们的预想也不同）。它们的熔点也有相似的规律：第六周期元素的熔点逐渐升高，然后来到第七周期又骤然降低。

我很兴奋，觉得自己有了重大发现。尽管钨和铀有很多的相似之处，但是有没有可能，铀与钨并不属于同一副族，甚至铀根本就不是过渡金属？第七周期的其他元素，钍、镤以及铀后面的（假想）元素，是否也有同样的情况？这些元素有没有可能是第二系列的稀土元素，恰好与第六周期的元素类似？如果是这样的话，类钨就不是铀了，而是一种人们尚未发现的元素，只有第二系列的稀土元素全部发现被之后才能现身。1945 年，这些尚且令人难以想象，只有科幻小说里才会出现。

"二战"之后不久，我便兴奋地发现自己猜对了。当时伯克利的格伦·西博格 ① 与同事成功合成了几种超铀元素——第 93、94、95 和 96 号元素——并发现这些元素确实属于第二系列的稀土元素（他参照第一系列稀土元素镧系金属的命名，将第二系列称作锕系金属）。②

西博格认为，类比镧系金属，锕系金属也应该有 14 种元素，在第 14 种

---

① 格伦·西奥多·西博格（Glenn Theodore Seaborg，1912—1999），美国著名化学家，1951 年诺贝尔化学奖得主之一。

② 尽管第 93 号元素镎和 94 号元素钚在 1940 年就已经被成功合成，但直到"二战"之后才向世人公开。两种元素刚被合成时，分别被临时命名为"极值元素"和"终极元素"，因为人们认为不可能再出现更重的元素了。然而，1944 年，人们又成功合成了第 95 和 96 号元素。发现这两种元素的消息并没有按照习惯操作，通过《自然》杂志或在化学学会公开；而是在 1945 年 11 月，通过一个猜谜的儿童广播节目公开的，当时有一个 12 岁的男孩向西博格提问："西博格先生，您最近有合成更多新元素吗？"

——作者注

元素（第 103 号元素）之后，应该还有 10 种过渡元素，然后，第七周期才会以第 118 号的惰性气体收尾。西博格还提出，还会有新的元素周期，以 119 号元素开始，而 119 号元素与其他周期的起始元素一样，也是碱金属元素。

这样看来，元素周期表在铀之后似乎还有很多新元素可以扩充，这些元素在自然界中可能根本就不存在。超铀元素的种类是否有限，人们暂时还不清楚：或许此类元素的原子太大，难以维持原子形态。但是，周期律才是根本，而且似乎可以无限扩充。

门捷列夫主要把元素周期表当作一种工具，用来组织和预测元素的性质，但也觉得其中包含了某种根本的规律。他有时会遐想"不可见的原子世界"。而元素周期表则明显可以从两个角度来看：外在显现元素的性质，内在决定这些性质的未知原子特征。

我在科学博物馆偶遇元素周期表，长久沉迷其中，渐渐认定，元素周期表既非主观随意的，也非表面肤浅的，它代表着永世不变的真理，将不断得到验证，随着新知识的出现，不断展现新的深度。元素周期表一如自然，简单而深邃。12 岁的我，因这种认知而心醉神迷，就像爱因斯坦所说的，感觉"伟大的面纱揭开了一角"。

17

袖珍分光镜

"二战"之前，我们总会放烟花庆祝盖伊·福克斯之夜。红绿的"孟加拉烟火"是我的最爱。母亲告诉我，烟火能呈现绿色是因为添加了一种叫钡的元素，红色则是因为锶。当时，我还不知道钡和锶是什么，但是二者的名字却与它们的颜色一样留在我的记忆中。

　　母亲见我对这些烟火着迷，就在炉火上撒了一撮盐，炉火突然旺盛起来，闪耀着黄色火焰——这种变化是因为钠的存在（母亲说，古罗马人就用这种方法使火焰有更丰富的色彩）。因此，从某种意义上讲，我在"二战"之前就已经接触了"焰色试验"，但是直到几年之后，我在戴夫舅舅的实验室里才了解到焰色试验在化学中非常重要，是即时检测某些元素的方法，即使这些元素仅有微量，也可以检测出来。

　　我们只需要把一点点某种元素或其化合物放在白金环上，再将白金环放在本生灯的无色火焰上，就能看到焰色的变化。我探索过所有不同颜色的焰火。氯化铜可以产生湛蓝色的火焰。如果你把铅、砷和硒混在一起可以产生淡蓝色的火焰——我将其称作"有毒"的淡蓝色。绿色的火焰有很多种：氯化铜之外，很多铜的化合物都能产生翠绿色的火焰；钡的化合物能产生黄绿色的火焰；有些硼的化合物，比如硼烷，高度易燃，燃烧时会产生诡异的绿色火焰。然后还有红色火焰：锂化合物的深红色火焰，锶的猩红色，还有钙的微微泛黄的砖红色。（后来，我在书中看到，镭也会产生红色火焰，但我当然没有见过。在我的想象中，那是最灿烂夺目的红色，是终极、致命的红色。我还想象到，第一位见到这种红色火焰的化学家很快便失明了，失明前看到的就是这种可以破坏视网膜的放射性镭火。）

焰色试验非常灵敏——比很多用于物质分析的"湿"实验化学反应都灵敏——进一步证明了元素是物质的根本，不管如何化合，它们都会保持自身独特的性质。钠与氯结合变成盐之后，我们可能会感觉它"消失了"——但在焰色试验中，指示钠存在的黄色焰火就会提醒我们，它仍然在那里。

我 10 岁生日时，琳恩姨妈送给我一本詹姆斯·金斯[①]的《流转的星辰》，我读得如痴如醉。金斯在书中讲述了通往太阳深处的幻想之旅，还在不经意间提到太阳中有铂、银和铅，以及地球上的大部分元素。

我对亚伯舅舅说起这本书的内容时，他认为该我了解一下光谱学了。他送给我一本 1873 年出版的老书《分光镜》，还把自己的袖珍分光镜借给我用。这本书的作者是英国科学家洛克耶[②]，书中有精妙的插图，不仅展示了各种分光镜和光谱，还展现了维多利亚时代的科学家的形象，他们留着胡子，身穿罩袍，利用这种新仪器观察烛焰。我读着书中介绍的分光镜历史，从牛顿的第一次光学实验到洛克耶自己观察太阳和恒星光谱的创举，宛如身临其境。

光谱学确实起源于天空。1666 年，牛顿用棱镜分解了太阳光，证明阳光是由"不同折射率"的多种光线组成的。牛顿获取了太阳光的光谱，一条从红色到紫色连续变化的彩色光带，就像一条彩虹。150 年后，年轻的德国光学物理学家约瑟夫·夫琅和费[③]使用更精密的棱镜，透过一条狭缝，观察牛顿的整个光谱，发现中间被奇怪的暗线隔断，那些暗线是"无数粗细不同的

---

① 詹姆斯·霍普伍德·金斯（James Hopwood Jeans, 1877—1946），英国数学家、物理学家和天文学家。

——译者注

② 洛克耶（Lockyer, Sir Joseph Norman, 1836—1920），英国天文学家。1866 年首创对太阳黑子进行的光谱观测，1868 年通过太阳光谱分析发现了元素氦。

——译者注

③ 约瑟夫·夫琅和费（Joseph Fraunhofer, 1787—1826），德国物理学家，主要贡献集中在光学方面。1814 年，他发明了分光仪，后来又在太阳光的光谱中发现了 574 条黑线，后人将其称作夫琅和费谱线。

——译者注

纵向线条"(后来,他数出暗线有 500 多条)。

要得到光谱,需要明亮的光线,但不一定是太阳光,也可以是烛光、石灰光,或碱金属和碱土金属燃烧时的彩色火光。及至 19 世纪 30 和 40 年代,这些类型的光也有人实验过,由此得到各种类型的光谱。太阳光产生的是一条全谱系的明亮光带,气态钠的光谱则只是一条非常狭窄却极为明亮的黄线,落在漆黑的背景上。锂和锶火焰的光谱也与钠的类似,只不过有多条明亮的谱线,大多落在红色区域。

1814 年,夫琅和费看到的暗线从何而来?这些暗线与元素火焰的明亮谱线有什么关联吗?当年,很多人思考过这个问题,但都没有得到答案。直到 1859 年,年轻的德国物理学家古斯塔夫·基尔霍夫①和罗伯特·本生合作,才终于找到答案。本生是著名的化学家,而且是成果丰硕的发明家——他发明了光度计、热量计和碳锌电池(经过极小的改良之后,在 20 世纪 40 年代仍在电池中使用,我还曾拆解过这种电池),当然还有本生灯。他将本生灯完善之后,用于深入研究光谱。他们两人是完美的搭档,本生是超级实验家,实际、技巧娴熟、富有创造力,而基尔霍夫则拥有本生可能比较欠缺的理论水平和数学能力。

1859 年,基尔霍夫设计了一个简单巧妙的实验,证明光谱的亮线和暗线分别对应发射光谱和吸收光谱,是同一现象的正反两面:元素气体形态发射光谱的特征波长与吸收光谱的波长完全相同。因此,钠的特征谱在发射光谱中就是明亮的黄线,在吸收光谱中就是同位置的暗线。

基尔霍夫透过分光镜观察太阳,发现太阳光谱中无数的夫琅和费暗线中有一条与钠的黄色亮线恰好处于相同位置,因此确认太阳中肯定含有钠。19

---

① 古斯塔夫·罗伯特·基尔霍夫(Gustav Robert Kirchhoff, 1824—1887),德国物理学家。在海德堡大学期间制成光谱仪,与化学家本生合作创立了光谱化学分析法(把各种元素放在本生灯上烧灼,发出波长一定的一些明线光谱,由此可以极灵敏地判断这种元素的存在),从而发现了元素铯和铷。

世纪上半叶，人们普遍认为我们对恒星的认识只能局限于观察结果——尤其是恒星的构造和化学成分，我们永远也无法了解。因此，基尔霍夫的发现举世震惊。[1]

基尔霍夫和其他一些人（特别是洛克耶）继续研究，识别出太阳内部的其他十几种元素。如今，夫琅和费之谜——太阳光谱中的几百条黑线——已经为世人所理解，就是太阳内部光线传播到外层时，被这些元素吸收形成的光谱。由此可以预测，日食出现时，太阳明亮的中央区域被遮蔽，只有日冕层可见，在暗线的位置就会出现耀眼的发射光谱。

在亚伯舅舅的帮助下——他的房顶上有一个小的观测台，望远镜和分光镜连在一起——我亲眼见识了这种现象。行星、恒星和遥远的星系，凡是可见的宇宙都可以做光谱分析。我在太空中看到地球上熟悉的元素，确认了元素不仅是地球独有，而是遍布寰宇，是构成宇宙的基本模块，抽象的知识变成直观的观察结果，令我欣喜若狂，几近眩晕。

这时，本生和基尔霍夫的精力从宇宙转回地球，想用这种新技术尝试能否在地球上发现新元素。本生已经认识到分光镜在分析复杂混合物时的强大效果——其实就是对化合物做光学分析。比如，如果在钠中加入少量的锂，利用传统的化学分析方法肯定无法检测出这些锂。此时，通过焰色试验也无法判断，因为钠的黄色火焰太盛，会掩盖其他颜色的火焰。但是有了分光镜，即使锂混合在万倍质量的钠中，也能立刻就分辨出它的特征谱线。

本生由此证明某些富含钠和钾的矿泉水中也含有锂（此前根本无人知晓，人们认为锂只存在于某些稀有矿物中）。矿泉水中有没有可能还含有其他碱金属元素？本生将44吨的矿泉水浓缩成几升，发现在诸多元素的谱线中，

---

[1] 奥古斯特·孔德（August Comte）在1835年出版的《实证哲学教程》一书中这样写道："就恒星研究而言，若非归为肉眼能够观察的事实……都将遭到我们的否认。我们有可能构想出恒星的形状、大小和运动，绝不可能用任何方法研究出它们的化学组成或矿物成分。"

——作者注

有两条距离很近的蓝色谱线是他之前从未见过的。他认为这肯定标志着有新元素存在。他在1860年11月宣布这项发现时写道:"我决定将它命名为铯,因为它的谱线是美丽的蓝色。"

三个月之后,本生和基尔霍夫又发现了一种新的碱金属,并因其"华丽的暗红色谱线",将其命名为铷。

在本生和基尔霍夫的发现之后,几十年的时间里,人们利用分光镜发现了20多种元素——铟和铊(也是因其明亮的谱线颜色而得名),镓、钪和锗(门捷列夫预言的3种元素),所有余下的稀土元素,还有19世纪90年代被发现的惰性气体。

但是,其中最浪漫的故事,当然也是最吸引我这样的小男孩的故事,莫过于氦的发现过程。1868年,洛克耶在一次日食中,发现日冕光谱中有一条黄色的亮线,与钠的黄色谱线离得很近,但有明显差异。他推测这条谱线肯定属于地球上尚未发现的某种元素,并将其命名为氦(helium)(他认为氦是一种金属元素,因此给它加了-ium,即铁的词缀)。这项发现令世人惊叹又兴奋,有人还因此推测每一颗恒星都有各自特殊的元素。然而,仅仅过去25年后,就有人发现地球上的一种矿物(铀矿)含有某种很轻的奇特气体,随时都会从矿物中释放出来。经过光谱分析之后,这种气体被证明正是氦。

光谱分析及其远程分析的神奇能力,在文学界也引发了共鸣。我读过狄更斯的小说《我们共同的朋友》(1864年完稿,距离本生和基尔霍夫开启光谱学仅仅4年),他在书中想象出一种"道德分光镜",遥远星系的居民就有可能利用这种仪器分析地球发射来的光,以此评判地球的善恶,绘制地球居民的道德光谱。

洛克耶在书末写道:"我毫不怀疑,随着时间推移……分光镜(将)成为……我们每个人的随身之物。"我就时时随身携带一个袖珍分光镜,随时都会拿出来分析世界:观察伦敦地铁车站刚安装的荧光灯,观察实验室中的溶液和火焰，或是家里的煤炭和燃气火焰。

我还研究了各种化合物的吸收光谱，从简单的无机溶液到血液、树叶、尿液和酒，不一而足。我很惊讶，凝固的血液竟然也能形成特征光谱，而且采用这种分析方法需要的血量极小——我们可以区分50多年前淡淡的血渍和锈迹。我想到法医学中或许能用到这种技术，不禁产生了兴趣；不知道擅长使用化学方法探案的福尔摩斯是否也使用过分光镜。我特别喜欢柯南·道尔的福尔摩斯探案故事，但是，他后期的查林杰教授系列更是深得我心——我可以自比查林杰教授，却无法成为福尔摩斯一样的人。《有毒地带》一书中，分光镜就起到了关键作用，查林杰教授发现太阳光谱中的夫琅和费线发生变化，才觉察到毒云来袭。

不过，我反复观察的还是放射光谱那些有绚烂色彩的亮线。我记得有一次带着袖珍分光镜去皮卡迪利广场和莱斯特广场，看着新装的钠光路灯、深红色的广告霓虹灯和填充了其他气体的灯管——依着不同的气体，呈现出黄色、蓝色和绿色——在这些灯光的映照下，伦敦西区从"二战"灯火管制的一片漆黑，变成了如今的五彩斑斓。每一种气体、每一种物质都有独特的光谱，都有各自的特征。

本生和基尔霍夫认为，谱线的位置不仅是每种元素的特有记号，还展现了元素的根本性质。谱线"是与原子量类似的一种不变的基本性质"，使我们能够初探元素的根本构成。

光谱的复杂性（比如，铁的谱线就有几百条）本身就说明原子不太可能如道尔顿想象的那样，是致密的实心小球，不同的原子基本全靠原子量来区分。

化学家W.K.克利福德在1870年以音乐做比，描述这种复杂性：

……三角钢琴的机理与铁原子相比，肯定非常简单。因为，铁的谱线是无数条独立的亮线，每一条都代表铁原子的一个固定振动周期。三角钢琴振动发声只有百余种，而单个铁原子的固定光谱振动似乎有数千种。

当时有很多用音乐做的类似比喻，暗指光谱中似乎暗藏着某种比率、某种谐和，有可能通过公式表达出来。直到 1885 年，这些"谐和"的性质才为人所发现。巴耳末 ① 建立了一套与可见光区 4 条氢谱线相关的经验公式，他利用这套公式可以正确预测紫外区和红外区是否存在谱线及谱线波长。巴耳末也从音乐的角度做过思考，他想有没有"可能将单独谱线的振动解释成某个音的泛音"。世人很快就认可了巴耳末并非胡言乱语，而是道出了某种具有根本性意义的道理，但是他的公式高深莫测，就像基尔霍夫发现元素发射光谱和吸收光谱是一回事一样，令时人费解。

---

① 约翰·雅各布·巴耳末（Johann Jakob Balmer，1825—1898），瑞士数学家、物理学家。他的主要贡献是建立了氢原子光谱波长的经验公式，即巴耳末公式。

18

冷火

我把很多长辈和兄长当成活的档案馆和图书馆，遇到不同类型的问题，就会找到其中一位求教：我最常请教的是琳恩姨妈，她是我的植物学姨妈，全靠她，我才熬过了布雷菲尔德的糟糕日子；戴夫舅舅是我的化学和矿物学舅舅；而亚伯舅舅则是我的物理学舅舅，就是他带我认识了光谱学。最开始，我很少向亚伯舅舅请教，因为他是舅舅中年纪比较大的，比戴夫舅舅年长6岁，比我的母亲年长15岁。亚伯舅舅是外公18个孩子中最聪明的，尽管没有接受正规教育，知识都是靠日积月累习得，但他的智力和学识还是令人生畏。他和戴夫舅舅一样，从小就对自然科学有兴趣，而且年轻时也曾赶赴南非做地质研究。

X射线、放射现象、电子和量子力学这些伟大的发现，都是在亚伯舅舅的成长时期出现的，他余生都对这些保持着浓厚的兴趣；他对天文学和数论也充满热情。但他并非徒有聪明的头脑，而是善于理论联系实际，还能将知识转化为商业收益。他曾参与研发20世纪初期风靡一时的马麦酱，这种食品是酵母萃取物，富含维生素，我母亲非常爱吃，我却非常讨厌。战争期间，普通肥皂很难买到，亚伯舅舅还协助他人发明了一种好用的脱脂肥皂。

尽管亚伯舅舅和戴夫舅舅有很多相似之处（都有兰道家族标志性的方脸，眼间距很宽，嗓音雄浑——这些特征在我外公身上便有，直到我的孙辈仍然保持着），但在其他很多方面却全然不同。戴夫舅舅个头很高，身体强壮，有军人的仪态（他参加过"一战"以及之前的布尔战争），衣冠楚楚。即使在实验室工作时，也会穿上硬翻领的衣服，皮鞋也擦得锃亮。亚伯舅舅块头比较小，在我的印象中，他有些驼背、皮肤黝黑、头发斑白，就像个老猎手，声音沙哑，还总咳嗽；他不修边幅，经常穿着一件皱巴巴的工作服。

两人是钨光工厂的联合老板，不过，生意上的事，亚伯舅舅都交给戴夫舅舅处理了，自己则全身心地投入研究中，20 世纪 20 年代初期，正是他发明了用氢氟酸"塑形"灯泡的方法，这种方法既安全又高效，他当年设计了这种机器，并在霍斯顿的工厂里投入使用。他还研究了真空管的吸气剂——用铯和钡之类高度活跃的亲氧金属，除去管中遗留的空气——更早之前，他还将自己合成的赫兹石用在晶体收音机上，并申请到了专利。

他还是夜光漆的发明者和专利拥有者。"一战"期间，夜光漆被用于军用瞄准器（亚伯舅舅告诉我，这种瞄准器在日德兰海战中似乎起到了关键作用）。他的夜光漆还用在了德国英格索尔牌手表和时钟里，用于制造夜光钟表盘。亚伯舅舅和戴夫舅舅一样，也有一双灵巧的大手，只不过戴夫舅舅的手掌纹路中沾满钨粉，而亚伯舅舅的手上则满是被镭烫伤的痕迹，还有长期无防护处理放射性材料长出的恶性肉赘。

戴夫舅舅和亚伯舅舅都对光和照明设备特别感兴趣，这点是随了外公；但是，戴夫舅舅喜欢的是"热"光，而亚伯舅舅喜欢的是"冷"光。戴夫舅舅带我了解了白炽光，引导我学习了稀土和金属灯丝的发展史，二者加热都会发出耀眼的光芒。他带我见识了化学反应的能量——反应过程中物质是如何吸收和释放热量的；有时热量会以火焰之类的可见形态出现。

在亚伯舅舅的引导下，我逐渐对"冷光"的历史有了认识。冷光或许早在有文字记录之前就已存在，比如可以观察到的萤火虫和磷光；传说中诡异昏暗的鬼火，诱惑旅人走上末路。还有"圣艾尔摩之火"——暴风雨中，船桅杆上发出的诡异光亮，可以使船上水手受到迷惑。还有北极和南极的极光，大片的彩色光芒闪耀天空。这些发出冷光的自然现象，都带着诡异神秘的色彩——与火和暖光的温馨形成鲜明对比。

　　甚至还有磷这种元素，可以自然发光。磷的光辉透着诡异和危险的信号，吸引了我——我有时会在夜里溜进实验室，用磷做实验。实验室的通风橱刚装好，我就将一块白磷放到水里煮，然后调暗灯光，以便能看到从烧瓶中冒出的烟雾，那烟雾闪着柔和的蓝绿色。还有一个非常精妙的实验，就是把磷和苛性钾一起放在蒸馏瓶中煮沸——我在煮沸这类剧毒物质时总是从容不迫——反应产生磷化氢。磷化氢的气泡离开水面之后就会自燃，形成美丽的白色烟圈。

　　我也可以（用放大镜）将钟形玻璃罩里的磷点燃，玻璃罩里就会充满"雪"一样的五氧化二磷。如果在水面上做这个实验，五氧化物遇水溶解，产生磷酸，还会像红热的铁一样发出咝咝声。或是加热白磷，就能将其转变成红磷这种同素异形体，而红磷就是火柴盒上使用的那种磷。[①]我小时候就知道钻石和石墨是同素异形体。如今，我在实验室里，自己也能制造一些这样的变化，把白磷转化成红磷，还能通过冷凝红磷蒸气，再将其变回白磷。我完成了这些转化实验，感觉自己就像一位魔术师。[②]

　　但是，不断吸引着我的还是磷光。我们很容易就能将磷溶解于丁香油或肉桂油中，也可以将其溶解于酒精中（波义耳就是这样做的）——这样不仅可以掩盖磷的大蒜味，做起发光实验也比较安全，因为溶液中只要有百万分

---

　　① 亚伯舅舅曾给我讲过一些有关火柴的历史。他告诉我，最早的火柴要浸在硫酸中才能点燃；直到20世纪30年代，"路西法"摩擦火柴才问世，随后的一个世纪，白磷的需求量剧增。他给我讲，火柴工厂里的女工工作条件极其恶劣，还经常罹患磷毒性颌骨坏死之类的重病。直到1906年，白磷被禁止使用，情况才有所好转（后来只使用红磷，红磷稳定得多，也安全得多）。

　　亚伯舅舅还说起"一战"中使用的恐怖磷弹，后来随着毒气被禁止使用，还有人发起了禁用磷弹的运动。但是在1943年，磷弹的使用又变得毫无节制，交战双方都有几千人在极度痛苦中被活活烧死。

——作者注

　　② 氧化很慢的磷，并非唯一接触空气会发光的元素。刚切开的钠和钾也会发光，但几分钟之后，切面就会失去光泽，也就暗淡了下来。我是某天傍晚在实验室工作时偶然发现这个现象的，当时，日暮渐黄昏，而我还没把灯打开。

——作者注

之一的磷也能发光。我们可以取少量这种溶液，涂在脸上或手上，就能在黑暗中发出幽灵般的光。这种光不稳定，正如波义耳所说："不停闪烁，而且有时……会突然猛烈燃烧。"

1669 年，汉堡的亨尼希·勃兰特[1]最早发现了这种神奇的元素。他从尿液中蒸馏出磷（显然胸怀炼金术的野心），对分离出的这种奇怪的发光物质很是喜爱，将其命名为冷火（kaltes Feuer），还会亲昵地称其为"我的火焰"（mein Feuer）。

勃兰特在处理这种新元素时不是很小心，惊讶地见识了它的致命威力。他在 1679 年 4 月 30 日给莱布尼茨[2]的信里这样写道：

> 近日，我在手中放了一些磷火，仅仅吹了一口气，火便燃了起来，上帝可以作证；我手上的皮肤烧成石头一般坚硬，我的孩子被这恐怖的场景吓哭了。

尽管磷的早期研究者都有过严重烧伤的经历，但依然视磷为神奇的物质，以为它蕴含神秘难解的光辉，像萤火，又像月光。与勃兰特通信的莱布尼茨思考着磷光能否用作夜间室内照明。亚伯舅舅告诉我，这或许是人类第一次提出用冷光照明。

波义耳对磷光的兴趣恐怕无人能比。他仔细观察了这种冷光——发现磷发光也需要空气，而且磷光会诡异摇曳。波义耳做过大量发光现象研究，包括萤火虫、发光的木头和腐肉的光，并将这类"冷光"与炭火做了详细对比（他发现二者都需要空气）。

---

① 亨尼希·勃兰特（Hennig Brandt, 1630—1710），德国炼金术士，磷的发现者。
② 戈特弗里德·威廉·莱布尼茨（Gottfried Wilhelm Leibniz, 1646—1716），德国哲学家、数学家，被誉为 17 世纪的亚里士多德。

有一次，波义耳在卧室休息，被惊慌失措的仆人喊了起来，仆人说黑暗的食品储藏室里有些肉发出亮光。波义耳来了兴致，立刻起身去查看，最终写就一篇精彩的论文《关于发光肉的一些观察：无明显腐烂现象的小牛肉和小鸡肉》。这种肉发光的现象很可能是发光细菌造成的，但是在波义耳的时代，人们对这种有机体的存在尚不知晓或未曾觉察。

亚伯舅舅也对这类化学发光现象很感兴趣，年轻时做过大量实验，研究发光动物身上发光的化学物质荧光素。他还想能不能将这类物质投入实际应用，制造特别明亮的夜光漆。有些化学光确实会明亮耀眼；问题在于，这种光很短暂，转瞬即逝，反应物消耗掉之后，光就会立刻消失——除非能像萤火虫一样，源源不断地产出这种发光化学物质。如果化学光无法直接投入应用，那么就需要找到可以转化为可见光的其他能源。

亚伯舅舅对冷光的兴趣源自成长时期家中的夜光漆——他们用的是巴尔曼夜光漆。当时，他们住在莱曼街的老房子里，家里的锁眼、煤气和电气开关等所有位于暗处的东西都涂上了夜光漆。亚伯舅舅发现这些发光的锁眼和开关非常棒，夜光漆经过光照之后，可以连续数小时散发柔和的光。这类磷光现象最早由 17 世纪意大利博洛尼亚的一位鞋匠发现。这位鞋匠收集了一些鹅卵石，然后放在炭火上烤，他发现这种鹅卵石在日光下暴露之后，就能在黑暗中发几个小时的光。这种人称"博洛尼亚之磷"的物质，其实就是硫化钡，是重晶石还原的产物。硫化钙更容易制备——将牡蛎壳和硫黄一起加热就能得到——再混入各种金属，就构成了巴尔曼夜光漆的主要成分。（亚伯舅舅告诉我，只须少量加入这些金属，就能"激活"硫化钙，赋予它不同的色彩。而纯硫化钙却不会发光。）

有些物质经过日光的照射之后，会在黑暗中慢慢散发光芒，而有些则只在被光照射时才能发光。这便是荧光，由经常发出荧光的萤石得名。早在 16 世纪，就有人注意到这种奇异的发光现象。当时，人们发现，若一道光斜射入某些树木的酊剂中，光线的路径上就可能出现闪烁的色彩——牛顿将其归因于"内反射"。父亲喜欢用奎宁水来演示这个实验，结果奎宁水在日光下会呈现淡蓝色，在紫外线下呈现明亮的蓝绿色。但是要判断一种物质散发的是荧光还是磷光（很多两者皆是），就需要用蓝光、紫光或日光（富含各种波长的光）诱发出物质的冷光——用红光没有效果。其实最有效的还是不可见光——在光谱中位于紫色光之外的紫外线。

让我第一次接触荧光的是父亲手术室里的紫外线灯——一款老式的汞蒸气灯，内置金属反射器，可以发出昏暗的蓝紫色光和肉眼不可见的紫外线。紫外线灯可以用来诊断某些皮肤病（有些真菌在紫外线灯的照射下会发出荧光），还可以治疗一些皮肤病——不过我的哥哥也会用紫外线灯把皮肤晒成古铜色。

隐形的紫外线相当危险——长时间暴露在紫外线之下，人们会严重灼伤；人在使用紫外线灯时需要戴上特制的护目镜，就像飞行员戴的那种，外框是皮革和羊毛制成，配有特殊玻璃做成的厚镜片，可以隔绝大部分紫外线（还能隔绝大部分可见光）。即使戴了护目镜，也要避免直视紫外线灯，否则眼球会受损，眼前会出现奇怪散射的荧光。我们看站在紫外线灯下的人，能看到他们的牙齿和眼睛都白得发亮。

亚伯舅舅家离我们家不远，他家是个神奇的地方，里面有各种仪器：盖斯勒管、电磁铁、电机和电动机、电池、发电机、成捆的电线、X光管、盖革计数器、磷光屏和各种望远镜，其中很多都是他亲手制作的。他会带我去阁楼里的实验室，尤其是在周末。有一次，他看我已经能够熟练操作实验仪器，感到很满意，就允许我负责磷光粉和荧光材料，还让我掌管他的伍氏紫外线灯（这台紫外线灯比我们家那台老式的汞蒸气紫外线灯要容易操作得多）。

亚伯舅舅的阁楼里有好多架子的磷光粉，他就像画家一样，在调色盘上混合着——深蓝色的钨酸钙、浅蓝色的钨酸镁和红色的钇化合物。荧光与磷光类似，往往可以通过掺入各种活化剂激活，这也是亚伯舅舅最感兴趣的研究方向，因为荧光的研究已经逐渐成熟，而微妙的磷光粉恰好可以用来产生柔和、温暖且适合人眼观看的可见光。[1] 亚伯舅舅特别喜欢纯洁精致的色彩，而以铕、铒和铽等稀土元素为活化剂就能得到这样的光。舅舅告诉我，某些矿物只要含有微量的稀土元素，就能表现出它们特有的荧光。

但有一些完全纯净的物质也能发光，铀盐（或者更准确地讲是铀酰盐）就是其中突出的一种。即使将铀酰盐溶解在水中，溶液也能发光——百万分之一就足够了。这种色彩也可以转移到玻璃上，很多维多利亚时代或爱德华七世时代装潢的宅子里就经常装饰着铀玻璃或"铀致色黄色玻璃"（这也是我们家前门镶嵌的印花玻璃如此令我着迷的原因）。黄色的光可以穿过铀玻璃，透过这种玻璃看到的通常都是黄色，但是在日光中波长较短的光线影响下，铀玻璃又会发出明亮的翠绿色。因此，随着光线照射的角度变化，铀玻璃的颜色会在黄绿之间变化。尽管我们家前门上的印花玻璃（后来换成了凹凸不平的、乏味的白玻璃）在闪电战期间被炸碎，但或许是由于怀旧，玻璃的色彩一直深深刻在我的记忆中——特别是亚伯舅舅又给我解释了玻璃的秘密。[2]

---

[1] 同样重要的还有如今用在电视上的阴极射线管。亚伯舅舅有一台20世纪30年代产的电视原型机，机身庞大笨重，却只有一个很小的圆形屏幕。亚伯舅舅说，这台电视的显像管与克鲁克斯在19世纪70年代发明的阴极射线管没有太大差别，只不过在表面涂了一层磷光剂而已。医用或电子仪器上使用的阴极射线管经常会涂一层硅酸锌，在电子连续撞击之下会发出明亮的绿光。但电视机则需要使用磷光剂，才能发出清晰明亮的白光——而彩色电视需要三种不同的磷光剂按精确的比例混合才能达到色彩均衡，这些磷光剂与彩色摄影中使用的三种颜料类似。传统夜光漆中使用的活化剂并不适用于这种场景；我们需要更精致细腻的色彩。

——作者注

[2] 亚伯舅舅还给我展示过其他类型的冷光。我们可以取来一些晶体，各种类型的都可以——像硝酸铀酰晶体，甚至普通的蔗糖也行——用研钵捣碎，或放在两根试管之间挤碎（甚至可以用牙咬碎），晶体碎片互相摩擦，就能发光。这种现象叫作摩擦发光，早在18世纪，意大利物理学家巴蒂斯塔·贝卡里亚神父就发现了这种现象，并做了如下记录：

要吓唬一个普通人，只需要在黑暗中咀嚼几块糖，同时保持嘴巴张开，看起来就像满嘴是火；而且，糖越纯，火光就越盛。

虽然亚伯舅舅在夜光漆的研究上花了不少心血，后来在阴极射线管中磷的使用上也投入了很大的精力，但他和戴夫舅舅一样，最大的兴趣还是照明的创新。他早年便心怀期望，要开发一种像热光一样明亮舒适且易于控制的冷光。钨舅舅全身心投入到白炽灯的研究上，而亚伯舅舅则一心研究冷光，他从很早就意识到冷光的亮度不够强，必须用上电才行，而电致发光就是关键。

早在 17 世纪，人们就已经知道稀薄气体或蒸气通电后会发光。当时的科学家发现，摩擦水银气压计的玻璃，里面的水银就会带电，而在上方接近真空的玻璃管中，稀薄的水银蒸气就会发出美丽的浅蓝色光芒。[①]

利用 19 世纪 50 年代发明的感应线圈，产生强大的电流，就可以使很长一条水银蒸气柱发光。更早之前，法国物理学家亚历山大·爱德蒙·贝克勒尔曾提议在放电管上涂上一层荧光物质，认为这么做或许可以使其更适合照明。但是，1901 年因特殊用途而问世的汞蒸气灯危险又不可靠，而且由于缺少荧光物质涂层，光线太蓝，不适于家居照明。"一战"之前，人们曾尝试给此类灯管涂上荧光粉，但由于问题太多，最终未能实现。与此同时，人们也尝试了其他气体和蒸气：二氧化碳发出的是白光，氩气发出的是浅蓝色的光，氦气发出的是黄光，而氖气（neon，同时也有霓虹的意思）自然是发深红色的光。到了 20 世纪 20 年代，霓虹广告灯在伦敦随处可见，但是刚到 30 年代末，荧光灯（使用汞蒸气和惰性气体的混合气体）就已经开始投入商用，亚伯舅舅在其中做出了相当大的贡献。

（接上页）甚至在物质结晶的过程中，也会出现冷光；亚伯舅舅提议我配制一杯溴酸锶的饱和溶液，放在黑暗处慢慢冷却——刚开始什么反应都没有，然后，随着交错的结晶在烧杯底部逐渐形成，我就看到了微小的闪光。

——作者注

① 我从书上看到，这一现象被巧妙地运用在自发光浮标上——浮标四周环绕着结实的玻璃管，管内装着水银，内部气压也低于外界气压，这样在波浪的推动下，水银就会在玻璃管中旋转，从而生电发光。

——作者注

戴夫舅舅为了显示自己不是老顽固，就在他的工厂里安装了一只荧光灯。小时候见证过煤气灯和电灯之争的两兄弟，有时也会就白炽灯和荧光灯的优劣争辩一番。亚伯舅舅会说白炽灯终归要走煤气灯的老路，而戴夫舅舅则说荧光灯摆脱不了笨重的缺点，永远也比不上灯泡的小巧和实惠。（两位舅舅都很惊讶，50 年之后，荧光灯虽在各方面都取得了长足发展，但白炽灯却仍像以前一样广受欢迎，两种灯像兄弟一样完美共存。）

亚伯舅舅给我展示的越多，我就越觉得神秘无比。我对光有一些了解：我们看到的各种颜色是因为光的频率或波长不同而产生的；而物体的颜色，则是由其吸收或透射的光产生，即拦住了某些频率的光波，允许其他一些频率的光波通过。我知道黑色物质会吸收所有的光，任何光都无法穿透；我还知道金属和镜子恰恰相反——在我的想象中，光粒子如橡皮球一样撞到镜面上，然后立刻被弹开。

但是这些概念在荧光和磷光上就不好用了，因为人们可以在某种物体上发射一种不可见光，一种"黑"光，这个物体就会自行发出一种与光源频率不同的光，闪出白光、红光、绿光或黄光。

此外，还有延迟的问题。通常，发光似乎都是即时的。但是磷光现象，似乎是磷先捕获、储存了太阳光的能量，转换成另一种频率的能量，然后在几个小时内慢慢释放（亚伯舅舅告诉我，荧光也有类似的延迟现象，不过延迟的时间要短得多，顷刻之间就完成了）。这怎么可能呢？

19

妈

"二战"后的一个夏天，我在伯恩茅斯向一位渔夫要了一条大章鱼，然后在酒店房间的浴盆里装满海水，把章鱼养在里面。我给它喂活螃蟹，它就用利齿撕开螃蟹。我觉得这条章鱼开始对我有了感情。它肯定能认出我，我一走进浴室，它就会变换不同的颜色，表达自己的情绪。尽管我们家也养过狗和猫，我却从来没有属于自己的动物。如今，我终于有了自己的宠物，而且我觉得它不仅聪明，还像狗一样与人亲昵。我想把它带回伦敦，给它一个家，用海葵和海草装饰一个巨大的水缸做它的新居，把它当成自己的宠物来养。

　　我读了很多有关水族馆和人造海水的书——可到头来却天不遂人愿，有一天，旅馆里的女服务员来打扫房间，看到浴缸里的章鱼，吓坏了，用扫把的长柄疯狂地戳它。章鱼受了惊，吐出一大摊墨水。过了不久，等我回到房间，发现章鱼瘫在自己的墨汁里，已经死了。回到伦敦后，我悲伤地解剖了章鱼，尽可能利用它学了一些知识。我把它的残体泡在福尔马林里，在卧室放了很多年。

　　生活在医生之家，父母和兄长谈论的都是病人和医疗之事，我是既着迷，又（有时）害怕。不过我的化学词库更新了不少，已经差不多可以与他们匹敌。他们会说起"empyema"（这个四音节的词优美动听，意思却是胸腔积脓），我则用"empyreuma"（有机物燃烧的焦臭）这个雄浑的词盖过他们。我不仅喜欢这些词的发音，还喜欢探究它们的词源——我在学校已经开始学习希腊文和拉丁文，还会花上好几个小时梳理化学术语的起源和演化；化学术语有时经过扭曲和演变才得到了今天的含义。

父母都好讲医疗故事——他们一般先描述一下病症或手术的情况，由此扩展成一段传记故事。母亲特别爱讲这类故事，讲给学生和同事听，讲给聚餐的宾客听，讲给身边的所有人听；医学已经深入了她的骨髓，成为生活的一部分。我时不时就能看到送奶工和园丁定在哪里，听着母亲讲一段诊所里的故事。

我们家的诊疗室里有个大书架，上面摆满了医学书籍，我得便就随手翻翻，经常看得入迷，又有些害怕。有些书我会反复读，布兰德-萨顿的《良性与恶性肿瘤》就属此类——本书以素描闻名，有可怕的畸胎瘤和肿瘤；身子分两半的连体婴；双头牛；耳旁多长了一个脑袋的婴儿（书里说，小脑袋就像正常脑袋的翻版，还能模仿主脸的面部表情）；"毛粪石"——吞食的毛发和其他东西堆积在胃里，形成石头般的一团，有时会致命；需要用手推车才能搬动的巨大卵巢肿瘤；当然，还有象人（Elephant Man），父亲曾给我讲过象人的故事，约翰·梅里克①（即象人）刚住进伦敦医院没几年，父亲就去那里做了实习生。书架上还有一本《皮肤病图集》，同样可怕，介绍了地球上几乎所有的皮肤病。书架上最有用也是我最常读的一本书是弗伦奇的《鉴别诊断》——书中的简明插图深得我心。不过，这本书里也全是恐怖之物：我最怕的是有关早衰症的词条，急速的衰老，一个10岁大的孩子在几个月的时间里仿佛过完了一生，变得骨头酥脆、头秃鼻尖、老态龙钟，就像《所罗门王的宝藏》中那个尖嘴猴腮的300岁的老巫婆加古尔，又像是《格列佛游记》中鲁格纳格国里发疯的史特布尔格人②。

---

① 约翰·梅里克（John Merrick, 1862—1890），一位身体严重畸形的英国人。他最初以象人身份出现在畸形秀，随后在伦敦广为人知。

② 鲁格纳格是斯威夫特在《格列佛游记》中虚构的一个岛国，岛上居住着史特布尔格人，这些人长生不死却遭受着各种老年病的折磨。

我已经返回伦敦，又跟着两位舅舅"学徒"（我有时会这样想象），布雷菲尔德就像噩梦一样消失了，但还是给我留下了恐惧和迷信的后遗症，我总是担心厄运随时都会落在我身上。

我发现自己不顾化学中的各种危险，坚持去追寻，在某种意义上是为了克服恐惧。我劝说自己，只要小心警惕、审慎、预先做好计划，就能在危险的世界中学会掌控，找到出路。实际上也是如此，我靠着小心谨慎（还有一些运气），从来没受过大伤，也有了一些掌控力。但就生命与健康而言，我却没有此类保护可以依靠。各种焦虑和恐惧侵蚀着我：我变得害怕马（送奶工还要用马来拉货），害怕它们的大牙齿会咬到我；害怕过马路，特别是我们家的狗格蕾塔被摩托车撞死之后；害怕其他孩子，怕他们嘲笑我；害怕踩到铺路石之间的裂缝；最害怕疾病和死亡。

父母的医学书籍滋养了这些恐惧，我的疑病症便因翻阅这些书而起。大约12岁时，我患上了一种皮肤病，这病虽然不会致命，却比较神秘，肘窝和腘窝会流出浆液，弄脏衣裤，从此我再也不敢当着别人的面脱掉衣服。我满心恐惧地思忖，难道我就命中注定要患上在书中读到的皮肤病或可怕的肿瘤——抑或我终究难逃早衰的命运？

我很喜欢家里那张莫里森铁桌，桌子摆放在早餐厅，非常坚固，按照设计的承重，即使房子遭到轰炸，全部的重量都落到桌子上也没有问题。有很多关于这种桌子挽救性命的记录，要不是有这种桌子，很多人都会被自家房子的废墟压死或憋死。空袭时，全家人都躲到这张桌子下面；这张桌子给了我们保护，给了我们一处避难所，在我眼中已经具备了人性。它会保护我们、照料我们、关怀我们。

我觉得这张铁桌很温馨，在家里就像一座小屋；我10岁时从圣劳伦斯学院回家后，即使没有空袭时，也会时不时爬到桌子底下，静静地坐着或躺着。

父母觉察到我这时精神脆弱，见我爬到桌子底下躲起来，也没说什么。

但是有一天晚上，我从桌子底下爬出来时，他们看到我的头皮秃了一圈，吓坏了——他们当时的判断是皮癣。母亲又仔细查看了一番，和父亲低声说了几句话。他们从未听说如此突然生出皮癣的病例。我什么也没承认，露出无辜的表情，藏起了一把刮胡刀；那是马库斯的刮胡刀，我之前随身带到桌子下面的。第二天，他们带我去皮肤科专家穆安德医生那里看病。穆安德医生目光犀利，看了我一眼，我知道他一眼就看穿了我的把戏。他从秃掉的地方取了头发样本，然后拿到显微镜下检查。过了一会儿，他说这是"人为皮肤病"（Dermatitis Artefacta），秃掉的那块头发是自己剃的。他说话间，我的脸羞得通红。后来，也没人再提这件事，也没人问我为何撒谎。

母亲是个非常内向的人，受不了社交场合，迫不得已要应酬时，也会默默躲到一边，独自沉思。但她还有另一面的性格，与自己的学生在一起，放松下来时，她就会变得豪爽热情，像个演员一样手舞足蹈。多年后，我带着处女作拜访费伯出版公司的编辑，这位编辑说："你知道吗？我们以前见过。"

"我恐怕不记得了。"我有些尴尬地说，"我一直有点脸盲。"

"你当然记不得。"她应道，"那是很多年前了，当时我是你母亲的学生。有一天，她为我们讲授母乳喂养。课上了几分钟，她突然说：'母乳喂养并不难，也没什么尴尬的。'说着她就弯腰抱起一个熟睡的婴儿，躲到讲台后面，松开婴儿的衣服，当着全班同学的面给孩子喂起了奶。那是 1933 年 9 月，那个婴儿就是你。"

我遗传了母亲的内向，也害怕社交，但是面对听众时也与她如出一辙，变得激情豪迈。

母亲还有更深层的一面，她在工作中会全情忘我地投入。她给病人做手术时绝对是全神贯注（不过她偶尔也会打破这宗教式的沉默，讲个笑话，或是给助手讲个菜谱）。她对结构、对事物的组成方式有些痴迷——不管是人体、植物、科学仪器，还是机器。她有一台老式蔡司显微镜，从学生时代一直保存至今，还经常擦拭、注油，品相极好。她还喜欢做切片标本，固定，包埋，再用各种染料上色——这一套复杂的操作是为了固定切片组织，使其清晰可见。她用这些标本带我领略了组织学的一些奇观，我渐渐可以认出各种健康的和恶性的细胞——有的用苏木精和曙红染色，色彩艳丽，有的则用铖染色，色彩昏暗。我既可以欣赏这些标本的抽象美，也不用太担心使它们成为如今模样的疾病或手术。我还喜欢制作标本使用的树胶和药水的香味；直到今天，闻到丁香油、雪松木油、加拿大香脂和二甲苯的味道，我还是会想起母亲心无旁骛地低头看向显微镜的情景。

父母对病人的痛苦都会感同身受——我有时会想，他们对病人的理解甚至比对自己孩子的理解更深——但是，他们的个人导向和视角却截然不同。父亲清静时都泡在书房里读书，研究圣经集注，或是读一读最爱的"一战"诗人的作品。他的精力全放在人类、人类行为、人类神话和社会、人类语言和宗教上，对人类以外的事物，对"自然"几乎没有兴趣，这点与母亲不同。我想父亲之所以走上医学之路，或许是因为这一行是人类社会的核心，他作为医生，自视在社会和宗教传统中扮演着重要角色。而我觉得母亲之所以投身医学，是因为她视医学为自然史和生物学的一部分。她在研究人类解剖学或生理学时，不禁会想到其他灵长类或脊椎动物的类似或先行结构。但她对个体的关切和同情之心并未因此消减——而是从生物学和科学这个更广的角度释放了自己的情感。

她对结构的喜爱体现在各个方面。家里的落地钟，钟盘精致，内部机械结构精密，需要时时保养。母亲一人担下了照管落地钟的工作，经年累月已经成了钟表专家。她对其他家中之事也是如此，甚至连修理水管都是亲自动手。她最喜欢修理漏水的水龙头或马桶，我家根本不需要请外面的水管工。

但是她最快乐、最美好的时光，还是在庭院里度过的；在这里，她对结构和功能的感觉、她的审美和她的温柔融于一体——毕竟，植物是活的，比落地钟和水箱更美妙，也更需要照料。多年之后，我读到"寄情于生物体"的说法——遗传学家芭芭拉·麦克林托克[1]经常这么说——觉得这个说法用来形容母亲再恰当不过。正是因为对生物体的这种情感，母亲才成为园艺能手，才能有精湛的医术。

母亲钟爱那片庭院，喜欢埃克塞特路边那棵高大的法国梧桐，喜欢五月飘香的丁香，也喜欢爬满砖墙的藤蔓月季。只要有条件，她就会种植花木，对自己亲手种的果树特别有感情——她种了一棵榅桲、一棵梨树、两棵山楂树，还有一棵核桃树。她还特别喜欢蕨类植物，园子里的"花"床下差不多都种满了。

客厅远端有一处温室，那是我最爱的去处之一。"二战"前，母亲会把最娇弱的植物放在里面。温室在战争中意外地幸免于难，等我也对植物产生浓厚兴趣之后，就与母亲分享了这个地方。我对温室里种下的几棵树有着特别温柔的回忆，其中一棵是我在1946年种的金毛狗属树蕨，另外还有一棵苏铁，叶子像硬纸板一样僵硬。

我侄子乔纳森几个月大时，有一次我在起居室发现一袋 X 光片，袋子上写着"J. 萨克斯"（J. Sacks）。我好奇地翻看起来，先是觉得有些困惑，继而又一阵惊恐——乔纳森是个可爱的小宝宝，要不是看了 X 光片，谁能想到他竟然严重畸形。他的骨盆和两条小腿，看起来都不像人类的。

我拿着 X 光片找到了母亲，一边摇着头说："可怜的乔纳森……"

母亲满脸疑惑。"乔纳森？"她说，"乔纳森没事啊。"

"可是 X 光片。"我说，"我看过他的 X 光片。"

母亲一脸茫然，然后突然大笑起来，笑得眼泪都流了出来。最后她终于

① 巴巴拉·麦克林托克（Barbara McClintock, 1902—1992），美国女植物遗传学家。发现基因能移动，或在同一染色体内"跳动"，或在同一染色体间变换位置，从而影响邻近基因的行为，决定了机体发育位移中细胞的多样性。1983年获诺贝尔生理学或医学奖。

开口说，这个"J"不是乔纳森，而是家里的另一位成员耶洗别（Jezebel）。耶洗别是家里刚养的一只拳狮犬，它有些尿血，所以母亲带它去医院拍了肾脏 X 光。我原以为是严重的人体畸形，原来只是狗类正常的生理结构。我怎么会犯下如此荒唐的错误？但凡有一点知识或常识，我也不至于搞错——母亲这位解剖学教授难以置信地摇着头。

20 世纪 30 年代，母亲从普外科转到妇产科。她最喜欢的莫过于将横位或臀位等难产胎位的胎儿顺利接生下来。她偶尔也会把流产的畸胎带回家——眼睛凸起的无脑儿，或是骨髓神经和脊髓膜都暴露在外面的脊柱裂伤畸形儿。有些畸胎是死胎，另外一些尽管已经生了下来，但母亲和护士会悄悄将他们溺死（有一次她说"就像一只小猫"），因为这些畸形儿即使活下来，也不可能有意识和精神生活。母亲希望我能对解剖学和医学有所了解，就解剖了几个畸胎给我看。尽管当时我只有 11 岁，她还是坚持让我亲手尝试解剖。我想，她或许从未感受到我的压力，还一心以为我如她一般对解剖充满热情。尽管我觉得解剖是很自然的事，我自己也解剖过蚯蚓、青蛙和我的宠物章鱼，但是解剖人类胎儿则令我厌恶。母亲经常对我说，她在我婴孩时期还担心我的颅骨长不好，囟门关闭太早，怕我日后脑袋畸小，变成白痴。我从这些死胎中似乎看到了自己，想象着我也有可能变成这样，因此解剖时更难做到情感抽离，恐惧感也更加强烈。

尽管我差不多天生就要行医（母亲特别希望我能成为一名外科医生），但过早解剖胚胎使我对医学产生了抵触情绪，我想逃走，想要去研究没有情感的植物，研究晶体、矿物和元素，毕竟，它们的世界没有死亡，也没有疾病、苦痛和病理。

我 14 岁那年，母亲与皇家自由医院的一位解剖学教授同事商议，认为应该引导我了解人体解剖学。这位 G. 教授和蔼可亲，带我走进解剖室。解剖台上摆着尸体，尸体外面包裹着黄色的防水油布（防止暴露的尸体组织在解剖之前就干掉）。这是我第一次见到死尸，尸体好像萎缩得厉害，看起来很小。空气中弥漫着腐烂组织和防腐剂的味道，我刚走进去就差点晕倒——眼前一黑，突然想吐。G.教授说，她专门为我挑选了一具 14 岁女孩的尸体。这个女孩的尸体已经解剖了一部分，不过有一条腿完好无缺，我可以从这里下手。我内心想知道女孩是谁，是怎么死的，又是如何落得现在这番结局——但是 G.教授什么信息都没有给，我倒还算乐意这样，因为我也害怕知道。我必须将眼前这个女孩看作一堆神经和肌肉、组织和器官组成的无名死尸，像虫子和青蛙一样等待着解剖，从它身上学习有机体的组成。解剖台上首放着一本《坎宁安解剖手册》；这是医学生解剖时用的指导书，书页已经变黄，还因为沾了尸油而变得油腻。

母亲在前一周刚给我买了一本坎宁安的书，所以我多少了解一些解剖知识，但还远远达不到实际解剖第一具尸体的水平，心理上也没有准备好。G.教授让我沿大腿划一大刀，然后分开脂肪，露出下面的筋膜。她给我讲了很多技巧，然后就把解剖刀塞到我手里——她说，她过半个小时回来查看我做得怎么样。

我用了一个月才解剖完这条腿；最难解剖的是脚，有许多小肌肉和多筋的肌腱；膝关节也特别复杂。我偶尔也能从中感受到身体组织结构的美妙，得到头脑的愉悦和美学的享受，就像母亲从手术和解剖学中体会到的一样。母亲读医学院时的解剖学教授是著名的比较解剖学家弗雷德里克·伍德-琼斯。母亲很喜欢他的著作——《栖息在树上的人》《手部解剖原则》和《脚部结构和功能》——还珍藏了教授签名赠送给她的版本。我对母亲说我不"理解"脚的时候，她很吃惊。"脚就像个弓形物。"她说着就画起了脚的素描图——像工程师的绘图一样，从各个角度呈现脚的结构为何既稳定又灵活，表现出脚为了适应行走而做的设计或演化是多么美妙。（尽管还明显保留了一些原始的抓握功能。）

我没有母亲那种在心中勾画形象的能力，也没有她那么强的机械和工程意识，但还是很喜欢她边画边讲各种动物的脚，听她接连介绍了蜥蜴和鸟的脚、马的蹄子、狮子的爪子和一系列灵长类动物的脚。但是理解和欣赏解剖学带来的这些喜悦，大多都消散在对解剖的恐惧中，而且这种恐惧感还从解剖室蔓延到外面的生活中——在一具与我同龄女孩的尸体面前，我闻着福尔马林的味道，解剖了她的残躯，我不知道自己在这之后是否还能再爱上温暖的活体。

20

穿透性射线

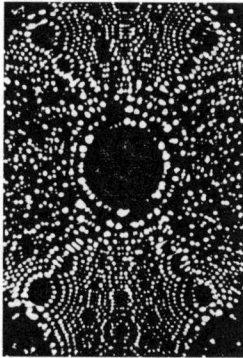

我初次接触阴极射线是在亚伯舅舅的阁楼上。他有一个强力真空泵，还有一套感应线圈——高约 60 厘米的一个圆筒，落在红木底座上，圆筒上面紧紧地缠着数千米长的铜线。感应线圈上方还有两个巨大的、可以移动的黄铜电极，感应线圈通电之后，电极之间就会冒出巨大的火花，宛如弗兰肯斯坦博士的实验室里制造出来的微型闪电。亚伯舅舅当着我的面将两个电极分开很远，直到火花不再产生，然后将它们连到一根长约 90 厘米的真空管上。他不断压低通电真空管里的气压，管内随之出现了一些奇异的现象：最开始是一道闪烁不定的红光，好似微型的北极光；然后是灿烂的光柱充满了整个真空管。真空管内的压力继续降低，光柱就破裂成一道道光盘，光盘之间由黑色的空间隔开。最后，压力降到大气压的万分之一，管内又变成漆黑一片，但是真空管末端开始出现明亮的荧光。舅舅说，这时管内充满阴极射线——阴极是以十分之一光速射出的微小粒子——而且能量极大，如果此时射线能与阴极盘相连，就能将铂箔加热至红热。我对这些阴极射线有些害怕（就像我小时候害怕诊疗室里的紫外线一样），因为它们有强大的力量且不可见，我担心它们会从真空管里泄漏，在黑暗的阁楼里不知不觉地射向我。

　　亚伯舅舅向我保证，阴极射线在普通空气中最多只能前进六七厘米——但是，1895 年，威廉·伦琴[①] 用这种阴极射线管做实验时发现了另外一种射线，穿透力要强得多。伦琴用黑色的硬纸板筒包在阴极射线管外面，避免阴

---

　　① 威廉·康拉德·伦琴（Wilhelm Conrad Röntgen, 1845—1923），德国物理学家。1895 年在研究阴极射线的实验中偶然发现了 X 射线（又称伦琴射线）。1901 年获首届诺贝尔物理学奖。

极射线泄漏，但他还是惊讶地观察到，每一次阴极射线管放电，房间另一侧那面涂有荧光物质的屏幕上就会出现明亮的闪光。

伦琴立刻决定放下手头的其他项目，专心研究这个不可思议的意外现象。他不断重复这个实验，最终确认结果是真实的。（他对妻子说，如果没有特别令人信服的证据，就将这个实验说出去，别人会说"伦琴疯了"。）随后的 6 个星期里，他研究了这种新发现的奇妙的穿透射线有什么特性，发现它与可见光不同，不会发生折射和衍射。他测试了这种射线对各种固体的穿透能力，发现它穿透大多数普通材料之后仍能使荧光屏发光。伦琴把自己的手放在荧光屏前，惊讶地看到手掌森森白骨的轮廓。与之类似，射线照射之下，木箱里的金属砝码也显了形——这种射线在木头和肉体中的穿透能力要强于在金属和骨头中的。伦琴发现，这种射线还能使底片感光，因此他在发表的第一篇论文中公开了一张用 X 射线（伦琴给这种射线的名字）拍摄的照片——包括他妻子手掌的 X 光片，照片中她的婚戒环绕在手指骨头上。

1896 年 1 月 1 日，伦琴在一家小学术期刊上公开了他的发现和最早的射线照片。仅仅几天的时间，全世界各大报纸都报道了这个新闻。伦琴的发现带来了轰动性的影响，羞涩的他都吓到了。文章发表的当月，他做了一次口头演讲，之后再也没有参与 X 射线的讨论，而是默默地继续 1896 年之前的研究方向。（甚至 1901 年他因发现 X 射线成为第一位诺贝尔物理学奖获得者时，他也拒绝做诺贝尔奖获奖演说。）

然而，这项新科技的实用性已经非常明显，很快，世界各地都开始将 X 光设备用于医疗诊断——检测骨折，发现身体中的异物和胆结石等。截至 1896 年底，X 射线相关的科学论文已经超过 1000 篇。伦琴的 X 射线不仅引发了医学界和科学界的巨大反响，还以各种方式俘获了公众的想象。只要一两美元就能买一张 9 周大婴儿的 X 光照片，"骨架中的骨头，骨化程度，肝脏、胃和心脏的位置，所有的精妙细节全都一览无余"。

人们感觉 X 射线或许有一种力量，可以渗透到众人生活中最私密、最隐蔽、最秘密的角落。精神分裂症患者认为 X 射线可以读懂他们的心思，影响他们的思想；另有一些人觉得完全失去了安全感。"裸眼就能看到别人的骨头，"有一篇报纸社论抨击道，"还能透视 20 多厘米的实木。个中不雅令人作呕，自不必赘言。"市面上出现了铅衬内衣，保护私处免受这种透视一切的射线侵扰。《摄影》杂志还曾刊登过一首歌谣，结尾一段是这样唱的：

> 我听说淘气调皮的伦琴射线，
>
> 透过斗篷和礼服都能看见
>
> 甚至留在你的身体里面

我的叔叔伊扎克在大流感的几个月里与我父亲一起行医，"一战"结束不久，他就投身放射学。父亲告诉我，有了 X 射线的帮助，扎伊克获得了神秘的诊断能力，几乎全靠本能，就能发现微小的病理迹象。

我曾去过伊扎克叔叔的诊疗室几次，他给我展示了一些仪器，还介绍了仪器的用途。他这台 X 光机不同于早期型号，X 射线管隐藏了起来，被置于一个鸟喙状隆起的黑色金属盒里——就像一个巨鸟的头，看起来非常危险，随时都要捕猎的样子。伊扎克叔叔带我走进暗房，看他冲洗刚拍的一张 X 光片。暗房里红光幽幽，我看到大 X 光片上显出大腿骨的轮廓，几乎是透明的，很美。叔叔指着 X 光片里骨头上一条极细的裂痕给我看，我看到的就只有一条灰线而已。

伊扎克叔叔说："你见过鞋店里的 X 光机吧，透过机器可以看到肉体里面的骨头如何运动。[①] 我们还可以使用特殊的造影剂，看到身体的其他组

[①] 在我儿时，每家鞋店都装有X光机和荧光屏，让顾客看看脚骨在新鞋子里是否合适。我很喜欢这些机器，只要动动脚趾，就能透过一层几乎透明的肉，看到脚上很多独立的骨头协调运动。

——作者注

织——特别神奇！"

伊扎克叔叔又问我要不要见识一样新东西。他说："你还记得机修工施皮格曼先生吗？你父亲怀疑他得了胃溃疡，让他来我这里做检查。我得先让他吃下'钡餐'。"

"我们用的是硫酸钡，"叔叔一边说，一边搅拌着黏稠的白色糨糊，"因为钡离子很重，而且 X 射线几乎无法穿透。"他的话激起了我的兴趣，我心想为什么不用更重的离子代替。或许也可以让人服用"铅餐""汞餐"或"铊餐"——这些离子都特别重，不过都可能致命。"金餐"或"铂餐"会很有趣，但是太贵了。"钨餐怎么样？"我问道，"钨原子比钡更重，而且无毒，还不贵。"

我们来到检查室，叔叔将我介绍给施皮格曼先生——他还记得，有一次父亲周末出诊给他看病时带着我。"这是萨克斯医生的小儿子奥利弗——他想当个科学家！"叔叔让施皮格曼先生站在 X 光机和一张荧光屏之间，请他吃下钡餐。施皮格曼先生舀了一勺糨糊送进嘴里，一脸苦相地吞了下去，而我们则盯着荧光屏。钡餐通过他的喉咙，进入食道，我能看到食道的蠕动，把钡餐推到胃里。我还能从阴森恐怖的背景里，隐约看到肺部随着呼吸扩张和收缩。最令我不安的是，有个袋子一样的东西在他体内跳动——叔叔指着屏幕说那是心脏。

我有时会想，拥有其他感官将会怎样。母亲告诉我，蝙蝠使用超声波，昆虫能看到紫外线，响尾蛇则能感受到红外线。而此时，看着施皮格曼先生的内脏暴露在 X 光的"眼睛"下，我很庆幸自己没有 X 射线眼，庆幸人类天生只能看到很少部分的光。

伊扎克叔叔和戴夫舅舅一样，对自己专长学科的理论基础和历史发展都保持着强烈的兴趣。他有一个小"博物馆"，里面收藏了旧 X 光机和阴极射线管，其中还有 19 世纪 90 年代使用的那种易碎的原始型号。伊扎克叔叔说，早期阴极射线管没有任何射线防护，而且早期人们对辐射危害的认识也不全面。他又补充说，不过 X 射线从问世起就表现出了危害性：刚投入使用几个月，就有皮肤烧伤的案例；发明消毒法的利斯特勋爵早在 1896 年就发出警告——可是没人在意这次警告。①

此外，X 射线从一开始就明显携带了巨大的能量，而且这种能量不论在何处被吸收，都能生热。然而，尽管 X 射线的穿透力很强，但其在空气中的传播距离却有限。这恰好与无线电波相反，后者如果发射条件恰当，能以光速穿越海峡。无线电波同样也携带着能量。这些射线与可见光相近，有时很危险，我很好奇，威尔斯是否从这些射线中得到灵感，在伦琴的发现公开之后仅两年出版的《世界大战》中，给火星人装备了可怕的热射线武器。威尔斯将火星人的热射线武器描写成"幽灵般的光束""隐形却灼热的手指""一把隐形必杀的热力之剑"。热射线从抛物柱面镜发射，可软化铁，熔化玻璃，把铅块变成铅水，使水爆炸化作水蒸气。威尔斯还补充说，热射线在乡间"光速飞行"。

X 射线出现之后，带来了无数的实际应用，激发了无数幻想，同时也给了亨利·贝克勒尔②非常不同的灵感。当时，贝克勒尔在诸多光学领域已经卓有声望，他来自一个对冷光无比热情的家庭，他的家人围绕冷光研究了 60 载。③1896 年年初，贝克勒尔听闻关于伦琴射线的最早报道，了解到 X 射线似乎并非从阴极产生，而是从阴极射线撞击的真空管末端荧光点发射出来的。贝克勒尔由此产生了兴趣，思量着不可见的 X 射线有没有可能是伴随可见磷光出现的

---

① 牙医面临的风险尤其大。他们要将 X 射线胶片放入病人的嘴里，因为原始的感光乳剂感光很慢，一次经常要用几分钟。牙医的手长期这样暴露在 X 射线之下，很多都因此失去了手指。

——作者注

② 安东尼·亨利·贝克勒尔（Antoine Henri Becquerel, 1852—1908），法国物理学家、放射性的发现者。因发现"天然放射性"，与皮埃尔·居里和玛丽·居里夫妇共同获得了 1903 年度诺贝尔物理学奖。

③ 亨利·贝克勒尔的祖父安东尼·埃德蒙·贝克勒尔在 19 世纪 30 年代就对磷光现象进行了系统性研究，还最早发表了磷光光谱。安东尼的儿子亚历山大－埃德蒙也协助了他的研究，并发明了一种"磷光镜"；他用磷光镜测量出荧光仅能存在千分之一秒。他在 1867 年出版的《光》是第一本全面研究磷光和荧光的著作（也是随后 50 年里唯一一本）。

——作者注

一种特殊形态的能量——有没有可能所有的磷光现象都伴随着 X 射线的释放。

因为铀盐发出的荧光在所有物质中是最明亮的，所以贝克勒尔就取出一些铀盐（硫酸铀酰钾）样品，将它放在阳光下暴露几个小时，然后放到包裹着黑纸的底片上。他兴奋地发现，底片果然在铀盐的作用下变暗，甚至透过了外面包的纸，就像 X 射线一样；很容易就能通过这种方法获得硬币的"射线照片"。

贝克勒尔想要重复做这个实验，但巴黎恰好处于冬天，天空总是灰蒙蒙的，无法使铀盐暴露在阳光之下，于是他就把这些实验材料放在抽屉里保存了一个星期，上面放了一张包着黑纸的感光底片，中间放了一个小小的铜十字架。但不知什么原因——可能是偶然为之，也可能是有预感——他还是冲洗了这张底片。结果底片感光效果与铀盐经过阳光照射时一样，甚至还有超越，显出一个清晰的铜十字架轮廓。

贝克勒尔发现了一种比伦琴射线更神秘的力量——铀盐可以发出一种穿透性放射物，这种放射物能使底片感光，而且似乎与阳光或 X 射线照射或任何其他外部能量源都没有关系。贝克勒尔的儿子后来写道，贝克勒尔被这个发现惊得"呆若木鸡"——就像伦琴发现 X 射线时一样——但随后，他也像伦琴一样，继续研究了"不可能的结果"。他发现，就算把铀盐在抽屉里放两个月，射线依然保持着效力，不仅能使底片感光，还可使空气离子化，使其具有导电性，周围的带电物体会随之失去电荷。因此，使用验电器就能精准地测出贝克勒尔射线的强度。

贝克勒尔研究了其他物质之后发现，不仅铀盐具有这种力量，不发磷光或荧光的含铀物质也有。另一方面，硫化钡和硫化锌等可以发出磷光或荧光的物质反而不具备这种力量。因此，"铀射线"（此时，贝克勒尔对它的称呼）与荧光或磷光根本没有关系，只与铀元素本身有关。这种射线与 X 射线一样，穿透不透光材料的能力相当强，但与 X 射线不同的是，这种放射线明显是自然放射的。这到底是什么？为什么铀能连续数月持续释放这种射线，而且没有任何衰减？

亚伯舅舅鼓励我在自己的实验室里重复贝克勒尔的实验。他给我一块富含氧化铀的沥青铀矿。我用铅箔包好这个重家伙，背在书包里带回了家。我从中间干净利落地切开这块沥青铀矿，以便看清它的内部结构，然后将切面压在一张胶片上——我从伊扎克叔叔那里求来一张特别的 X 射线胶片，一直将它包裹在黑纸里保存着。我让沥青铀矿在包着黑纸的胶片上压了 3 天，然后拿去叔叔那里冲洗。伊扎克叔叔在我面前冲洗了照片，我欣喜若狂，因为这时已经能看出矿物的放射性强光——要不是有胶片，人们根本无法想象这种放射性和能量的存在。

这件事令我备感兴奋，因为摄影已经成为我的爱好，而此时我又有了第一张隐形射线拍摄的照片！我从书中读到钍也有放射性，又知道煤气网罩中含钍，于是就从家里取下含钍的精美网罩，小心翼翼地将它放在另一张 X 光胶片上。这次，我等的时间得久一些，不过两个星期之后，我得到一张漂亮的"放射自显影图"，钍射线捕捉到了网罩的细腻结构。

尽管，铀的存在从 18 世纪 80 年代就为人所知，但又过了一个多世纪，它的放射性才被人发现。如果有人在 18 世纪，把一块沥青铀矿放在带电的莱顿瓶或验电器旁，放射性或许也就被人们发现了。或是在 19 世纪中叶，有人恰好把一块沥青铀矿或某种别的铀矿或铀盐放在一张底片旁边，也能有这个发现。（有一位化学家还真碰上了这种事，但是他没有意识到发生了什么，就将底片退给厂商，还愤愤不平地附上一张纸条，说底片都是"损坏的"。）然而，即使放射性更早被人发现，人们也只会将其看作稀奇物、怪东西或是"大自然的玩笑"，完全无法认识它的重大意义；因为没有相应的知识体系和研究背景，人们无法理解放射性的意义，没有成熟的土壤适宜放射性的发现。其实，1896 年放射性终于被人们发现时，最初的反响也很冷淡，因为就算到了那个时候，也几乎没有人能理解它的重大意义。伦琴发现 X 射线之后立刻吸引了公众的关注，与之形成鲜明对比的是，贝克勒尔发现的铀射线几乎无人理睬。

21

居里夫人的元素

母亲在很多家医院工作过，其中就包括汉普斯特德的居里夫人医院。这家医院最擅长的是镭和放射治疗。我小时候搞不懂什么是镭，但知道它具有治疗功能，可以处理多种病况。母亲说，医院里有一枚"镭弹"。我见过炸弹的照片，在儿童百科全书里也读过关于炸弹的介绍，因此将这枚镭弹想象成带翅膀的大家伙，随时都可能爆炸。相比之下，植入病人体内的"氡针"就没那么可怕了。氡针是一种金色的小针，里面充满了神秘气体，有一两次，母亲还把用过的氡针带回了家。我知道母亲非常钦佩玛丽·居里——她曾与居里夫人有过一面之缘，在我很小的时候，她就会给我讲居里夫妇发现镭的过程，讲述他们遭遇的困难，说他们要用掉成吨的金属矿物，才能提取很少的镭。

　　艾芙·居里[①]为她的母亲写的传记是母亲在我 10 岁时给我的——它是我读过的第一本科学家生平介绍，给我留下了极为深刻的印象。[②]这本书并非枯燥的人生成就堆砌，笔触生动，人物形象跃然纸上——玛丽·居里把手伸进一袋袋沥青铀矿的残渣中，残渣里还夹杂着德国约阿希姆斯塔尔矿山的松针；她站在蒸汽缭绕的工业大桶和坩埚之间，用一根差不多如她一般高的铁棍在里面搅拌着，口鼻吸入了酸气；巨大的沥青铀矿变成高大容器里的无色

---

　　① 艾芙·居里（ève Denise Curie Labouisse, 1904—2007），法国科学家皮埃尔·居里与玛丽·居里的小女儿。

　　② 1998 年，我在纪念钋和镭发现 100 周年的研讨会上做演讲。我说，我在 10 岁时得到这本书，这也是我最喜爱的一本传记。我演讲时，注意到观众里有一位长着斯拉夫式高颧骨的老太太，满脸灿烂的笑容。我心想"不可能吧！"，但那人真的就是艾芙·居里。这本传记出版 60 年之后，她为我亲手签名，此时，我珍藏此书已有 55 年。

——作者注

溶液，放射性越来越强，在她简陋的棚屋里逐步浓缩，不断有灰尘和沙砾掉进溶液中，妨碍永无止境的工作。（我读完这本书之后就去看了电影《居里夫人》，上述场景在电影里再次得到强化。）

尽管整个科学界都忽略了贝克勒尔射线发现的新闻，但是居里夫妇却因此兴奋不已：这是前所未有、无与伦比的现象，揭示了一种新的神秘能量源；显然，还没有人注意到这个发现。他们立刻想到，铀之外是否还有其他物质也能放射出类似的射线。他们不像贝克勒尔那样局限于荧光物质，而是对一切可能的物质做了系统性研究，研究对象几乎囊括了所有已知的 70 种元素。他们发现，在铀之外，只有一种物质能放射贝克勒尔发现的那种射线，这种元素就是钍，原子量也特别大。居里夫妇检测了多种纯铀盐和钍盐，发现放射性的强度似乎只与物质中铀或钍的量有关；因此，1 克金属铀或钍的放射性要比 1 克铀或钍的化合物的放射性更强。

但当他们将研究对象拓宽到含铀或钍的普通矿物时，他们发现有些矿物比单纯的元素放射性更强。比如，沥青铀矿样品的放射性强度可能达到纯铀的 4 倍。他们突发灵感，怀疑矿物中还含有少量某种未知元素，而这种元素的放射性比铀的要强得多。

1897 年，居里夫妇开始对沥青铀矿做详细的化学分析，将其中包含的很多元素分成多个分析群组——碱金属盐类、碱土金属元素和稀土金属元素，基本与元素周期表中的分组类似——研究未知放射性元素与其中哪一类的化学性质相近。很快就有了清晰的结果，析出的一种铋沉淀物放射性极强。

居里夫妇继续提炼沥青铀矿的沉淀物，并于 1898 年 7 月从中提取了一种放射性比铀强 400 倍的物质。他们知道光谱分析的敏感性是传统化学分析的数千倍，于是求助著名的稀土元素光谱学家尤金·德马尔塞，请他通过光谱分析确认他们发现的是否为新元素。令人失望的是，这种物质并没有表现出新的光谱特征；尽管如此，居里夫妇还是这样写道：

　　我们相信，从沥青铀矿中提炼出的物质中含有一种人们尚未发现的金属，其分析性质与铋的相近。若这种新金属的存在能够得到证实，我们建议将其命名为钋（polonium），以纪念女方的祖国。

　　他们更加坚信，肯定还有另外一种具有放射性的元素等待发现，因为铋沉淀物的放射性只占沥青铀矿放射性的一部分。

　　这时，他们从容不迫——毕竟，除了他们的好友贝克勒尔，似乎没人对放射现象感兴趣——还悠闲地休了一个暑假。（但是他们浑然不知，才华横溢的新西兰年轻人欧内斯特·卢瑟福①此时已经来到 J. J. 汤姆逊②在剑桥的实验室工作，他也正渴切地观察着贝克勒尔的射线。）9 月，居里夫妇回归竞争追逐，主要精力投入到钡沉淀物上——因为据推测，第二种尚未发现的放射性元素的化学特性与钡的相近，因此分离放射性物质的效果明显。实验进展很快，6 个星期之内，他们提取了一种不含铋（大概也不含钋）的氯化钡溶液，其放射性近乎铀的千倍。他们再度求助德马尔塞，而这一次结果可喜，德马尔塞发现了一条属于未知元素的光谱线。（后来他又发现了多条："两条美丽的红色光谱带，一条蓝绿色谱线，还有两条模糊的紫色谱线。"）有了这项发现，居里夫妇底气十足，在 1898 年结束之前的几天，宣布发现了第二种新元素，并决定将其命名为"镭"。由于氯化钡溶液中只有微量的镭，他们认为这种新元素的放射性"必然极强"。

　　宣布发现一种新元素简单：仅在 19 世纪就有 200 人次宣布发现新元素，

---

　　① 欧内斯特·卢瑟福（Ernest Rutherford, 1871—1937），新西兰裔英国物理学家，原子核物理学之父。卢瑟福首先提出放射性半衰期的概念，证实放射性涉及从一个元素到另一个元素的嬗变。他又将放射性物质按照贯穿能力分类为 α 射线与 β 射线，并且证实前者就是氦离子。因为"对元素蜕变以及放射化学的研究"，他荣获 1908 年诺贝尔化学奖。

　　② J.J. 汤姆逊（Joseph John Thomson, 1856—1940），英国物理学家。发现电子，从而推动了原子结构理论的革命。在剑桥大学任卡文迪什实验室主任期间，从事阴极射线性质的研究。1897 年在电场附近成功地使阴极射线转向，从而证明这些射线是由粒子组成的。1906 年因气体导电研究成果获诺贝尔物理学奖。

但大多是张冠李戴,"发现的"或是某种已知元素,或是某种元素的混合物。如今,不到一年的时间里,居里夫妇竟然不只发现了一种元素,而是两种,但他们的依据仅仅是两种元素高度的放射性,及其与铋和钡的相近关系(宣布发现镭时,还有一条新的谱线)。而这两种新元素都没被分离出来,连微量的都没有。

皮埃尔·居里本质上是一位理论物理学家(虽然他在实验室里心灵手巧,经常设计一些创新仪器,其中就有静电计和根据压电原理设计的精密天平,二者都在他们后续的放射性研究中得到应用)。在他看来,发现不可思议的放射现象已经足够了——这个发现开启了全新的研究领域,无数的新想法可以在这片新大陆上得到验证。

玛丽的关注重点则不同:镭及其怪异的新力量明显令她着了迷;她想看看镭,触摸镭,合成镭的化合物,计算出它的原子量,并找出它在元素周期表中的位置。

到目前为止,居里夫妇所做的基本都是化学工作,去除沥青铀矿里的钙、铅、硅、铝、铁和十几种稀土元素,只留下钡。这样工作一年之后,单纯采用化学方法终于遭遇了瓶颈。似乎任何化学手段都无法将镭从钡的沉淀物中分离出来,于是,玛丽·居里开始研究二者化合物之间的物理差异。镭很可能与钡一样,是一种碱土金属元素,因此就有可能符合该族元素的整体趋势。氯化钙很容易溶解;氯化锶的溶解性较差;氯化钡的溶解性更差——玛丽·居里预测氯化镭几乎不能溶解。或许,可以利用氯化镭不溶解的性质,通过分步结晶技术,分离钡的氯化物和镭的氯化物。随着热溶液逐渐冷却,相对难溶的物质会先结晶。这项技术由研究稀土的化学家首创,用来分离化学性质几乎难以区分的元素。但是,分步结晶需要非凡的耐心,因为结晶过程可能需要重复成百上千次,正是因为这个缓慢重复的煎熬过程,计划数月内完成的研究被迫延长至数年。

居里夫妇原本希望在 1900 年之前分离出镭,然而从他们宣布镭可能存在之后，用去了将近 4 年时间才提炼出 0.1 克纯镭盐氯化镭——不足原始矿物质量的千万分之一。他们克服了各种身体状况，扛住了大多数同行的质疑，有时还要面对无助和疲惫；还要对抗放射性对自己身体的伤害（尽管当时他们并不了解这一点），居里夫妇终于成功提炼出了几粒纯白透明的氯化镭——足够测出镭的原子量（226），将其排在钡的下方，找到了它在元素周期表中的恰当位置。

从数吨的矿石中提取 0.1 克的某种元素，是史无前例的成就；从来没有这么难提取的元素。单纯依靠化学根本无法实现这项成就，单纯靠光谱学也不行，因为矿石需要经过上千倍的浓缩，镭的几条模糊谱线才能被人看到。镭的提取需要全新的方法，要利用放射性，在质量巨大的矿物中探测微量的镭，在纯净的镭被缓慢强行分离出来的过程中，对其进行监控。

因为这项成就，居里夫妇成为公众的焦点，他们发现的神奇新元素广受关注，而他们这对浪漫、英雄的夫妻全身心投入科研的故事也为人津津乐道。1903 年，玛丽·居里在博士论文中总结了过去 6 年的研究工作，同年（与皮埃尔·居里和贝克勒尔一起）获得了诺贝尔物理学奖。

她的论文立刻被翻译成英文，由威廉·克鲁克斯发表在他主编的《化学新闻》上。我母亲收藏了这篇论文的一份副本，装订成小册子。我很喜欢这篇论文，文中细致地描述了居里夫妇精心设计的化学过程，记录了对镭的性质认真的、系统性的检验，这篇科学散文平铺直叙的语句中蕴藏了智慧、兴奋和惊奇。这篇论文朴实无华，甚至有些平淡无奇，但读起来又像一首诗。我还被小册子封面上的通知吸引了：镭、钍、钋和铀都可自由获取，消遣和实验皆可。

法灵登路上与钨舅舅的工厂隔了几道门的科索公司刊登了一则广告，出售"纯溴化镭（随时到货）、沥青铀矿……克鲁克斯设计的高真空管，可以展现多种矿物的荧光……（以及）其他科研材料"。设在不远处的奥利弗庭院里的哈林顿兄弟店出售各种镭盐和铀矿。"J.J. 格里芬和他的儿子们"（后更名为格里芬和塔特洛克，我常去这家店买化学材料）也出售"紫锂辉石——一种新的矿物，对镭辐射有明显反应"。格罗夫纳广场上的安布雷克特和纳尔逊公司比之前几家更胜一筹，出售硫化钋（装在管子里，每管 1 克，售价 21 先令）和硅锌荧光屏（1 平方英寸 6 便士）。他们还说："我们新发明的钍吸入器可出租。"我很好奇，钍吸入器到底是什么？吸入放射性元素，难道可以强身健体吗？

当时，似乎没有人知道这些东西的危险性。[①]玛丽·居里在论文中曾提及"如果在黑暗中闭上眼，将放射性物质放在眼前或太阳穴旁，眼睛会感觉到光"。我自己也经常用夜光钟做类似的尝试，夜光钟的数字和指针上都涂着亚伯舅舅发明的夜光漆。

艾芙·居里的传记中有一段描写特别令我动容，讲的是一天晚上，她父母有些不安，想知道分步结晶的进展如何，于是深夜返回棚屋实验室，发现在黑暗中所有装有镭精矿的试管、容器和盆子都发出神奇的光。他们这才知道，他们正在研究的元素自身就能发光。磷发光需要氧气，但是镭发光完全

---

① 贝克勒尔是最早注意到放射性可能对人造成伤害的——他发现自己在马甲口袋里装了一块高放射性的精矿之后，身体被灼伤。皮埃尔·居里也做过研究，刻意用镭灼伤了手臂。然而，居里夫妇一直未能直面他们的"孩子"镭带来的危险。据说，他们的实验室在黑暗中会发出光，或许，两人的死也都与镭有关。（受放射性影响，皮埃尔身体虚弱，后在一次交通事故中丧命；30 年后，玛丽死于再生障碍性贫血。）当时，放射性样品可以随意邮寄，而且几乎没有任何防护措施。曾与卢瑟福共事的弗雷德里克·索迪认为，接触放射性材料造成了他的不育。

然而，当时人们对放射性也有矛盾情绪，还有人认为放射性是有益的，能够治疗伤病。除了钍吸入器，奥尔公司还出产了钍牙膏（以前，安妮姨妈在夜里会把假牙和"镭棍"一起放在玻璃杯里）。此外，还有一种内分泌放射治疗仪，内含镭和钍，使用者可以将它挂在脖子上刺激甲状腺，或是挂在阴囊上增强性功能。人们还会去水疗会所洗镭水浴。

最严重的问题出现在美国，那里的医生给病人开出"镭神"等放射性溶液处方，用于修复皮肤，治疗胃癌或精神疾病。数千人喝下了这类药剂，直到 1932 年，钢铁巨头、社会名流埃本·拜尔斯因此丧命，得到媒体的广泛宣传，这股镭热潮才告一段落。拜尔斯每日服用含镭补药，4 年后患上了严重的辐射病，下颚出现癌变；他死相诡异，死时骨头碎裂，就像埃德加·爱伦·坡笔下的瓦尔德马尔先生一样。

——作者注

靠自己的放射性。玛丽·居里用诗意的语言记录下这次所见的光：

> 我们在夜里来到工作室，感觉装有实验品的瓶子和容器都微微发亮，显出了轮廓，这真算是我们的一件乐事……此景甚美，于我们而言也是一种全新的体验。闪光的试管好似朦胧的圣诞小彩灯。

亚伯舅舅研究夜光漆时用过镭，剩下了一些保存至今，他还曾给我展示过。他拿出一个小玻璃瓶，瓶底沉着几毫克溴化镭，看起来就像一粒普通的盐。他有三个小屏幕，分别涂有铂氰酸锂、铂氰酸钠和铂氰酸钡。他用钳子夹起装有溴化镭的小瓶子，在暗屏前挥舞，屏幕突然亮起来，像是变成一片红色的火焰，接着变成黄色，最后又变成绿色。他将小瓶移开之后，火光随即消失。

"镭对周围的物质会产生很多有趣的影响。"亚伯舅舅说，"比如你已经了解的感光效果。镭还可以使纸变成褐色、燃烧，或使其出现凹痕，变得像滤器一样。镭能使空气中的原子分解，然后以不同的形式重新组合——因此靠近镭就能闻到臭氧和过氧化氮的味道。镭能影响玻璃，使软玻璃变成蓝色，使硬玻璃变成褐色；镭还能使钻石变色，使岩盐变成深紫色。"亚伯舅舅还给我展示了一块暴露在镭周围数日的萤石。他说，这块萤石原本是紫色的，但现在变得苍白，而且带有奇怪的能量。舅舅稍微加热了一下这块萤石，加热的温度也不算高，萤石就像烧到了白热化一样，突然就冒出灿烂的火花，而且还变回了紫色。

亚伯舅舅还向我展示了使丝绸流苏充电的实验。他用一块橡皮摩擦流苏，使其带电，流苏的丝线充电后就会互相排斥，向四方飞去。但是，他把镭拿到流苏旁，使其放电，丝线也随即垂下。舅舅说，因为放射现象可使空气导电，所以流苏就无法保住电荷。根据这种现象可以制成精密的验电器，他的实验室里就有一台金箔验电器——一个坚固的广口瓶，通过瓶塞插入一根金属棒导电，金属棒下方悬着两片小金箔。验电器通电时，金箔就会像流苏中的丝线一样分开。但是，如果将放射性物质放在广口瓶旁边，验电器的电荷会立即消失，金箔随即落下。验电器对镭特别敏感——能够探测出不足百亿分之一克的放射性物质，其灵敏度要比化学方法的强百万倍，比分光镜的也要强数千倍。

我喜欢看亚伯舅舅的镭钟，这种镭钟基本上就是金箔验电器内置一个盛有微量镭的独立薄壁玻璃容器。释放出负粒子的镭会逐渐带上正电荷，金箔会随之分开——直到碰到容器壁，就会失去电荷；之后会周而复始地循环这个过程。这座"镭钟"的金箔每3分钟会开闭一次，已经持续工作了30余年，往后的千年甚至更久，也会一直这样工作——亚伯舅舅说，这是最接近永动机的机器了。

镭的放射性要比铀的强上百万倍，分离铀是小难题，而分离镭则棘手得多。铀可使感光底片变黑（虽然要好几天时间），可使验电器的金箔失去电荷，而镭在转瞬间就能实现这些；镭自身活动剧烈，可以自行发出微光；进入20世纪之后，越来越多的证据证明，镭可以穿透不透明的物质，使空气转化为臭氧，使玻璃着色，产生荧光，还可以灼伤和毁坏身体的活组织；从某种意义上讲，镭既有治疗效果，又有破坏能力。

其他类型的射线，不管是X射线还是电波，能量都有外在的源头；但是放射性元素显然自带能量，可以连续数月甚至数年不断地释放能量；温度、压力、磁场、辐射，或是化学试剂，都不能对其造成影响。

这种巨大的能量从何而来？物理科学中最牢不可破的原理就是守恒原理——物质和能量不会凭空出现或消失。从来就没有人认真想过守恒原理会被推翻，但最初镭的表现似乎恰恰违背了守恒原理——可以永动，提供免费的午餐，是取之不尽用之不竭的稳定能量源。

这个困局有一种可能的解释，即放射性物质的能量有外部源头；最初，贝克勒尔类比磷光现象，提出了这种猜想——放射性物质从某种物质或某处吸收了能量，然后以自身特有的方式，慢慢将能量释放出去。他还专门为这种现象造了个词"超磷光现象"（hyperphosphorescence）。

居里夫妇也曾短暂认可了这种外源性想法——或许有类似 X 射线的辐射沐浴着地球。于是，他们给德国的汉斯·盖特尔和朱利叶斯·埃尔斯特寄了一份镭精矿样品。埃尔斯特和盖特尔是密友，人称"物理双子星"。他们是优秀的实验物理学家，已经证明了放射现象不会受真空、阴极射线或阳光的影响。他们将镭精矿样品带到哈茨山脉地下 300 多米的地下矿山中——没有任何 X 射线的地方——发现镭的放射性丝毫没有减弱。

镭的能量是否有可能源自以太（Ether）？据猜测，以太是一种神秘的非物质介质，遍布宇宙所有的角落和缝隙，是光线、重力和其他一切宇宙能量传播的基础。门捷列夫拜访居里夫妇时就持这种意见，只不过他从化学角度对以太做了一些特别的改变。他设想以太是由一种极轻的"以太元素"构成，是一种惰性气体，可以穿透任何物质却不发生化学反应，其原子量大约是氢的一半。他认为人们从日冕中已经观察到这种新元素，因此将其命名为冕。此外，门捷列夫还设想了一种遍布宇宙的超轻以太元素，原子量不到氢的 10亿分之一。他感觉这些以太元素的原子会被铀和钍等重原子吸引，并被这些原子吸收，使它们也具备以太能量。[1]

我最初读到关于以太的文章时（它经常被拼作"Aether"，还首字母大写），感觉有些迷惑，误将其当作母亲麻醉包里那种易燃、低黏性、味道刺鼻的液体麻药（anesthetic）。被定义成光传播的介质的"发光"以太的概念最早是由托马斯·杨[2] 在 1801 年提出的。亚伯舅舅告诉我，19 世纪，人们普遍相信有这种介质存在。但是，麦克斯韦在他的方程中越过了以太，而 19 世

---

[1] 门捷列夫直到生命尽头仍然保持着开放的态度，他在过世的前一年，否定了自己的以太假说，承认放射性能量源自"不可思议"的核嬗变。

——作者注

[2] 托马斯·杨（Thomas Young，1773—1829），英国物理学家，光的波动说的奠基人之一。

纪90年代初的一个著名实验也没有出现"以太飘移"现象——地球运动对光速产生的影响——而若以太存在，理应出现"以太飘移"。但显然，刚发现放射现象时，很多科学家对"以太"的存在仍深信不疑，为了解释放射性物质神秘的能量源，他们自然也就先想到了以太。[1]

就算铀慢慢释放的能量来自外部能量源这种想法尚在人们可想象的范围之内——也仅仅是想象——但放在镭身上，就更难理解了。皮埃尔·居里和阿尔伯特·拉博德在1903年证明，镭在1小时之内，就能使与自身等重的冰水沸腾。[2]放射性更强的元素就更难理解了，比如纯钋（一小块的钋可以使自身变得红热），还有放射性比镭强20万倍的氡——一品脱（约半升）氡可以瞬间气化任何盛放它的容器。任何以太或宇宙假说，都无法解释这种加热的能力。

居里夫妇认识到外来能量源的想法并无可靠依据，于是被迫回归最初的想法，从镭的"原子性质"着手，寻找镭的内部能量源头——尽管他们很难想象出这种理论的基础。早在1898年，玛丽·居里就曾补充过一个更大胆、更离谱的假设。她认为放射性可能源于原子的分裂，可能是"伴随着放射性物质质量损失而来的物质释放"。这种假设似乎比其他假设更匪夷所思，因

---

[1] 以太还有很多其他用途。1924年，英国物理学家奥利弗·洛奇写道，以太仍然是电磁波和重力的必要介质，尽管当时相对论已经为世人广泛接受。对洛奇而言，以太这种介质提供了一个连续统、一个矩阵，不连续的粒子、原子和电子可以嵌入其中。最后，在他看来（汤姆逊等很多人也是这样认为的），以太甚至还扮演着宗教或形而上学的角色——以太成为灵魂和自由精神栖息的媒介和疆域，逝者的生命在这里也保持了一种近乎存在的状态（或可借助这种介质的力量被召唤出来）。汤姆逊及其他很多与他同时代的物理学家成为心灵研究学会的积极成员和创始人，或许是对当时流行的唯物主义和上帝已死思想的反抗。
——作者注

[2] 读过相关资料之后，我开始好奇，是不是任何放射性物质摸起来都是热的。我以前有一小块铀和钍，但它们摸起来和其他金属一样是凉的。我还曾手握亚伯舅舅那个装了10毫克溴化镭的试管，不过里面的镭还没有一粒盐大，我透过玻璃也没感觉到热。

听杰里米·伯恩斯坦说，他曾用手拿起一块球形的钚——如今仍然是原子弹的核心原料——明显感觉是热的，这令我很是神往。
——作者注

为原子不可摧毁、不可改变、不能分裂一直是科学界的公理，是基础假设，化学和经典物理学都是在此基础上构建的。用麦克斯韦的话讲：

> 寰宇悠远的历史发生了无数劫难，未来也同样难测。尽管古老的体系可能瓦解，新的体系会从旧体系的残垣之中演化而来，但原子作为这些体系的构建材料，是整个物质宇宙的基石，永远不破，永远完好。从出现之日起至今，原子的数目、体积和重量始终未变。

从德谟克利特到道尔顿，从卢克莱修到麦克斯韦，所有的科学传统都坚持这个原则。因此，玛丽·居里刚提出原子分裂的大胆想法，便立刻放弃，也就很好理解了。她用非常规的诗意语言结束了关于镭的论文："这种自发辐射现象的原因仍然玄秘……是一个悠远美妙的谜团。"

22

罐头厂街

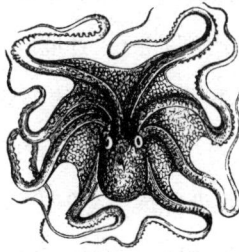

"二战"结束之后的那个夏天，我们去了瑞士，因为瑞士是欧洲大陆唯一没有遭受战争蹂躏的国家。经历了长达6年的轰炸、物资配给、节衣缩食和生活受限，我们都渴望正常的生活。刚过边境线，两国的差异便立刻显现——瑞士海关官员身上的制服崭新闪亮，不像法国海关官员那样穿着破旧不堪。火车也似乎变得更加干净明亮了，速度也似乎更快了。抵达卢塞恩之后，有一辆电动四轮车接上我们。四轮车的车身很高，车厢四四方方，有巨大的平板玻璃车窗。我父母小时候见过马拉的这种车子，只是从来没坐过。这辆古老的四轮车行驶平稳安静，把我们送到施瓦茨霍夫酒店。这座酒店宽敞豪华，我以前连想都不敢想。父母旅行时通常都会选择比较普通的住所，但这次他们一反常态，选择了卢塞恩最富丽堂皇、最奢华、最阔气的酒店——他们觉得，经历6年的战争之苦，也该奢侈一回了。

　　施瓦茨霍夫酒店之所以令我难忘，还因为我生平第一次（也是最后一次）的演奏会是在这里开的。我的钢琴老师西尔弗太太刚去世一年多，这段时间里，我再也没有碰过钢琴。但这时的阳光、自由，带我走出了伤痛，使我突然之间想再弹琴，为他人演奏。我虽然从小就学习巴赫和斯卡拉蒂，但受西尔弗夫人的影响，又逐渐喜欢上了浪漫派——特别是舒曼和热情奔放的肖邦玛祖卡舞曲。我的技巧并不足以驾驭其中很多曲子，但50多首曲谱，我都牢记在心，我自诩至少能弹出曲子的感觉和活力。曲目虽都短小，但每一曲似乎都包含了整个世界。

　　我的父母不知用了什么手段，说服酒店在沙龙安排了一场演奏会，允许我使用酒店的大钢琴。那是一台贝森朵夫钢琴，比我以前见过的钢琴都大，比我们家的贝希斯坦钢琴多出几个键。酒店还宣布，星期四晚上将举行"英国小钢琴家奥利弗·萨克斯"钢琴独奏会。我吓坏了，独奏会的日子越近，我就越是坐立不安。演奏会的夜晚终于到来，我穿上最好的一套西装（前一个月父母为了我的受戒礼定制的），走进沙龙，鞠躬，努力挤出笑容，然后坐到钢琴前（内心的恐惧几乎难以抑制）。第一曲玛祖卡开头数小节弹出之后，我渐渐沉浸其中，直至弹完华丽的尾声。有人鼓掌，有人微笑，没人在意我弹错的音符，于是，我又进入下一曲，一曲接一曲，最后以肖邦的遗作收尾。

这次演出给了我特别难得的快乐。化学、矿物学和科学都是私密的，只能与舅舅分享。相反，演奏会则是公开且开放的，有人欣赏，有互动，有付出，也有收获；它开启了一种新的体验，成为我与人交流的起点。

我们放纵地沉浸在施瓦茨霍夫酒店的奢华中，在巨大的大理石浴缸里泡上好几个小时，在华丽的餐厅里吃到想吐。但最终，我们还是厌倦了这种放纵的生活，开始在这座古城蜿蜒的街道上徜徉，欣赏突然映入眼帘的湖光山色。我乘登山火车，沿着齿轨来到里吉山顶峰——这是我第一次坐登山火车，也是我第一次登山。随后，我们来到阿尔卑斯山中小村阿罗萨。这里的空气寒冷干燥，我第一次看到雪绒花和龙胆草，还见到漆木建的小教堂，听到高山号角声在山谷间回响。我在阿罗萨，心中突然充满了喜悦，比在卢塞恩时更自由、放松，感受到生命的甜美，感觉有了未来，有了希望。那一年我13岁——13岁啊！——美好的人生不正在眼前吗？

返程途中，我们来到苏黎世（亚伯舅舅曾告诉我，年轻时的爱因斯坦就在这里生活和工作）。在苏黎世停留的日子本来很平常，但有一件特别的事情留在我的记忆中。父亲每到一处，就会搜寻泳池游泳，这次他在市区发现了一座大型公立游泳池。一到泳池，他就跃入水中，用最擅长的自由泳姿势游了起来。我则有些意兴阑珊，就找了一块软木浮板，爬到上面，临时决定就让浮板托着我在水中漂浮。我直挺挺地躺在浮板上，偶尔轻轻划一下水，就这样漂在水中，完全忘却了时间。突然间，一阵怪异的舒适感、一种极乐的感觉袭来——我只有在梦中才偶尔感到过。我以前也用浮板、游泳圈或浮袋在水上漂浮过，但这一次发生了神奇的事情，不断膨胀的喜悦感如波浪一般涌来，将我推向高处，越推越高，永不停歇，直到最后终于在一阵疲惫的快感中消散。我从未有过这样美好、宁静的感觉。

我脱下泳裤时才发现，刚才肯定是高潮了。我并未将此事与"性"或某个人联系在一起；我不觉得焦虑，也没有罪恶感——但我也对此事守口如瓶，感觉这是一次神奇而私密的经历，是上天赐福，给我的恩惠。我感觉好似发现了一个巨大的秘密。

1946 年 1 月，我从汉普斯特德的霍尔小学转学到规模大很多的哈默史密斯圣保罗小学。我与乔纳森·米勒第一次相遇，就是在这所学校的沃克图书馆：我正躲在一个角落里读着一本 19 世纪关于静电学的书——恰好读到"电蛋"[①]的介绍——书页上突然出现一个人影。我抬起头，看到一个瘦高笨拙的男孩，他表情丰富，眼神中透着智慧和顽皮，一头浓密的红发乱作一团。我们聊了起来，自那以后便成了好朋友。

在此之前，我只有埃里克·科恩一个真正的朋友。埃里克和我是发小，我从霍尔小学转到圣保罗小学一年后，埃里克也跟着转学过来。如今，埃里克、乔纳森和我组成了形影不离的三人组。我们不仅私交好，家庭之间也有交情（30 年前，我们的父亲同是医学院的学生，几个家庭一直保持着亲密的关系）。乔纳森和埃里克并不像我那样热爱化学——虽然他们与我一

[①] 电蛋（electric eggs）：1749 年，法国人阿贝·诺勒制造了一种特殊的真空管，连上静电发生装置后，可供人在夜间观察放电现象。诺勒同时期的人将这种真空管称作"电蛋"，并将其视为 X 射线管的前身。

——译者注

起做过几个实验，比如向池塘里扔钠的实验——他们对生物学有着强烈的兴趣。后来，我们自然选了同一门生物课，而且同时爱上了生物老师希德·帕斯克。

帕斯克是位极好的老师，但也是个小心眼、老顽固，不幸又有严重的口吃（我们总是不停地模仿他），也绝对算不上绝顶聪明。帕斯克先生劝诫、讽刺、奚落或强迫，用尽一切手段让我们放弃其他所有活动——运动和性，宗教和家庭，还有学校里的其他课程。他要求我们像他一样专一，把心思全放在生物学上。

他的大多数学生都觉得他过于严苛，想尽一切办法逃避这个老学究的专横课堂。这些同学的抵抗持续了一段时间，后来突然之间就获得了自由。帕斯克先生不再挑他们的毛病，不再给他们提离谱的要求，不再耗光他们的时间。

然而，每年我们都有一些人会接受帕斯克先生的挑战。作为回报，帕斯克先生为我们奉献了一切——他将所有的时间和所有的精力都用来传授生物学。我们和他一起在自然历史博物馆待到深夜（我还曾躲在一条走廊里，在自然博物馆里过了一夜）。我们放弃了周末，跟他去采集植物标本。为了听他一月份的淡水生物课，我们在严寒的冬日清早便起了床。还有，每年我们都会跟他一起去米尔波特做一次为期三周的海洋生物研究，这段经历至今仍是无比甜美的回忆。

米尔波特在苏格兰西部海岸，有一个设施齐备的海洋生物观测站，每次我们去都会受到欢迎，不管当时正在进行什么实验，我们都会受邀参加。（这次我们去的时候，观测站正在对海胆做基础观察。罗斯柴尔德勋爵对我们这些热情的学童很有耐心，我们都围到他的培养皿旁，观看里面的透明长腕幼虫。）乔纳森、埃里克和我一起在岩质海岸上弄出几个横断面，从覆盖着苔藓的岩石顶端开始，数起每个平方英尺范围内动物和海藻的数量（这种苔藓有个悦耳的学名：*Xanthoria Parietina*，即橙色地衣），一直数到下方的海岸线和潮池处。埃里克足智多谋,有一次,我们需要用铅垂线找到真正的垂直线,但不知道到底该怎么办。埃里克就从岩石下找到一个帽贝,把铅垂线的一端挂在帽贝下面,再把帽贝当成天然图钉,牢牢固定在顶部。

我们三人对动物都有各自的喜好:埃里克迷恋海参之类的动物;乔纳森钟情于色彩斑斓的多毛水生蠕虫;我则最喜欢鱿鱼、乌贼和章鱼等头足类动物——在我看来,它们是最聪明、最美丽的无脊椎动物。乔纳森的父母在肯特郡海斯镇的海边有一所避暑小屋,有一天,我们都来到这里,搭上一艘商用拖网渔船,钓了一天的鱼。渔夫通常会把网到的乌贼丢回大海(英国人不太爱吃乌贼)。我央求渔民把乌贼都留给我,等我们返回时,甲板上得有几十条乌贼。我们用桶和盆把所有的乌贼都带回小屋,放在地下室的大罐子里,还加了点酒精,以便保存。乔纳森的父母不在,所以我们没有丝毫犹豫。我们可以把所有乌贼都带回学校给帕斯克先生——我们想象着他看到这些乌贼时惊讶的笑容——班上每个同学都能分到一条乌贼来解剖,头足动物的狂热爱好者可以分到两三条。我则可以在野外活动俱乐部里讲一讲乌贼,详细介绍一下它们的智慧、它们巨大的大脑、它们视网膜突出的眼睛,以及它们迅速变化的身体颜色。

几天之后,乔纳森的父母就要回来时,我们听到地下室传来砰砰的一阵闷响,赶紧下去查看。我们眼前是一片恐怖的景象:乌贼储存不当,已经腐烂、发酵了,散发出的气体炸毁了罐子,乌贼的碎块溅得墙上和地上到处都是,甚至连天花板上都黏了一些。腐烂的乌贼恶臭难闻,简直难以想象。我们竭力刷洗墙壁,清除炸得到处都是的乌贼尸块;又捏着鼻子用水管冲洗了地下室,但恶臭还是挥之不去。我们打开门窗,让地下室通风,那味道就像毒气一样从小屋里飘出去,周围40多米都臭气熏天。

足智多谋的埃里克提议用另一种更浓烈的香气掩盖这种味道——我们觉得用椰子精华能行。我们凑了凑钱,买了一大瓶椰子精华,冲洗了地下室,剩下的随意洒在屋子各处。

一个小时后，乔纳森的父母回来了，他们向门前走来时，迎面就闻到一股刺鼻的椰香。他们再走近一些，便闻到一阵腐烂乌贼的味道——不知怎的，两种味道竟是泾渭分明，每隔一米五左右交替占据一片区域。等他们来到案发现场地下室，挺不过一两秒便受不了了。我们仨都羞愧不已，特别是我，因为这件事就是由我的贪心而起（难道一条乌贼不够吗？），又因我无知，不知道用多少酒精才能完好保存乌贼。乔纳森的父母被迫提前结束休假，离开了度假小屋（我们听说，这所小屋好几个月都不能住人）。尽管如此，我对乌贼的喜爱丝毫未减。

其中有化学的原因，也有生物学的原因，因为乌贼的血是蓝色的（其他很多软体动物和甲壳动物也是如此），而不是红色的；乌贼进化出与我们脊椎动物完全不同的输氧系统。我们体内的红色呼吸色素血红蛋白中含铁，而乌贼的蓝绿色呼吸色素血蓝蛋白则含铜。铁和铜的还原能力都很强，很容易与氧结合，变成高价氧化态，在必要时被还原，释放氧。我有些好奇，不知道有没有利用元素周期表中临近铁和铜的元素（有些氧化还原能力甚至更强）来做呼吸色素。我又听说海鞘等某些被囊类动物体内含有丰富的钒元素，还有一种特别的钒细胞用来储存钒。为什么它们会储存钒还是个谜；钒这种元素似乎也不属于输氧系统。我不知天高地厚，冒出个荒唐的想法，觉得或许自己在下次米尔波特的年度之旅就能解开这个谜。但最终，我也只是收集了一堆海鞘而已（我还和当初收集了太多乌贼那次一样贪心，毫无节制）。我想着可以把这些海鞘烧成灰，再测量一下灰里的钒含量（我在书中看到过，有些种类的海鞘，含钒量可能达到 40% 以上）。我的商业头脑终于开窍了一次：开一个海洋钒农场，里面养上海鞘。过去 3 亿年里，海鞘一直很擅长从海水中提取出珍贵的钒，我就要让它们做这件它们擅长的事，然后以每吨 500 英镑的价钱卖掉产出的钒。不过我发现一个问题，这样要杀死无数的海鞘，我也惊讶于自己竟生出这种屠杀的想法。

有机体的复杂变化在我身上显现，在身体的堡垒中改变了我。我在突然之间快速生长；胡子、腋毛和阴毛都长了出来；我的嗓音——吟诵哈夫塔拉之时还是清澈的高音——如今开始变声，音高飘忽不定。在学校上生物课时，我开始对动植物的生殖系统产生浓厚的兴趣，特别是无脊椎生物和裸子植物等相对"低等"的生物。苏铁和银杏的性征令我着迷，二者都与蕨类植物相似，保存着游动的精子，但同时又具有受到良好保护的巨大种子。而鱿鱼等头足动物就更有趣了，它们中的雄性长出包含贮精囊的茎化腕，伸入雌性的外套腔内。我离人类的性行为距离还很远，但性这个话题就像化合价或元素周期表一样，已经能够激发出我的无尽兴趣。

尽管我们都沉迷于生物学，但谁也无法像帕斯克先生那样偏执。青春期的少年面对的诱惑很多，精力又旺盛，想要四处探索，并不急于专心研究某一方向。

我全情投入科学有 4 年之久，追求秩序和形式之美，欣赏元素周期表和道尔顿原子的美妙。玻尔①的原子结构理论在我眼中是精心修饰的神圣天物，永世不衰。有时，宇宙的理性之美会令我有一种极乐之感。但现在，新的兴趣逐渐萌生，我有时又会觉得科学的内在空虚、枯燥，因为科学之美以及我对科学的爱已经无法彻底满足我。我现在渴望体验人性，欣赏自我。

音乐使我的这种渴望变得格外强烈又纾解了这种情绪；音乐使我悸动，令我流泪，甚至号啕大哭；音乐似乎能够穿透我的内心，与我的灵魂交流——虽然我说不出"曲中意"，也道不明为何音乐会令我如此感动。尤其是莫扎特，能勾起无尽的情绪，我无法定义这些情绪，或许，语言在音乐面前也变得苍白。

诗歌在我的个人生活中有了新的重要意义。我们在学校"学过"弥

---

① 尼尔斯·亨利克·戴维·玻尔（Niels Henrik David Bohr, 1885—1962），丹麦物理学家。1922 年获诺贝尔物理学奖。

尔顿①和蒲柏②，如今我又开始自行探索他们的诗歌。蒲柏有些诗句极尽温柔——"像玫瑰一样在痛苦的芬芳中死去"——我会反复默默吟诵，直到跟随诗句进入另外一个世界。

乔纳森、埃里克和我都从小喜爱阅读和文学：乔纳森的母亲是位小说家、传记作家，我们三人中最早熟的埃里克从 8 岁就开始读诗。我读的则多半是历史和传记，特别是人物生平和日记（这时，我自己也开始写日记）。埃里克和乔纳森觉得我的阅读品味有局限性，于是给我推荐了其他类型的作品——乔纳森推荐了塞尔玛·拉格洛夫③和马塞尔·普鲁斯特④（我以前只知道化学家约瑟夫－路易·普鲁斯特，不知道马塞尔·普鲁斯特）；埃里克则给我推荐了 T. S. 艾略特⑤，他认为艾略特的诗比莎士比亚的更好。带我去芬奇利路上的宇宙餐厅的也是埃里克，我们在这里一边享用柠檬茶和果馅饼，一边倾听年轻的医生诗人丹尼·阿布斯朗诵他刚完成的诗。

我们三个冒冒失失地决定在学校成立一个文学社；学校确实已经有了一个弥尔顿文学社，但是多年来一直濒临解散。乔纳森将是我们的秘书长，埃里克是财务官，而三人中最无知、最害羞的我反倒成了主席。

我们公布了文学社第一次活动的时间，吸引了一群好奇的人。我们极其渴望邀请到校外的诗人、剧作家、小说家或记者给我们演讲，而劝说他们来访的重任自然落在我这个主席身上。结果还真有相当多的作家出席了我们的活动——我猜他们应邀来参加我们的活动，有可能是因为看到故作老成的稚

---

① 弥尔顿（John Milton, 1608—1674），英国诗人、思想家，著有史诗《失乐园》。

② 蒲柏（Alexander Pope, 1688—1744），18 世纪英国诗人。蒲柏是第一位受到欧洲大陆关注的英国诗人，著作被翻译成欧洲许多国家的文字，是启蒙运动时期古典主义的代表。

③ 塞尔玛·拉格洛夫（Selma Lagerlöf, 1858—1940），瑞典作家，1909 年诺贝尔文学奖获得者，也是世界上第一位女性获奖者，代表作为童话小说《尼尔斯骑鹅旅行记》。

④ 马塞尔·普鲁斯特（Marcel Proust, 1871—1922），法国小说家，意识流文学的先驱与大师，也是 20 世纪世界文学史上最伟大的小说家之一，最主要的作品为《追忆似水年华》。

⑤ T.S. 艾略特（Thomas Stearns Eliot, 1888—1965），英国诗人、剧作家和文学批评家，诗歌现代派运动领袖，代表作品有《荒原》《四个四重奏》等。

气邀请信，觉得古怪，也可能是感怀于我们这群真正读过他们作品且真心想见他们的孩子。我们最引以为傲的莫过于萧伯纳[1]的来信了——他用颤抖的手写了一张可爱的明信片给我，说他真的很想来，但岁数实在太大，不能出远门（他写道，他已经九十三岁又四分之三岁了）。我们邀请的演讲人水平够高，随后的讨论也很激烈，因此文学社广受欢迎，每周例行活动都能吸引到 50 到 70 个男孩来参加。弥尔顿文学社的活动一向沉闷，可从来没有过这般人气。此外，我们还出版了一份油印刊物《仙人果》，用的是紫色油墨，纸页都是脏污。刊物里主要刊登同学的作品，偶尔也发表老师的文章，另外还有极其偶然的机会，能刊登一篇"真正"的外部作家的大作。

但是，这次成功或其他一些事情招致了我们的厄运。我们从未明确表达过个人思想，却被莫名冠以反权威、具有颠覆意图的帽子。他们说我们"杀死了"弥尔顿文学社（他们本来也不怎么频繁的会面活动也暂停了），指责我们只是一群可憎、喧闹、聪明的犹太男孩，需要打压一下我们的气焰。有一天，校长把我叫去，也没绕弯子："萨克斯，你们的社团解散了。"

"您这……这是什么意思，先生？"我结结巴巴地说，"您不能就这么'解散'我们。"

"萨克斯，我想做什么就做什么。你们的文学社即刻解散。"

"可是为什么呢，先生？"我问道，"您有什么理由吗？"

"我不需要告诉你理由，萨克斯。我不需要理由。你可以走了，萨克斯。你们的文学社没了，不存在了。"他说着打了一个响指——象征着驱赶和毁灭的动作——然后就继续自己的工作了。

我把这个消息转达给乔纳森和埃里克，还有文学社的其他成员。大家都

---

[1] 萧伯纳（Bernard Shaw, 1856—1950），爱尔兰剧作家。萧伯纳擅长以黑色幽默揭露社会问题，因其"作品具有理想主义和人道主义"，获 1925 年度诺贝尔文学奖。萧伯纳的喜剧作品《卖花女》（*Pygmalion*）被改编成音乐剧《窈窕淑女》（*My Fair Lady*），后又被改编成同名的好莱坞电影，变得家喻户晓。

——译者注

出离愤怒，困惑不解，但又很无助。校长有绝对的权威和绝对的权力，我们没有任何抵制或反抗的手段。

《罐头厂街》这本书是在 1945 年或 1946 年出版的，刚出版不久我便读过——大概是在 1948 年吧，当时，我还在学校上生物课，海洋生物学也进入了我的兴趣清单。我很喜欢书中的"医生"（Doc），喜欢他在蒙特雷附近的潮池中抓小章鱼，喜欢他与几个男孩喝啤酒奶昔，向往他那种安逸美妙的诗意生活。我也想在奇妙而神秘的加利福尼亚生活，过他那样的日子（由于西部片的影响，加利福尼亚已经成为我的梦想之地）。①在我进入青少年期之后，美国越来越多地进入我的视野——"二战"时，美国是英国的伟大盟友；他们的力量和资源几乎无穷无尽。不正是美国制造了世界上第一颗原子弹吗？休假的美国大兵走在伦敦街头——他们举手投足之间都散发着自信、洒脱和安逸的气息，是我们这些刚经历了 6 年战乱的人完全无法想象的。传播广泛的《生活》杂志登载了山脉、峡谷和沙漠的照片，那种壮阔宏伟的景色根本非欧洲能比；美国城镇中的人民都带着笑脸，热情又健康，他们的房子闪闪发光，商店里摩肩接踵，人人都享受着富足、愉悦的生活；我们这些人刚经历过严格配给、饥寒交迫的战争岁月，完全无法想象他们的生活。大西洋彼岸安逸生活的美丽画面，在美国喜剧片《飞燕金枪》和《俄克拉荷马！》等高于生活的华丽音乐剧的映衬之下，更增添了神话色彩。正是在这种浪漫情绪弥漫的背景之下，《罐头厂街》及其存在不少缺点的续作《甜蜜的星期四》极大地影响了我。

在圣劳伦斯学院的日子里，我曾想象自己生活在神话世界中，如今，我又开始对未来有了幻想。我把自己想象成栖身美国海岸或内陆的科学家或博

---

① 《罐头厂街》（*Cannery Row*），1962 年诺贝尔文学奖得主、美国作家约翰·斯坦贝克的作品。罐头厂街位于美国加利福尼亚南部的滨海小镇蒙特雷，是一条美丽繁华的海滨街道。小说主人公是一位名叫"医生"的海洋生物学家。

物学家。我读过刘易斯与克拉克的游记，读过爱默生和梭罗，最重要的是，我还读过约翰·缪尔①的作品。我爱上了阿尔伯特·比尔施塔特②笔下庄严浪漫的风景画，也爱上了安塞尔·亚当斯③美丽至极的相片（有时，我也把自己幻想成风景摄影师）。

我十六七岁时，疯狂地爱上了海洋生物学，给全美所有的海洋生物实验室都写了信——麻省的伍兹霍尔、拉霍亚的斯克里普斯研究所、旧金山的金门水族馆，当然还有蒙特雷的罐头厂街。这时，我已经知道《罐头厂街》的"医生"确有其人，正是海洋生物学家艾德·里基茨。我记得所有的生物实验室都友善地回复了我，对我的兴趣和热情表示了欢迎，但也明确指出，我要有真正的资质才行，并建议我先拿到生物学的学位，再与他们联系。10 年后，我终于来到加州，但身份并非海洋生物学家，而是神经病学医生。

---

① 约翰·缪尔（John Muir, 1838—1914），美国早期环保运动的领袖。他的大自然探险文字，包括随笔和专著，广为流传。

② 阿尔伯特·比尔施塔特（Albert Bierstadt, 1830—1902），德裔美国画家，最著名的作品是美国落基山脉的全景式风景画。

③ 安塞尔·亚当斯（Ansel Adams, 1902—1984），美国风光摄影家、摄影教育家、自然环境保护者。

23

解放全世界

$$\bigcirc_{226} = \bigcirc_{222} + \bigcirc_{4}$$

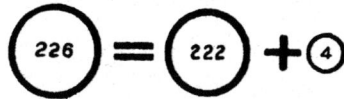

Radium.　Emanation.　Helium

居里夫妇从一开始就注意到放射性物质有一种奇特的能力，可以"诱使"周围所有的东西产生放射性。他们发现这种现象很有趣，但同时又很烦人，因为所有的仪器都受到污染，几乎无法测量样本的放射性。玛丽在她的论文中写道：

> 化学实验室中使用的物品……很快都获得了放射性。尘粒、房间里的空气、衣服，全都有了放射性。房间里的空气变成了导体。我们的实验室出了大问题，已经没有绝缘的仪器可以使用了。[1]

读到这段文字时，我不禁想到我们自己家和亚伯舅舅的住所，想着这两处地方是否也会有一些放射性——亚伯舅舅用含镭夜光漆涂过的时钟指针，会不会诱发周围物品的放射性，在不知不觉中使屋内的空气里充满穿透性射线。

居里夫妇与贝克勒尔一样，最初倾向于认为这种"诱发的放射性"是无形的，将其看作一种"谐振"，或许可以类比成磷光或荧光，但也有物质性放射的迹象。早在 1897 年，他们就发现，如果将钍放在密闭的瓶子里，其放射性会增强，打开瓶盖之后，其放射性立刻恢复至原水平。但是，居里夫

---

[1] 一个世纪之后，玛丽·居里的实验笔记本仍然被视作危险品，保存在带有铅衬的盒子里。

——作者注

妇并未继续研究这种现象。欧内斯特·卢瑟福最早意识到这种现象的非凡意义：这个过程中，钍产生了一种新物质；而新物质的放射性比母体钍的强得多。

卢瑟福请来年轻的化学家弗雷德里克·索迪①帮忙，两人合作发现钍的"射气"其实是一种实体物质，是一种气体，可被分离出来。这种气体几乎与氯一样容易液化，但与任何化学试剂都不发生反应；这种气体与氩气等新发现的惰性气体一样不活跃。此时，索迪认为钍的"射气"可能是氩气。正如他后来所写，当时的他：

> 超乎喜悦——我无法言表——有些欣喜若狂的感觉……我清楚地记得我当时在这个巨大发现的冲击下呆立在那里，不假思索地说（当时感觉是不假思索地）："卢瑟福，这简直是将贱金属变成贵金属：钍发生嬗变，变成了氩气。"
>
> 卢瑟福的回答就更实际一些了："我的天啊，索迪，别用这个说法，搞得像个炼金术士似的，可别被他们砍了头。"

但是，这种新气体并非氩气，而是一种新元素，有独特的明亮谱线。这种元素气体扩散速度极慢，而且密度极大，是氢气的 111 倍，然而氩气的密度只有氢气的 20 倍。他们认为这种新气体与其他惰性气体一样是单原子分子，其原子量应该是 222。因此，这是惰性气体中最重的，也是最后一个，放在门捷列夫的元素周期表中就是第零族元素的最后一位成员。卢瑟福和索迪暂且称之为"钍射气"或"射气"。

钍射气会迅速消失——一分钟就消失了一半，两分钟就消失了四分之

---

① 弗雷德里克·索迪（Frederick Soddy, 1877—1956），英国化学家，1912 年根据与卢瑟福合作研究放射性元素衰变的成果，阐明了同位素理论，获 1921 年诺贝尔化学奖。

三，过了十分钟就完全检测不到了。正是因为钍射气的衰变速度如此之快（以及放射性沉降物的出现），卢瑟福和索迪才发现了铀或镭未曾表现出的一些规律——放射性元素的原子会持续衰变，并逐渐转化成其他原子。

他们发现，每一种放射性元素都有各自的特征衰变率，即"半衰期"。一种元素的半衰期可被精确测量，比如氡的某种同位素的半衰期是 3.8235 天。但是，单个原子的生命却根本无法预测。我越想越迷惑，于是反复重读索迪的记录：

> 一个原子在某个时刻是否衰变是确定的，与我们已知的各种内在或外在因素无关，特别是与原子已经存在的时间长短无关……可以说，原子是否衰变完全在于概率。

显然，单个原子的寿命可能是零到无限长，我们也无法区分即将衰变的原子和还将存在 10 亿年的原子。

一个原子随时都可能毫无"缘由"地发生衰变，在我看来，这种现象特别神秘，也很令人不安。放射性似乎脱离了连续性或流程性的范畴，超出了可预知的因果宇宙——而是处于一个经典规律毫无约束力的领域。

镭的半衰期是 1600 年，比它的射气氡的长很多。但这与地球的年龄相比宛如一瞬——如果镭稳定衰变，地球上的镭不早就消失不见了吗？卢瑟福推测，镭本身就是由其他半衰期长很多的元素转化而来，这种推测很快也得到验证。他追溯了一系列物质，找到了衰变的母元素铀。铀的半衰期是 45 亿年，与地球的年龄相仿。另外还有一系放射性元素源自钍的衰变，而钍的半衰期甚至比铀的更长。因此，从原子能的角度来看，地球依靠诞生时便存在的铀和钍提供的能量生存着。

这些发现对关于地球年龄的争论产生了重大影响。19 世纪 60 年代初，伟大的物理学家开尔文 ① 在达尔文的《物种起源》出版后就辩称，假设太阳是地球唯一的热能来源，从地球的冷却速度来看，其年龄应该不超过 2000 万年，再过 500 万年，地球将过于寒冷，不适于生物生存。这样的计算不仅骇人听闻，而且与化石证据不符。根据化学记录来看，生命已经存在数亿年——然而，开尔文的想法又似乎无可辩驳。这使达尔文饱受困扰。

直到放射性被发现之后，这个难题才得到解决。据说，年轻的卢瑟福面对 80 岁高龄的开尔文勋爵，非常紧张。他指出开尔文的计算是基于错误的假设完成的。他说地球除了太阳之外，还有另外一种非常重要的热源。数十亿年来，放射性元素（主要是铀、钍及其衰变后的产物，还有钾的放射性同位素）帮助地球保持了温暖，保护地球免受开尔文预言的致命严寒影响。卢瑟福举起一块沥青铀矿，他根据其中氦的含量估算出这块矿石的年龄。他说这矿石至少有 5 亿岁。

卢瑟福和索迪最终总结出三条独立的放射性衰变路径，每一条路径从初始元素开始，产生的衰变产物都有十几种。这些衰变产物都是不同的元素吗？元素周期表的铋和钍之间位置不够，放不下 30 多种元素——或许能放下六七种，但再多就不行了。他们渐渐发现，这些元素中有很多互为同位素；比如镭、钍和锕的射气虽然半衰期差异很大，化学性质却完全相同，是同一种元素，只不过原子量略有不同。（索迪后来称之为同位素。）而且每一条衰变路径的终产物都很类似——所谓的镭 G、锕 E 和钍 E 都是铅的同位素。

每一条放射性衰变路径的中间产物都是固定的，而且每一种产物都有独特的放射性特征，半衰期也是固定不变的，因此卢瑟福和索迪才能将之归类，从而开创了全新的放射化学。

---

① 开尔文（Lord Kelvin, 1824—1907），英国数学物理学家，热力学温标（绝对温标）的发明人，被称为"热力学之父"。

原子衰变的概念最早由玛丽·居里提出，但后遭放弃，未得到深入研究，而如今，人们再也无法否认这个概念。显然，放射性元素都会发生衰变，并在衰变过程中释放能量，变成另外一种元素。放射性的核心就是衰变。

我喜爱化学，有部分原因在于化学是一种变化的科学，几十种元素组合成无数化合物，而每一种元素又是稳定的、恒定的、永恒的。元素的稳定性和恒定性给了我很强的心理慰藉，使我在动荡的世界中找到了锚点。如今，随着放射性的发现，不可思议的原子衰变理论逐渐成形。哪个化学家又能想到像铀这样坚硬如钨的金属，竟能变成像镭那样的碱土金属，像氡那样的惰性气体，像碲那样的元素钋，像铋和铊那样的放射性物质，最后还有铅——几乎包含了元素周期表中所有的族群。

没有化学家能够想到这些（炼金术士或许可以），因为嬗变已经超越了化学范畴。任何化学过程或化学手段都无法改变元素的特性，这个道理在放射性元素上也同样适用。镭的化学性质与钡的很像；但放射性完全是另外一类属性，与物理或化学性质毫不相关。放射性是物理和化学性质之外的神奇（或可怕）属性（有时这种属性会令我心烦意乱，因为我喜爱像钨一样致密的金属铀，也喜爱散发荧光的美丽铀矿和铀盐，但我无法安全地把玩这些东西太长时间；同样，氡强烈的放射性也令我极度烦恼，要不是强烈的放射性，氡肯定是一种理想的重气体）。

放射性并不会改变有关化学的事实，也不会改变元素的概念；元素的稳定性和特性都不会受到冲击。放射性能够影响到的是原子的两个层面——一个是化学反应和化合作用等相对浮浅、可以触及的层面；另一个是较深的层面，能量相对较小的常规化学和物理手段都无法触及，在这个层面发生的任何变化，都会彻底改变元素的特性。

亚伯舅舅家里有一台闪烁镜，就是玛丽·居里论文封面广告里的那种。

闪烁镜是一种简洁巧妙的仪器，包含一块荧光屏和一个放大目镜，内含极小的一粒镭。透过目镜，一秒内可以看到数十次闪光——亚伯舅舅把闪烁镜递给我，我把它举到眼前，立刻看到一片壮丽迷人的魔幻景象，好似无数的流星连续划过。

一台闪烁镜只需要几先令，是爱德华时代各家客厅里时髦的科学玩具——20 世纪特有的新玩具，经常与维多利亚时代流传下来的立体镜和盖斯勒管摆在一起。闪烁镜虽然以玩具的身份诞生，但很快便展现出更重要的意义，因为从闪烁镜里看到的火花或闪光其实是镭原子衰变时产生的，是原子爆炸射出的 α 粒子。亚伯舅舅说，没人能想到有这么一天，我们能看到原子层面的变化，更不消说单个原子的变化了。

"这里面的镭不足百万分之一毫克，然而，在屏幕那么小的一片区域里，每秒就能出现数十次闪光。想象一下，如果我们有一克镭能产生多少次闪光。"

"1000 亿次。"我算了算。

"差不多。"舅舅说，"确切地讲是 1360 亿次——这个数目从来都不会变。每秒钟每克镭中有 1360 亿个原子发生衰变，射出 α 粒子——再想象一下这个过程持续数千年，你就知道一克镭里大概有多少原子了。"

20 世纪初的实验显示，镭射出的并非只有 α 射线，还有其他几种射线。大多数放射现象可归因于这些不同类型的射线：α 射线特有的强电离作用可以使空气电离，而 β 射线则可诱发荧光反应或使照片底片感光。每一种放射性元素都会发射特征性的射线：镭制剂会发射出 α 射线和 β 射线，钋制剂则只能发射 α 射线。铀使照片底片感光的速度要比钍快，但钍使验电器放电的能力更强。

放射性衰变射出的 α 粒子（后证明是氦原子核）带有大量正电荷——比 β 粒子或电子的电荷量大数千倍——始终沿直线前进，可直接穿透物质，不会发生散射或偏向（虽然在穿透物体的过程中会丧失一部分速度）。至少表面看来是这样的，不过 1906 年卢瑟福观察到粒子偶尔会出现微小的偏向。换作是别人或许就会忽略这个现象，但卢瑟福则认为这个现象可能暗含重大意义。α 粒子不正是理想的原子规模炮弹，可以用来撞击其他原子，探测出它们的结构吗？卢瑟福让年轻的助手汉斯·盖革①和学生欧内斯特·马斯登用薄金属箔做闪烁实验，这样就能数出撞击到金属箔上的 α 粒子的数量。他们向一片金箔发射 α 粒子，发现每8000个粒子中就有一个发生巨大偏向——大于 90 度，有时甚至达到 180 度。卢瑟福后来说："这是我一生中遇到的最难以置信的事件。就好似你向一张薄纸发射一枚直径将近 40 厘米的炮弹，结果炮弹却被反弹回来，打中了你。"

根据盖革的记录，卢瑟福思考这个奇怪的结果有将近一年，然后，有一天，他"走进我的房间，明显心情非常好，他说他已经看清了原子的模样，也明白了怪异的散射现象的意义"。

卢瑟福认为原子不可能像 J. J. 汤姆逊提出的"葡萄干布丁"模型那样，是一团均匀的带正电的胶状物，吸引了葡萄干一样的电子。如果原子是这样的结构，α 粒子应该总是能够穿透原子。α 粒子携带着巨大的能量和电荷，偶尔出现偏向，只能是遇上正电荷更强的某种物质。然而，这种现象在 8000 次中仅会出现一次。其余 7999 个 α 粒子都直接穿过，未发生偏转，就好像金原子里大部分都是真空区；但第 8000 个 α 粒子通过时，会沿轨道弹回，就像网球撞上实心的钨球一样。卢瑟福推测，金原子的质量肯定是集中在中央很小的一块区域，不易撞到——原子核心的密度大到不可思议。他提出，原子肯定包含巨大的真空区，中央有一个带正电、密度极大的原子核，直径仅是原子的 10 万分之一，原子核外有少量带负电的电子围绕原子核转动——就像一个微型的太阳系。

① 汉斯·盖革（Hans Geiger, 1892—1947），德国原子核物理学家。盖革的名字同他发明的一种探测高能粒子的仪器——盖革计数器联系在一起。

卢瑟福的实验和原子结构模型提供了一种结构基础，由此可以解释放射性过程和化学反应的巨大差别，以及二者释放能量的百万倍差异（索迪在著名的演讲中形象化地表现了这种差异，他一手高高举起一个装了不到 500 克氧化铀的罐子，然后说，这里面蕴含的能量相当于 160 吨煤）。

化学变化或离子化过程中，会出现一两个电子的增减，而且只要两三个电子伏特的能量就能完成。这种规模的能量，通过化学反应、加热、光照或用一个普通的 3 伏特电池都能轻易获得。但放射性过程涉及原子核，而原子核由强大很多的力量聚合在一起，因此分裂时会释放更大量级的能量——数百万电子伏特。

20 世纪初，索迪创造了"原子能"的说法，此时距离原子核被发现还有数十年的时间。没人知道，甚至都想象不到，太阳和恒星为何能够几百万年如一日，不停地辐射那么多的能量。靠化学能无异于痴人说梦——煤做成的太阳只需要一万年就会烧光。答案有没有可能在放射现象和原子能上？

索迪写道：

> 假设……我们的太阳……由纯镭构成……太阳源源不断地释放能量也就没有困难了。

索迪想到，放射性物质中自然发生的衰变现象，有没有可能通过人工实现。[1] 这个想法令他欣喜若狂，好似进入千年不遇的秘境：

> 我们通过镭了解到，世界上的能源是无穷无尽的……如果一个种族能够掌控衰变，就不必付出辛劳，也可衣食无忧……这样的种族可使沙

---

① 索迪早在卢瑟福实现人工衰变之前15年就做出了相关预言。此外，他还在核裂变和核聚变被发现之前很久就提出了相关构想。

——作者注

漠变成绿洲，可以融化冰封的南北两极，可使整个世界变成快乐的伊甸园……全新的未来图景在我们面前展开。人类的传承更多了，志向更加远大，命运之高贵也非今人所能预言……大自然警惕地把握着能量的终极源泉，终有一天，这份能量将为人类所用。

我在"二战"的最后一年读过索迪的《镭的解析》，他在书中提出的无尽能量和无尽光明的愿景令我欣喜不已。索迪的文字中充溢着兴奋之情，我读来也陶醉其中，感受到巨大的力量，仿佛得到救赎，宛如回到 20 世纪初镭和放射性被发现之时一般。

但与此同时，索迪也道出了黑暗的一面。早在 1903 年，刚开始做相关研究时，他就将地球说成"装满爆炸物的仓库，威力远超我们任何人的想象"。这种忧虑也反复出现在《镭的解析》中。H. G. 威尔斯正是在索迪的远见启发之下，回归了早期的写作风格，并在 1914 年出版了《解放全世界》（威尔斯还将本书献给《镭的解析》）。威尔斯在书中想象出一种名叫钶（Carolinum）的元素，其能量释放几乎与链式反应如出一辙[1]：

> 在过去的战争中，发射出去的炮弹和火箭弹都是瞬时爆炸，并就此失去作用……但钶……一旦衰变过程开启，狂怒的辐射能量将源源不断地涌出，无可阻挡。

1945 年 8 月，听闻广岛遭到原子弹轰炸的消息，我想到索迪和威尔斯的预言。我对原子弹的情感莫名复杂。毕竟，我们的战争已经结束，欧战胜利

---

[1] 利奥·西拉德（Leo Szilard）正是在 19 世纪 30 年代读过威尔斯的《解放全世界》之后，想到链式反应，并在 1936 年申请了这方面的秘密专利；1940 年，他说服爱因斯坦写下那封给罗斯福总统的著名的信，提出制造原子弹的可能性。

——作者注

日已经过去；我们英国人与美国人不同，未曾遭遇珍珠港被炸的痛苦，除了参与了马来半岛和缅甸的战役之外，也未曾与日本人有太多的正面战斗。在某种意义上，释放原子弹好似"二战"的一个恐怖附录，或许是一件没有必要发生的可怕示威活动。

然而，我也与很多人一样，为分裂原子的科学成就感到欢欣鼓舞；而1945年8月公开的史密斯报告全面介绍了原子弹的制造过程，更是令我心醉神迷。直到第二年夏天，《纽约客》专刊登载了约翰·赫西①的《广岛》一文（据说，这一期《纽约客》爱因斯坦买了1000本），之后不久，英国国家广播公司第三频道又对广岛原子弹爆炸做了报道，我这才感受到原子弹的恐怖。在此之前，化学和物理对我来说是纯粹的喜悦和奇迹之源，我或许并没有意识到它们的破坏力量。原子弹震撼了我，也震撼了所有人。人们对原子物理或核物理的感受，不再像卢瑟福和居里夫妇时代的人们所感受到的那般圣洁自由。

---

① 约翰·赫西（John Hersey，1914—1993），美国小说家。生于中国。当过战地记者，对第二次世界大战中所见所闻作了真实的描写，以此为背景写出小说《广岛》（1946）、《墙》（1950）。

24

耀眼的光芒

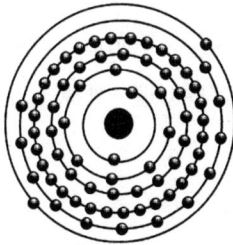

Tungsten (W⁷⁴)

上帝创世需要多少种元素？1815年，人类已知的元素有50多种；按道尔顿的理论来看，这就意味着有50多种原子。但是，上帝创世显然不需要50多种不同的建筑模块——他肯定会设计一种更经济的方式。伦敦一位有化学头脑的外科医生威廉·普洛特观察到原子量都接近于整数，因此也都是氢原子量的倍数。他据此推测氢是原始元素，其他所有的元素都是在氢的基础上构建而成。因此，上帝只需要创造一种原子，其他原子都可通过自然"聚合"的方式由这种原子生成。

可惜，有些元素的原子量不是整数，不过或多或少，四舍五入也能成整数（道尔顿就是这么做的），但像氯这种原子量是35.5的该怎么办呢？因此，普洛特的假设很难站得住脚，而门捷列夫完成元素周期表之后，又遇到了更多的问题。比如，从化学角度来看，碲显然在碘之前，但是碲的原子量却比碘的大。普洛特的假设虽然有明显的漏洞，但在整个19世纪都没有遭到彻底否定——这种假设如此完美，如此简练，很多化学家和物理学家都觉得其中必然包含某种基本的真理。

有没有可能存在某种比原子量更不可或缺、更基本的原子性质呢？在"探测"原子，特别是探测原子核的方法出现之前，这个问题根本无解。1913年，普洛特的假设提出一个世纪之后，与卢瑟福共事的一位杰出的年轻物理学家亨利·莫斯莱 [①] 开始用他最新发明的X射线光谱技术探测原子。他

①亨利·格温－杰弗里·莫斯莱（Henry Gwyn-Jeffreys Moseley，1887—1915），英国物理学家。1913年用不同材料制成X射线管的对阴极（即阳极靶），测得50多个元素的X射

的实验设计很可爱，充满童趣：他用一列小火车，每一节车厢里装有一种不同的元素，火车在一条 90 多厘米长的真空管中行进。莫斯莱用阴极射线轰击每一种元素，使各元素射出特有的 X 射线。他发现，谱线频率的二次方根与该元素的原子序数呈线性关系；他又换了一种方法比较，发现从一种元素过渡到下一种元素时，谱线的频率发生跃迁。莫斯莱认为，这种现象反映出一种基本的原子性质，而这种性质只可能与核电荷有关。

用索迪的话来说，莫斯莱的发现使他能够给元素"点名"。这种序列中没有任何缺口，元素都平滑、规律地排列。如果出现缺口，就说明缺少一种元素。这时，人们明白了元素是按照某种顺序排列的，元素从氢到铀，共有 92 种，也只有 92 种。我们现在知道，当时还有 7 种元素尚待发现，也只有这 7 种未被发现。元素周期表中原子量"异常"的问题也得到了解决：碲的原子量或许比碘的稍微大一些，但是碲的原子序数是 52，而碘的原子序数是 53。关键就在原子序数，而不是原子量。

莫斯莱的重大发现都在 1913 年至 1914 年短短的几个月内完成，其成就之令人瞩目、完成之迅速，在化学圈内引发了不同的反响。有些老化学家觉得这个傲慢的年轻人不知好歹，他凭什么说自己完善了元素周期表，还断言除了他预言的几种元素之外不可能再有其他发现？他懂什么是化学吗——他懂得新元素的提取或新化合物的分析，都需要长年累月、不辞劳苦的蒸馏、过滤和结晶吗？但是，最伟大的分析化学家之一于尔班[①]——用 15 万次分步结晶法分离出镥的人——立刻意识到这项成就的伟大之处，他认识到，莫斯莱的发现根本没有破坏化学，反而验证了元素周期表，并重塑了其核心地

（**接上页**）线光谱。发现光谱特征线的频率和元素的原子序数成比例，原子序数即原子核的正电荷数，是决定元素性质的主要因素。按原子序数排列的元素周期表要比按原子量排列的更正确，原来几个位置与原子量大小不一致的地方都获得了解释。他的这项贡献对周期律和光谱分析法以及原子构造理论的发展起了相当大的作用。

① 乔治·于尔班（Georges Urbain, 1872—1938），法国化学家。成功地分离了大部分稀土元素（特别是钇族元素）。1907 年发现元素镱和镥。

位。"莫斯莱定律……只用几天的时间便确认了我 20 年耐心工作的成果。"

此前，原子序数仅用于表示按照原子量排列的元素顺序，但莫斯莱赋予了原子序数真正的意义。原子序数代表了原子的核电荷数，以绝对确定的方式指示了元素的特征及其化学性质。比如，铅有多种形态——同位素——每一种形态的原子量都不同，但它们的原子序数都是 82，而且只要是铅就改变不了这个原子序数。钨也不可避免地定是 74 号元素。但"74"这个序数又是如何为钨赋予特性的呢？

尽管莫斯莱指明了元素的真正排序，但还有一些基本问题尚待解决。这些问题曾困扰着门捷列夫及其同时代的科学家，也曾困扰过年轻时的亚伯舅舅，现在又困扰着我，化学、光谱学和放射现象给我带来的快乐逐渐被困惑取代。为什么？为什么？为什么？为什么会有元素？为什么元素的性质是现在这样的？为什么碱金属元素和卤族元素性质完全相反，却又都那么活跃？为什么稀土元素的性质都那么相似，又为什么稀土元素盐类的色彩那么美，而且还具有磁性？为什么元素会有独特而复杂的光谱，为什么光谱会符合巴耳末发现的数学规律？最重要的还是，不管是地球上还是太阳和恒星中的元素，为什么似乎都能保持稳定，数十亿年一直不变？40 年前，正是这些问题使年轻的亚伯舅舅百思不得其解——然而时间来到 1913 年，他告诉我，所有这些问题以及其他数十个问题都得到了解答，新世界之门突然打开，帮助我们理解了一切。

卢瑟福和莫斯莱主要关注的是原子核、原子质量以及电荷的单位。然而，据推测，决定元素化学性质和（似乎）很多物理性质的是围绕原子核运动的电子及其结构和成键方式。在电子的问题上，卢瑟福的原子模型就出现了问题。根据经典的麦克斯韦理论，这种类似太阳系的原子模型根本不适用，因为电子围绕原子核高速运动，每秒可转一万亿圈，必将产生可见光辐射。这样一个原子释放出短暂的闪光，电子将失去能量，向内塌陷，与原子核发生碰撞。但实际情况却是（除非是放射现象）元素及其原子能够维持数十亿年，永远不灭。那么，原子为何能如此稳定，又是如何逃离看似转瞬即逝的命运的呢？

显然，人们需要调用或发明新的原理，来解释这种不可能的现象。学习到这些是我人生中第三次进入极乐之境，至少是"化学"人生中的第三次——第一次是了解了道尔顿，学习了他的原子理论；第二次是认识了门捷列夫和他的元素周期表。但我想，第三次可能是最震撼的一次，因为这种现象似乎违背了所有的经典科学理论，与我理解的理性和因果关系完全背道而驰。

1913 年，也曾在卢瑟福的实验室里工作的尼尔斯·玻尔将卢瑟福的原子模型与普朗克 ① 的量子理论结合，跨越了这道鸿沟。普朗克在 1900 年提出，能量的吸收和释放并不是连续的，而是以"量子"这种离散包的形式完成。这个理论就像一颗定时炸弹，安静地摆在那里。爱因斯坦在研究光电效应时曾使用过该理论，但在玻尔利用该理论解决了卢瑟福原子模型无法解释的问题之前，量子理论及其革命性的潜力一直莫名遭到忽略。原子太阳系模型不仅稳定，而且其电子有无限条运行轨道，释放的能量也是连续频率，这样的原子不可能产生元素的不连续谱线，而只能产生连续光谱。相反，玻尔假定原子的轨道数量是有限的，呈离散型分布，每一条轨道都有特定的能量水平或量子态。能量低的轨道最靠近原子核，玻尔称之为"基态"（ground state）——电子在这条轨道上绕原子核运动，永远都不会释放或失去任何能量。这是一个惊人的假设，极其大胆，暗示着经典物理的电磁学在原子的微观领域中不适用。

然而，这种假设在当时并没有证据支撑，只是纯粹的灵感和想象——他还提出电子跃迁定则，即电子毫无征兆且不需任何介质地从一个能级转移到另外一个能级，二者比较起来一样玄幻。除了电子的"基态"之外，玻尔还假设有高能轨道，即高能"定态"（stationary state），电子可以从基态轨道转移

---

① 马克斯·卡尔·恩斯特·路德维希·普朗克（Max Karl Ernst Ludwig Planck, 1858—1947），德国物理学家，量子物理学的创立者。1900 年提出适用于电磁波谱所有波段的经验公式，即著名的普朗克辐射公式。为解释黑体在一定温度下辐射能量的分布，提出了物质辐射（或吸收）的能量只能取某一基本量的整数倍的假说，即量子假说。这一作用量子被称为"普朗克常量（h）"。1918 年获诺贝尔物理学奖。

到高能轨道，只不过迟早还会落回原始的基态，同时释放能量，而释放能量的频率与吸收能量的频率完全相同——这与荧光反应或磷光现象的道理一样，也解释了50多年来人们一直无法破解的发射光谱和吸收光谱谱线特征之谜。

玻尔认为，原子只有在发生这种量子跃迁时才能吸收或释放能量——原子光谱离散型的谱线正是原子中电子在不同稳态之间转移的表现。距离原子核越远，能级之间的能量差异就越小，玻尔经过计算发现，这些间隔恰好与氢原子的谱线吻合，也符合巴耳末公式。玻尔的理论与事实完全吻合，成为他取得的第一次大胜。爱因斯坦认为玻尔的成果是"巨大的成就"，35年之后，他回想过去时又写道："即使现在来看，那也是个奇迹……这是人类思想的最美天籁。"玻尔曾评论说，氢的光谱——所有的光谱——就像蝴蝶翅膀上的斑点，虽然美丽，但毫无意义；但现在我们能够看出，光谱反映的是原子内部的能量状态，是电子在量子轨道上飞驰歌唱的外现。"光谱的语言，"伟大的光谱学家阿诺德·索末菲[①]曾这样写道，"乃寰宇之中的原子天籁。"

量子理论是否适用于更复杂的多电子原子呢？量子理论能否被用来解释这些原子的化学性质和元素周期表呢？"一战"之后，玻尔恢复科学研究，这些就成为他的研究重点。[②]

[①] 阿诺德·约翰内斯·威廉·索末菲（Arnold Johannes Wilhelm Sommerfeld, 1868—1951），德国物理学家，在原子结构和原子光谱的研究方面做出了巨大贡献。1915年提出用椭圆轨道代替玻尔原子的圆轨道。1920年提出内量子数。对波动力学和金属电子论也做了深入研究。

[②] 1914年，英国、法国、德国和奥地利等国的科学家被以各种形式卷入"一战"。战争期间，化学或物理理论研究几乎停滞，取而代之的是应用科学和军事科学。卢瑟福暂停了基础研究，他的实验室也被改造成潜艇探测研究室。观察到 α 粒子偏移进而助力卢瑟福发现原子结构的盖革和马斯登上了西部前线，成为战场上的敌人。卢瑟福的年轻同事查德威克和埃利斯在战争中成为德军的俘虏。年仅28岁的莫斯莱在加里波利头部中弹丧命。我的父亲经常说，"一战"毁掉了一批年轻的诗人和知识分子，抹掉了一代精英。他提到的大多数名字，我都没听说过，但莫斯莱我是知道的，他的死也是最令我悲伤的。

——作者注

　　随着原子序数的增大，原子核所带的电荷数或其中的质子数也随之增加，为保持原子的中性，就需要增加相同数量的电子。但是，玻尔设想原子中增加的这些电子是分层的，有一定顺序的。他最初的关注点在氢原子单电子的潜在多层轨道，如今延伸到所有元素的分层轨道和原子壳层上。他提出，这些原子壳层都有各自固定的、不连续的能级，因此如果电子是逐个增加的，首先要占据最低能量轨道的空位，然后依次类推。玻尔的原子壳层结构与门捷列夫的元素周期表有很强的相似性，第一层也是最内层只有两个电子，与门捷列夫的第一周期元素只有两种元素相同。这一层的两个电子位置占满之后，就会出现第二个壳层，这就类似于门捷列夫元素周期表的第二周期，可以容纳 8 个电子，不能再多。第三周期和第三壳层也是同样的道理。玻尔认为，有了这种原子构造（aufbau），所有的元素都能系统地构造出来，自然而然地落在元素周期表中的恰当位置上。

　　因此，一种元素在元素周期表中的位置，也代表着这种元素原子中的电子数量，而一种元素的反应与结合也可以从电子角度来看，即根据最外层的电子数——所谓的价电子——而定。比如惰性气体元素的最外壳层是 8 个满电子，因此化学性质极不活泼。而第一主族的碱金属元素，最外层只有一个电子，而且它迫切地想要将其甩掉，从而达到惰性气体元素的稳定状态；而第七主族的卤族元素则相反，其价电子层有 7 个电子，迫切地想要获得一个电子，从而达到惰性气体元素的状态。因此，钠遇上氯时，就会立刻结合（其实会爆炸），钠原子贡献出多余的电子，氯原子则欣然接受这个电子，二者在这个过程中都实现离子化。

　　过渡元素和稀土元素在元素周期表中的位置，经常会引发一些特殊的问题。此时，玻尔提出一个精妙的解决办法：每一种过渡元素都有一个额外的原子壳层，其中包含 10 个电子；而稀土元素则有一个包含 14 个电子的额外壳层。这个额外的壳层深藏在稀土元素内层，不会像外层壳层那样极大地影响元素的化学性质；因此，所有的过渡元素都很相似，而所有的稀土元素则极度相似。

玻尔根据原子结构得出的电子元素周期表，与门捷列夫根据元素的化学反应性得出的经验主义元素周期表，从本质上讲是相同的（在电子元素周期表出现之前，还有汤姆逊的金字塔周期表和维尔纳在 1905 年绘制的超长周期表）。不管从元素的化学性质还是从原子的电子壳层来看，都会得出同样的元素周期表架构。[①] 莫斯莱和玻尔彻底明确了元素周期表是根据基本的数值序列而来，该数值序列决定了每个周期的元素种类是固定的：第一周期 2 种，第二、第三周期都是 8 种，第四、第五周期都是 18 种，第六周期 32 种，第七周期也可能是 32 种。我一遍又一遍地默念着这个序列——2、8、8、18、18、32。

这段时间，我开始重返科学博物馆，又一连数小时盯着那个巨大的元素周期表看，这次我会特别注意每个格子上的红色原子序数。比如我看钒那个格子时——格子里面保存着一块闪亮的钒——心里想着它是第 23 号元素，23 是 5+18：外壳层有 5 个电子，氩"内核"有 18 个电子。最外层有 5 个电子，因此最大化合价是 5；但是其中 3 个电子构成一个不完整的内壳层，我现在才知道，因为这个壳层不完整，钒才具有了特征性的色彩和磁化率。对钒的这种定量分析，并未取代对它的直观真实感受，反而强化了认识，通过原子层面的启示，我理解了钒表现出现有性质的原因。定量和定性的方法在我脑中交融在一起；从两个方面都能理解钒的性质。

玻尔和莫斯莱揭示了元素周期表的基本数学规律，使其变得更加清晰透明。过去我通过原子量也能与元素周期表建立亲密的联系，但对其中的奥妙

---

① 玻尔也因此获得了预测能力。莫斯莱发现第 72 号元素仍然缺失，但不能确定那是不是稀土元素（第 57 至 71 号都是稀土元素，而第 73 号钽则是过渡元素，当时没人能够断定稀土元素的数量）。玻尔清楚地了解每个壳层的电子数量，推测第 72 号元素并非稀土元素，而是一种类似于锆的元素，而且比锆的密度更大。他建议身在丹麦的同事从锆矿中寻找这种新元素，很快便有了发现——以哥本哈根的古名将其命名为铪（hafnium）。此次完全根据电子结构理论而不依靠元素化学性质类比，预测一种元素的存在，在历史上尚属首次。

——作者注

总有些懵懂。总之，元素的特征和特性大多可以通过它们的原子序数推测出来，原子序数也不再只代表原子核的电荷数目，还代表着原子的架构。这种设计庄严、美丽、合乎逻辑、简洁经济，是上帝的妙手之作。

金属的金属性质从何而来？通过金属元素的电子结构，人们可以理解金属状态的根本性及其性质与其他元素的巨大差异。金属的高密度和高熔点等属性，现在都可以从电子与原子核结合的紧密程度这个角度来解释。电子和原子核结合特别紧密的原子，"结合能"就高，通常硬度强、密度大且熔点高。因此，我最喜欢的金属——钽、钨、铼和锇等制作灯丝用的金属——的结合能是所有元素中最高的。（我很高兴了解到，这些金属异乎寻常的性质——也是我所偏爱的性质——有原子层面的理由。）金属的导电性则要归因于一团容易从母体原子中脱离的自由游离电子"气体"——这也解释了为何电场可通过一条电线吸引活动电子电流。金属表面密布的自由电子也是特殊金属光泽存在原因，因为这些电子在光线的冲击之下剧烈震荡，会散射或反射震荡路径上的一切光。

这种电子气理论还有更深层的理解：在极端高温和高压的条件下，所有非金属元素、所有物质都可以呈现出金属状态。20 世纪 20 年代，这种现象已经在磷上成功实现，而在 20 世纪 30 年代，人们预测在 100 万个大气压的环境下，氢也可以表现出金属态——据推测，在木星之类的气态巨行星的核心可能存在金属态的氢。万物皆可"金属化"的想法令我深感满足。[1]

蓝光和紫光等短波光相比红光等长波光有着惊人的能量，这一直令我困

---

① 20世纪初，也有人想过如果金属的温度降低到接近绝对零度，金属内部的"电子气体"将会发生何种变化——低温会"冻结"所有电子，使金属变成彻底的绝缘体吗？有人发现水银的表现完全相反：在比绝对零度高 4.2 摄氏度的温度下，水银突然失去全部电阻，变成一种完美的超导体。因此，我们可以用液氦冷却水银，制作一个水银环，通上电流之后，水银可以连续数日甚至永远地流动。

——作者注

惑不解。这种对比在暗房中表现得尤其明显：特别明亮的红色安全灯也不会使底片模糊，然而，只要透进一丝日光之类的白光（当然包含蓝光），底片就直接模糊了。在实验室里也一样，比如氯气在红光下与氢气混合就很安全，但是同样的混合物在少量白光照射下就会发生爆炸。戴夫舅舅的矿物陈列柜也一样，用蓝光或紫光照射，就能诱发矿石的磷光现象或荧光反应，但用红光或橙光照射，就没有效果。最后，还有亚伯舅舅家的光电池，只需要一道蓝光光束就能激活这种电池，但哪怕用大量的红光照射，光电池也没有任何反应。为什么强烈的红光不如微弱的蓝光有效？我学了一些玻尔和普朗克的理论之后，才理解了这些明显矛盾的现象，知道它们必然与辐射、光的量子性质和原子的量子态相关。光或辐射由最小的单位或量子构成，其能量取决于频率。短波蓝光量子的能量要比长波红光的更大，而 X 射线或伽马射线量子蕴含的能量就更强了。每一种原子或分子——不管是摄影感光乳剂用的银盐、实验室里的氯或氢、亚伯舅舅光电池中的铯或硒，还是戴夫舅舅矿物陈列柜里的硫酸钙或钨酸钙——都需要特定水平的能量才能被激发反应；甚至单个高能量子就能激活，而低能量子则需要上千个才能达到同样的效果。

小时候，我以为光是有形状和大小的。烛光如花，像含苞待放的木兰；舅舅的钨丝灯泡，里面的灯光则是多边形的。直到亚伯舅舅给我展示了他的闪烁镜，我从闪烁镜中看到单体火花，这才明白所有光的源头都一样，都是原子或分子从激活态转为基态的过程中释放的多余能量，以可见光的形式出现。一种灼热的固体，比如白热化的灯丝，会释放出很多不同波长的能量；而炽热的气体，比如钠焰中的钠，只会释放特定波长的能量。（我小时候痴迷于烛火的蓝光，后来才知道，这种蓝光是碳分子在冷却的过程中将加热时吸收的能量释放出来的产物。）

但太阳和恒星的光与地球上的任何光都不同，它们的光辉和色白度，是任何灯丝灯泡都难以企及的（天狼星之类的恒星发出的光几乎是蓝色的）。根据太阳的辐射能量可以推断出其表面温度高达 6000 摄氏度。亚伯舅舅告诉我，他年轻时，没人知道太阳能量无限、永远炽热的原因。用炽热来形容太阳也不太准确，因为太阳内部并非通常意义上的燃烧——其实，大多数化学反应在 1000 摄氏度以上的高温下都会停止。

有没有可能是质量巨大的物体收缩产生的引力能，使太阳持续保持活跃？但引力能似乎也不足以维持太阳和恒星数十亿年来炽热的燃烧和能量辐射。放射性似乎也并非可行的能量源，因为恒星内部及周围的放射性元素量不足，而且它们的能量释放速度也过慢。

直到 1929 年，才有人提出另外一种思路：鉴于恒星内部惊人的温度和压力，轻元素的原子有可能融合成更重的原子——从氢原子开始，融合形成氦；总而言之，宇宙的能量源是热核反应。轻原子核融合时需要注入巨量的能量，一旦融合完成，就会释放出更多的能量。释放出的能量转而加热了其他轻原子核，促使其融合，从而产生更多的能量，热核反应就这样一直持续下去。太阳内部的温度极高，近乎 2000 万摄氏度。我无法想象这样的高温，正如乔治·伽莫夫 ① 在《太阳的诞生和毁灭》一书中描述的，产生这种高温的炉子，会烧毁方圆数百千米之内的所有东西。

在这样的高温和高压之下，失去电子的裸露原子核将以极高的速度（它们热运动的平均能量与 α 粒子的能量相近）四处运动，没有任何缓冲地持续互相碰撞，融合成更重的元素的原子核。伽莫夫写道：

> 我们得把太阳内部想象成某种巨大的天然炼金术实验室，不同的元素在这里互相转化，犹如我们地球实验室中普通的化学反应一样简单。

---

① 乔治·伽莫夫（George Gamow, 1904—1968），美国核物理学家、宇宙学家。在列宁格勒大学毕业后，曾前往欧洲数所大学任教。1934 年移居美国。以倡导宇宙起源于"大爆炸"的理论闻名。对译解遗传密码做出过贡献，还提出了放射性量子论和原子核的"液滴"模型。

氢转化成氦的过程会产生巨量的热和光，因为氦原子的质量略小于 4 个氢原子的质量和——很小的这一部分质量差，按照爱因斯坦著名的 $E=mc^2$ 完全转化成能量。要产出太阳中那些能量，每秒需要将数亿吨的氢转化成氦；不过太阳的主要成分就是氢，在地球的生命周期中只消耗了其中的小部分。如果融合的速率降低，太阳就会收缩并升温，恢复融合速率；如果融合速率太高，太阳就会膨胀并冷却，降低融合速率。正如伽莫夫所说，太阳是"最精妙而且唯一有可能存在的'核能机器'"，是一种具有自我调节能力的熔炉，其中核聚变的爆炸性力量被引力完美平衡。氢融合成氦，不仅能释放出巨大的能量，还创造出一种新的元素。氦原子如果得到足够的热量，又会融合成更重的元素，这些元素又将继续融合成另一种更重的元素。

有了这样惊心动魄的融合过程，两个古老的问题同时得到解答：恒星发光的能量源和元素的创造。玻尔曾想象出一种纯理论的原子构造，在这种构造中，所有元素的起点都是氢——而这种原子构造却在恒星内部真实发生。1 号元素氢，不仅是宇宙的能量源，还是宇宙的终极构件，是最原始的原子，与普洛特在 1815 年时的想法如出一辙。一切都从最简单的第一号原子开启，这可真是极尽优雅美妙。①

玻尔的原子理论在我看来神圣绝美——电子在上天注定的轨道上每秒飞

① 伽莫夫设想宇宙始于密度无穷大的一点——或许不足一个拳头大小。他与学生拉尔夫·阿尔菲又提出（在 1948 年的一篇论文中提及；他们邀请汉斯·贝特署名之后，这篇论文才广为人知；人们取三人姓氏首字母，将这篇论文称作"α-β-γ 论文"）这个拳头大小的原始宇宙发生爆炸，启动了时空，所有元素都是在这次爆炸（后来，霍伊尔带着嘲讽的语气将之称作"大爆炸"）中产生的。

但他在这一点上想错了；大爆炸中产生的只有最轻的几种元素——氢和氦，或许还有很少的锂。直到 19 世纪 50 年代，更重的元素的产生过程才渐渐变得清晰。一般恒星消耗掉自身所有的氢需要几十亿年，但更巨大的恒星此时还远远未到死亡之时，它们会坍缩，变得更热，启动进一步的核反应，使氦融合产生碳，碳再融合产生氧，继而产生硅、磷、硫、钠和镁——一直到铁。生成铁之后，后续的融合不再释放能量，核合成就到达一个终点。因此，宇宙中有丰富的铁元素，我们从金属陨石和地球的铁内核就可见一斑。（铁后面更重的元素生成之谜又延续了更长时间；这些元素显然只能通过超新星爆炸产生。）

——作者注

速旋转数万亿次，永不停息；因为量子不可再细分，而且旋转的电子不消耗能量也不做功，由此才形成这样一台真正的永动机。更复杂的原子还有更多的美，它们有数十个电子在独立的壳层和次壳层上穿梭，就像微型的洋葱。这些细如蛛丝却坚不可摧的东西，在我眼中不仅美丽，还完美无缺，像等式一样完美（等式也确实可以将其表达出来），平衡了数字、力量、屏障和能量。任何寻常之物都无法破坏它们的完美。玻尔的原子已经接近于莱布尼茨所谓的理想世界。

琳恩姨妈以前经常说："上帝用数字思考。世界依靠数字组合在一起。"我一直心怀这种想法，如今似乎整个物理世界都接受了这种认识。我在这时开始阅读一些哲学书籍，以我的理解能力，莱布尼茨的作品特别吸引我。他曾谈及"神圣的数学"，依靠它，可以用最经济的方式创造最丰富的现实。如今这种现象似乎随处可见：数百万种化合物只需要数十种元素就能合成，而百余种元素全都源自氢；所有的原子都由两三种粒子组成，而原子的稳定性和特征又由原子本身的量子数保障——这一切都极美，堪称上帝的杰作。

25

爱到尽头

我 14 岁那年，就知道自己未来要成为医生；父母都是医生，哥哥们也都在读医学院。我年少时酷爱科学，父母对此一直很容忍，甚至还有些欣慰，但如今，他们似乎觉得我该结束玩闹了。有一件事，我一直记忆深刻。1947 年夏天，"二战"刚结束两年，我与父母乘坐新买的亨伯牌轿车，在法国南部游玩。我坐在汽车后座，讲到了铊这种元素，喋喋不休地说个没完：我给他们讲了这种元素在 19 世纪 60 年代与铟同时被人发现的经过，人们当时就是靠铊明亮的绿色谱线才发现了这种元素；我说有些铊盐溶解后形成的溶液，其密度几乎是水的 5 倍；我还讲到铊就是元素中的鸭嘴兽，化学性质充满矛盾，人们很难在元素周期表中给它安排一个合适的位置——柔软却很重，像铅一样易熔，化学特性与镓和铟的相近，可氧化物又与锰和铁的氧化物类似，本身是黑色的，其硫酸盐又是无色的，与钠和钾一样。铊盐和银盐一样，很容易感光——甚至可以靠铊冲印出一张完整的照片！我还没停下来，继续说道，铊离子与钾离子极为相似——这种相似性在实验室或工厂里很吸引人，但对生物体而言却是致命的，因为生物体几乎无法区分铊和钾，所以铊可以在各处替换钾，借用钾的通道，从内部对无助的生物体进行破坏。我唠叨个不停，说得喜形于色、陶醉其中、忘乎所以，根本没注意到前座的父母早就陷入了沉默，他俩绷着的脸上写满了厌烦和不满——等我讲了 20 多分钟，父亲终于忍无可忍，厉声喝道："够了，不要再说铊了！"

　　但是，我对化学的兴趣并非在一朝一夕之间消失，而是在不知不觉中慢慢消逝了。我想，兴趣的淡漠是在我未曾觉察之间悄然开始的，最早可能是在我 15 岁时，某天早上醒来，我不再满怀激动地想着"今天我要配制克列里奇液！今天我要读一读有关汉弗莱·戴维和电鱼的资料！今天我要弄懂反磁性，希望能吧！"。我似乎不再有灵光乍现，不再有顿悟，不再有福楼拜[①]所谓的"精神性奋"（我当时正在读福楼拜的作品）。肉体的兴奋确实是一种新的、奇异的生活体验——但精神的骤然狂喜之态，荣耀和光明之境，似乎都抛弃了我。又或许是我抛弃了它们？我没再去自己的小实验室；有一天，我闲逛时发现实验室里的一切都蒙上了一层薄薄的灰尘。我已经有好几个月没怎么见戴夫舅舅和亚伯舅舅了，也不再随身携带那个袖珍分光镜。

我曾经在科学博物馆一坐好几个小时，完全忘却了时间。我曾经似乎能看到"力线"，能看到电子在轨道上舞蹈盘旋，可如今，我已失去了这种犹如幻觉的能力。老师在成绩报告单上说我不再空想，专心多了——或许，这就是我给他人的印象——但我自己的感觉却完全不同；我感觉自己的内心世界枯萎了，被人夺走了。

我经常想起威尔斯的短篇小说《墙中门》，想到小男孩获准进入的那个魔法花园，后来他又遭到驱逐。最初，在生活的压力和外在的名利影响下，他没注意到自己失去了一些东西。后来他才逐渐有了意识，内心遭到侵蚀，最终走向灭亡。波义耳曾说实验室是他的"极乐世界"；赫兹说物理学是"魔法仙境"。我发觉自己已身处这片极乐世界之外，仙境也对我关上了大门。我儿时曾拥有数字花园、门捷列夫的花园和魔法游戏王国的入场券，如今却遭到了驱逐。

量子力学这门"新"学问在 19 世纪 20 年代中期发展起来，有了它，我们再也不能把电子看成轨道中的小粒子，而是要将它们看成波；我们再也不

---

① 古斯塔夫·福楼拜（Gustave Flaubert, 1821—1880），法国现实主义作家，作品有《包法利夫人》《情感教育》等。

能谈论某个电子的位置，而是要讨论它的"波动函数"，即在某个特定位置找到它的概率。我们无法同时测出电子的位置和速度。电子似乎无处不在，但同时又不在任何地方。这些新学问使我头晕目眩。我曾在化学和科学中寻求秩序和确定性，而此刻这些却骤然消失。[①] 我感觉有些恍惚，而此时舅舅已经帮不了我了，我只能独自一人在困境中挣扎。[②]

新出现的量子力学号称可以解释所有化学现象。尽管我对此感到兴奋，但也隐隐觉察到一丝威胁。克鲁克斯写道："化学将在全新的基础上重建……我们可以预知一切实验的结果，彻底从实验中得到解放。"我也说不清到底喜不喜欢这种论调。这是不是说未来的化学家（如果还存在的话）再也不用亲手处理化学药剂；再也看不到钒盐的颜色，闻不到硒化氢的味道，无法欣赏晶体的形态；生活在一个无色无味的数学世界中？这样的未来对我

[①] 我读到普里莫·莱维（Primo Levi）的奇书《元素周期表》，特别是读到名为"钾"的那一章时，这个问题又引发了我的共鸣。莱维在这一章中描述自己学生时代追寻"确定性的本源"。他决心成为物理学家，于是离开化学实验室，到物理系去学习——特别是向一位天体物理学家学习。结果却未能完全如他所愿，因为在天体物理学中，人们虽然可以找到一些终极的确定性，但这种确定性在令人赞叹的同时又过于抽象，在日常生活中遥不可及。反而是实验化学的美更能填补心灵的空缺，也更接近生活。莱维曾说过："我理解了蒸馏瓶内发生的反应之后，感觉更快乐了一些。我的知识又扩充了一些。我尚未理解真理或现实，仅仅是重新构建了一点东西，重构了世界的一小块。这在工厂实验室中，已然是一次大胜。"

——作者注

[②] 其实，我并非完全独自一人。此时，乔治·伽莫夫成为我生命中重要的向导。他多才多艺，既是科学家，又是作家，很有人格魅力，我已经拜读过他的《太阳的诞生和毁灭》。他在"汤普金斯先生"系列中——1945 年出版的《汤普金斯先生身历奇境》和《汤普金斯先生探索原子世界》——大幅调整物理常数，将原本难以想象的世界呈现出来。他将光速调整为 30 英里／时，从而诙谐地阐释了相对论。他又将普朗克常数增大了 28 个量级，使人们能从"现实"生活中体验量子效应——因此量子森林中的量子老虎不在任何地方，又无处不在。

我有时会想"宏观量子现象"是否存在，人们在极端条件下是否真的能够亲眼看到量子世界。我曾有过一次这类难忘的经历：我刚了解液氦时，发现极端温度条件下，液氦的性质突然发生变化，从普通的液体变成奇异的超流体，没有黏度，也没有熵，能够穿透墙壁，透出烧杯，导热系数是普通液氦的 300 万倍。这种不可思议的物质状态只能用量子力学解释：液氦中的原子距离过近，波动函数重叠融合，最终实际上构成了一个巨大的原子。

——作者注

来说是可怕的。就我而言，我至少也要置身于知觉世界中，保留自己的官能，去闻，去触碰，去感觉。[1]

我曾梦想成为化学家，但真正令我心动的是 19 世纪那种注重细节和自然的描述性化学，而不是量子时代的新化学。我当时想，我所了解、所钟爱的化学已经过时了，发生了改变，把我抛在了身后。我觉得自己的化学之路已经走到了尽头，但我至少在这条路上竭尽了全力。

回想起来，我放下了布雷菲尔德时期的恐惧之后，似乎过上了短暂的美满生活。在两位睿智、亲切且善解人意的舅舅的引导之下，我开始追求秩序，向往科学。父母一直支持我、信任我，允许我攒出一间实验室，任由我发挥自己的天性。万幸，学校也不太管我的事情——只要我能完成作业，基本就对我放任自流。或许人生就是这样，会有一段特别的蛰伏期，我可以安静地生活。

但是现在一切都变了：各种诱惑涌到眼前，刺激着我、勾引着我、向四方拖拽着我。生命在某些方面变得更广阔、更丰富，但同时也变得肤浅。过往的热情和内心深处的平静都随风消逝。青春期像台风一样裹挟着我，在欲望中冲撞。我在学校里也从无欲无求的“逍遥派”变成刻苦学习的“用功派”。我被两位舅舅宠坏了，跟他们学徒时也自由放纵。如今在学校，我被迫端坐在课堂上，做笔记，参加考试，忍受着平淡枯燥、毫无灵气的教科书。过去我按自己的思路做的一些趣事、乐事，如今按规定来做就变成了讨

---

[1] 我真希望自己能意识到克鲁克斯是错的，但我当时还是个小男孩，想要做到这一点并非易事。有关原子的新认识，激发了克鲁克斯的想法（他在 1915 年写下了这段话，当时玻尔提出原子结构理论仅仅两年），但这种新认识并没有像他担忧的那样使化学走向沦落和毁灭，反而在被充分吸收消化之后，极大地拓展和丰富了化学的范畴。原子理论刚出现时也引发过类似的焦虑：包括汉弗莱·戴维在内的很多化学家都觉得接受道尔顿的原子和原子量概念是危险的，忧心化学会从此脱离实体和现实，被拖入贫乏困顿的玄学领域。

——作者注

厌的事、折磨人的事。曾经充满诗意的神圣学科,如今变得乏味世俗。

化学就这样走到了尽头吗?或是已经来到了我的智力极限?是青春期的影响,学校的束缚?或者这就是人类热情的自然史,是一条必然之路,最初的热情像恒星一样熊熊燃烧,光芒四射,一段时间之后,就会渐渐枯竭熄灭?难道我已经在物质世界和自然科学中找到了孜孜追求的稳定性与秩序,所以才放松了,不再执迷,向前看了?或许只是因为我长大了,而人"一长大"就会遗忘儿时体会到的情感和奥妙,忘却了华兹华斯①所谓的"荣耀"和"梦的开始",于是便在普通的天光之下渐渐隐去身形。

---

① 威廉·华兹华斯(William Wordsworth, 1770—1850),英国诗人,"湖畔派"诗人代表,1843 年被封为"桂冠诗人"。他的诗歌注重对大自然的诗意描写,感情浓挚,韵律自由,语言生动。代表作有《序曲》《抒情歌谣集》《丁登寺》等。

后记

　　罗德·霍夫曼[①]——几年前，我读过他的《想象的化学》，之后就成了朋友——他知道我小时候沉迷于化学，在 1997 年即将结束之时，寄给我一个有趣的包裹。包裹里有一张元素周期表的大海报，表里还配上了每种元素的照片；有一本化学用品产品目录，方便我订购；还有一小条致密的灰色金属，我打开包裹时，不小心将它掉在地上，金属条发出响亮的叮当声。我通过触感和声音，立刻就认出了这块金属。（舅舅以前常说："烧结钨的声音是独一无二的。"）

　　这叮当声唤醒了尘封已久的记忆，钨舅舅的形象立刻浮现在我的脑海中：他穿着硬翻领的衣服坐在实验室里，袖子卷了起来，双手被钨粉染成了黑色。其他的情景也逐一浮现：他那家生产灯泡的工厂，他收藏的老式灯

---

　　① 罗德·霍夫曼（Roald Hoffmann, 1937—　），生于波兰第二共和国佐洛乔夫（现属乌克兰），美国化学家，1981 年因为通过前线轨道理论和分子轨道对称守恒原理来解释化学反应的发生而获得诺贝尔化学奖。

——译者注

泡、重金属和矿物。还有我 10 岁时，在他的带动之下，走进了神奇的冶金和化学世界。我本想写一篇短文纪念他，但记忆如决堤的河水，汹涌而来——不仅是关于钨舅舅的记忆，还有我童年时发生的所有事情，尘封了 50 多年的记忆。本来只想写一页纸，却变成了浩大的采矿作业，这一挖就是 4 年，挖出了 200 多万词——慢慢结晶成为一本书。

我翻出了旧书（也买了很多新书），把那根小钨棒放在一个底座上，在厨房里贴上化学图表。我泡澡时，会读宇宙丰度表。在寒冷的星期六下午，我会缩成一团，捧着索普①编写的大部头《应用化学辞典》——这是钨舅舅最喜欢的书之一——随手翻开一页便读起来。

我本以为自己对化学的热情在 14 岁时已经消逝，如今却发现，过去了这么多年，这份热情一直深藏心底。尽管我已经走上了不同的路，但仍然关注着化学的发展，为化学的新发现而兴奋。我研究化学的时候，元素只发现到 92 号铀，后来我一直密切关注着人造新元素，而今元素竟然已经有了 118种！这些新元素很可能只存在于实验室中，在宇宙其他任何地方都不会出现。不过我欣喜地了解到，最新发现的这些虽然都是放射性元素，但也属于人们长期追寻的"稳定岛"，其原子核稳定性强过前面元素近乎百万倍。

如今，天文学家开始在宇宙中探寻拥有金属氢核心的巨型行星、钻石组成的恒星和外壳是铁氦化合物的星球。惰性气体也可以组成化合物了。我见过氙的氟化物——这在 20 世纪 40 年代是我根本不敢想象的奇幻梦。钨舅舅和亚伯舅舅都钟爱的稀土元素，如今已经很常见，并被广泛应用于荧光材料、各色磷粉、高温超导体和超强磁力的小磁体上。合成化学的力量也非常惊人：我们现在几乎可以随心所欲地设计出任何结构和性质的分子。

---

① 托马斯·爱德华·索普（Thomas Edward Thorpe, 1845—1925），英国化学家。主要研究磷化物，发现了四氧化二磷、六氧化四磷、五氟化磷、磷酰氯等化合物。准确测定了钛、硅、金、锶、镭等元素的原子量，提出液体黏度系数的公式。主要著作有《化学历史论丛》《应用化学辞典》等。

密度大、硬度强的钨也有了新用途，它被用于制作飞镖和网球拍，还很令人不安地被用在了炮弹和导弹的外涂层上。不过，还有一个很合我胃口的发现，某些原始细菌利用深海热泉中的硫化合物完成新陈代谢，从而获得能量。如果这类细菌是地球上最早的有机体（人们目前是这样推测的），那么钨很有可能在生命起源中起到了关键作用。

我过去对化学的热情偶尔也会重现，带来一些莫名的联想和冲动：突然想要一个镉做的球，或是把钻石贴在脸上，感受它的冰凉。我看到车牌号码就会立刻想到元素，特别是在纽约，很多车牌号都以 U、V、W 和 Y 开头——恰好是铀、钒、钨、钇的元素符号。如果后面的数字刚好是它们的原子序数，像 W74 或 Y39，我更会备感欢喜。我看到花，也能联想到元素：春日的紫丁香花是二价钒的颜色。萝卜会让我想到硒的味道。

灯具——我们家族的传统热爱所在——持续发展演化，种类纷繁。20 世纪 50 年代，金光耀眼的钠灯流行起来；20 世纪 60 年代，又出现了石英碘灯和耀眼的卤素灯。"二战"之后，12 岁的我喜欢将袖珍分光镜装进口袋，在皮卡迪利广场上闲逛；如今的我也找到了同样的乐趣，我带上袖珍分光镜走在时代广场上，看着纽约城市灯光发射出来的原子光谱。

我在夜里经常梦到化学，在梦里，过去和现在互相交融，元素周期表与曼哈顿的街区融合在一起。第六主族、第六周期的钨元素，就位于曼哈顿第六大道和第六街的交会口。（当然，现实中的纽约没有这个路口，但在我梦中的纽约，这个地方却真真切切地存在着。）我梦到吃下铊元素做的汉堡。有时，我还会梦到无法理解的锡的语言（记忆有混乱，好像是锡在"哀号"）。但是，我最爱的一个梦是去歌剧院（我是铪元素），与其他过渡金属坐在大都会歌剧院的同一个包厢里，这里都是我珍视的老友：钽、铼、锇、铱、铂、金和钨。

致谢

我欠下几位家兄、平辈的兄弟姐妹以及老友很大一笔人情，他们与我分享了记忆、信件、照片和各种纪念品；如果没有他们的帮助，我恐怕也回忆不起那么多久远的往事。我在书中也写到过他们和别的一些人，每次都诚惶诚恐，正如普里莫·莱维所说："将现实中的人改写成书中的角色，总是一件危险的事。"

我的助理凯特·埃德加曾是我多部作品的编辑，在这本书上算是我的合作者。她不仅负责了本书无数版草稿的编辑工作，还陪我会见化学家，一起下矿，体验了各种气味和爆炸，观察了高压放电，偶尔还要接触放射性气体，忍受东西越堆越多的办公室，办公室里面塞满了元素周期表、分光镜、悬浮在过饱和溶液中的晶体、线圈、电池、化学制品和矿物。如果没有她去粗存精的妙手，这本书恐怕还是200万词的原矿。

同是与我共事的谢丽尔·卡特为我开启了奇妙的网络世界（我是个电脑盲，写作都用纸笔和一台老式打字机完成），帮我找到了靠我自己永远也得不到的各种图书、文章、科学仪器和玩具。

1993 年，我在《纽约书评》上发表了一篇评论短文，评述大卫·奈特为汉弗莱·戴维作的传。这段经历重燃了我对化学沉睡已久的兴趣。感谢鲍勃·西尔弗斯鼓励我写下这篇文章。

我在《纽约客》上发表的文章《闪耀的光芒》是本书较早完成的一个章节；幸有那里的杂志编辑约翰·贝内特润色文稿，而文章标题也出自他手；克诺夫出版社的丹·弗兰克在本书的写作过程中也起到关键作用。

刚开始写作本书不久，我非常荣幸地见到了儿时心中的一位英雄格伦·西博格，后来又与世界各地的化学家会面或通信。有过交流的化学家太多，无法一一细数，他们对我这个外人、这个孩童时期的化学爱好者出乎意料地热情，他们给我做的展示，是我儿时最疯狂的科幻作品都无法想象的奇观，比如"看到"真正的原子（通过带钨探针的原子力显微镜）；我还为满足怀旧心绪，再次观看了钠溶于液氨形成的深蓝色溶液；小型磁体悬浮在液氮冷却的超导体之上，这是我儿时一直梦想的魔法反重力漂浮。

我尤其要感谢罗德·霍夫曼，是他不断鞭策、激励我，为我展示了化学的非凡功用，他对我的帮助非他人能及——因此，我要将本书献给罗德。

著作权合同登记号：图字 18-2022-006

图书在版编目（CIP）数据

钨舅舅 /（英）奥利弗·萨克斯（Oliver Sacks）著；
宋伟译. -- 长沙：湖南文艺出版社，2023.2
　　书名原文：Uncle Tungsten
　　ISBN 978-7-5726-0913-8

　　Ⅰ. ①钨… Ⅱ. ①奥… ②宋… Ⅲ. ①奥利弗·萨克
斯—回忆录 Ⅳ. ① K835.616.2

　　中国版本图书馆 CIP 数据核字（2022）第 198717 号

上架建议：科普·回忆录

WU JIUJIU
钨舅舅

著　　　者：［英］奥利弗·萨克斯（Oliver Sacks）
译　　　者：宋　伟
出 版 人：陈新文
责任编辑：吕苗莉
监　　制：吴文娟
策划编辑：姚珊珊　黄　琰
特约编辑：陈　黎
版权支持：王媛媛　姚珊珊
营销编辑：傅　丽
封面绘图：Stano
封面设计：Stano
版式设计：李　洁
出　　版：湖南文艺出版社
　　　　　（长沙市雨花区东二环一段 508 号　邮编：410014）
网　　址：www.hnwy.net
印　　刷：三河市百盛印装有限公司
经　　销：新华书店
开　　本：680 mm×955 mm　1/16
字　　数：260 千字
印　　张：19
版　　次：2023 年 2 月第 1 版
印　　次：2023 年 2 月第 1 次印刷
书　　号：ISBN 978-7-5726-0913-8
定　　价：55.00 元

若有质量问题，请致电质量监督电话：010-59096394
团购电话：010-59320018